大学生心理健康教育与职业生涯规划

柏璐　昝倩　著

延边大学出版社

图书在版编目（CIP）数据

大学生心理健康教育与职业生涯规划 / 柏璐，昝倩
著. -- 延吉 ：延边大学出版社，2023.9
ISBN 978-7-230-05482-9

Ⅰ．①大⋯ Ⅱ．①柏⋯ ②昝⋯ Ⅲ．①心理健康－健
康教育－高等学校－教材②职业选择－高等学校－教材
Ⅳ．①G444②G647.38

中国国家版本馆CIP数据核字(2023)第176102号

大学生心理健康教育与职业生涯规划

著　　者：柏　璐　昝　倩
责任编辑：朱云霞
封面设计：文合文化
出版发行：延边大学出版社
社　　址：吉林省延吉市公园路977号　　　邮　　编：133002
网　　址：http://www.ydcbs.com　　　E-mail：ydcbs@ydcbs.com
电　　话：0433-2732435　　　传　　真：0433-2732434
印　　刷：三河市嵩川印刷有限公司
开　　本：710×1000　1/16
印　　张：20.5
字　　数：320 千字
版　　次：2023 年 9 月 第 1 版
印　　次：2024 年 1 月 第 1 次印刷
书　　号：ISBN 978-7-230-05482-9

定价：65.00元

前　　言

　　大学时期原本就是人生中一段既美好又特殊的时期。大学生澎湃着青春热血，怀抱着对未来的理想，心中涌动着激情、渴望。但是，在社会竞争不断加剧、学习和就业压力日趋明显的情况下，大学生也普遍意识到，现代社会给他们提供了充分施展自我才能的舞台，提供了多方面发展的机遇。但现代社会的竞争已不单纯是智力和体力的竞争，更重要的是心理素质、人格的较量。针对如何看待心理问题，又如何提高心理素质，提高应对心理困扰的能力等，大学生还存在不少疑虑和困惑。大学生需要通过系统学习心理学的基础知识，掌握科学的心理调适方法，才能有效维护心理健康，促进自身心理健康发展。

　　"不患才不及，而患志不立。""宜未雨而绸缪，勿临渴而掘井。"如果大学生在入学时就能在专业老师的帮助和指导下进行学业、职业规划，明确学习目标并获得学习动力，那么在面对就业等人生大事时就游刃有余了。职业生涯规划的过程是大学生自我成长的过程，也是大学生把自己的人生价值观与社会主义核心价值观高度融合的过程，同时也是老师关爱学生、引领学生、塑造学生，为国家和社会培养有用人才的过程。我们常说"对于没有航向的船而言，任何风都是逆风""方向比努力更重要"，明确职业发展方向是求职成功的第一步。对于大学毕业生而言，找一份工作是容易的，但是要找一份自己喜欢、适合的工作却并不容易，这就需要早做打算、早做规划，并将职业生涯规划贯穿于大学学习的始终。

　　本书由柏璐（西安医学院）和昝倩（西安医学院）共同撰写。具体分工如下：第一章至第七章第一节由柏璐撰写，共计 16 万字；第七章第二节至第十二章由昝倩撰写，共计 16 万字。

在撰写本书的过程中，笔者参阅了大量的文献资料，引用了诸多学者的研究成果，因篇幅有限，不能一一列举，在此一并表示最诚挚的感谢。由于时间仓促，加之笔者水平有限，本书难免存在不足之处，希望各位读者不吝赐教，提出宝贵的意见，以便笔者在今后的学习中加以改进。

笔者

2023 年 4 月

目　　录

第一章　大学生心理健康教育

第一节　健康心理学

一、心理健康的定义

什么是心理健康？世界各国的心理学和精神卫生专家给出的定义不尽相同。一般来说，心理健康是指"精神卫生""身心健康"等。概括来说，心理健康是指个体在本身及环境条件许可范围内所达到的正常功能状态，即个人心理所具有的正常的、积极的状态和适应当前社会环境的能力。

以上定义的来源有两个。

（1）世界卫生组织（WHO）有关健康的定义是："健康是一种在身体上、心理上和社会上的完满状态，而不只是没有疾病和虚弱状态。"世界卫生组织明确指出，健康应该包含三个层面，即身体健康、心理健康和良好的社会适应能力。

身体健康是心理健康的基础和载体，而心理健康又是身体健康的条件和保证。身体和心理互相联系、互相影响，互为基础和保证，同时也构成了健康的两个基本条件。而良好的社会适应能力，则是由人这个特殊的高级生物体的社会属性所决定的。也就是说，人的健康不仅体现在生物属性和精神状态上，也体现在社会关系方面。

（2）《简明不列颠百科全书》在"心理健康和心理卫生"条目中指出："心理健康是指个体在本身及环境条件许可的范围内所能达到的最佳状态，不是指绝对的十全十美状态。心理卫生包括一切旨在改进及保持上述状态的措施，诸如精神疾病的康复、精神病的预防、减轻充满冲突的世界带来的精神压力，以及使人处于能按其身心潜能进行活动的健康水平等。"

综上所述，心理健康的定义可以有广义和狭义两个方面。从广义上说，心理健康是指一种高效而满意的、持续的心理状态。从狭义上讲，心理健康是指人的基本心理活动的过程和内容完整、协调一致，即认知、情感、意志、行为、人格完整和协调，能适应社会，与社会保持同步。

二、健康心理学的历史发展及面临的任务

与其说健康心理学是心理学发展的一个分支，不如说健康心理学是心理学吸收了医学研究而发展起来的交叉学科，它是集心理学的专业知识、专门的教育训练、医学科研于一体的学科。其目的是促进健康、防治疾病、探求病因，确定与疾病相关的诊断及影响因素，提出卫生措施、方法，最终推动和实现健康水平提高。其根本宗旨是探讨和研究个体和群体在不同条件下保持心理健康的科学规律。

对于心理因素与疾病的关系，以及心理因素在防病、治病方面的作用，人们认识得很早。早在公元前400年，古希腊医学家希波克拉底（Hippocrates）即有专门的论述，中国最古老的医学著作《黄帝内经》中，关于心理与健康的论述也有很多。至今中医理论中有关致病因素的经典理论仍有"七情"致病的观点，脏腑致病的学说中也有很多类似"喜伤心，怒伤肝，思伤脾，忧伤肺，恐伤肾"的论断。

到了现代，探讨心理因素与疾病关系的一系列医学研究广泛开展。1917年，心理学家阿德勒（Alfred Adler）首先提出并研究了人格因素对于躯体功能障碍和疾病的特殊意义，并就此推动了一大批系统的研究试验。1929年坎农（Walter Cannon）提出身体的某些功能变化和疾病可以从心理活动与躯体活动的因果关

系中得到解释。1943 年邓巴（Helen Flanders Dunbar）提出并强调人格特征在诊断和治疗躯体疾病中的作用。到了 1947 年，沃尔夫（HG. Wolff）根据研究提出，头痛、胃肠疾病、变态反应病等，都可以由心理因素直接导致，并由此提出"心身疾病"的基础理论。

随着研究的深入，各国心理学家对健康心理学产生了浓厚兴趣，并纷纷成立了健康心理学学会，创办了健康心理学杂志，开始培养从事健康心理学的专业人员，制定有关专业标准，一些高等院校开始设立健康心理学的博士课程，成立专门的研究机构。

健康心理学兴起和发展以后，人们普遍接受了相关的健康观念，即一个人对自己的健康负有根本的责任，并认为，一个人的健康或疾病与其个人的行为密切相关。健康心理学认为，个人参与有益活动，即"行为卫生"，可以达到保持健康、防治疾病的作用和目的。健康心理学的发展，是人们不断完善和发展科学的学科理念的缩影；是人们从过去注重探讨自然奥秘的科学思想向注重科学探究与实践相结合，注重科研成果的实际应用的科学观念转变的典型；也是使科学研究注重时代变迁和实际变化的需要，是兼容并蓄、相互融合的科学应用的代表。而健康心理学的这些发展历程本身，则又清晰和明确地昭示了健康和疾病的本质特征。现代人的健康观的形成，首先得益于心理学对健康的关注及其在医学研究领域的应用，现代医学从注重自然因素或客观因素对健康的影响，转而同时重视精神因素、行为因素对健康的影响。所有这些，真正始于20 世纪 70 年代以后。在此之前，由于显微镜、抗生素等的发展和对细菌学的研究的进展，医学家的科学研究和健康观念停留在生物学、细菌学、化学、物理学等方面。但是随着科技的发展、新药物和新技术的应用，尤其是生物免疫技术的成熟和应用，传染病的治疗和防治取得了令人瞩目的成就。过去严重威胁人类健康的各类传染病，如天花、麻疹、白喉、破伤风、结核病、水痘、猩红热、肺炎、肝炎、霍乱、痢疾等得到了有效的控制，有些疾病，如天花，甚至被宣告在人类疾病中消失了，其他大部分疾病也都能很好地预防，或只有很低的发病率。另外，由于细胞学、细胞遗传学、生物工程学、神经生理学、显微外科学、微创及介入医学技术的进步和实际应用，过去很多以生物物理学、生物化学为基础的医学难题被克服，不论是病原学，还是诊断治疗学都有了巨大的进步和发展。面对许多疾病，人类从过去的束手无策变成现在的可以轻松面对、处理或控制。在此基础上，社会和个人对健康的要求自然发生转变，由防治传染病、改善营养不良、降低高死亡率的健康需求，转变为希冀提高生活质量，健康长寿。但从 20 世纪 70 年代开始，人们发现事情并不那么简单，这美好的愿望并不那么容易实现。首先，随着社会进步，人们的衣食住行及生活方式有了很大变化，工作环境、工作性质、社会行业结构也在发生着明显变化，人们的消费观念、生活节奏、社会关系，都在日新月异地变化着，人们的生活压力在增加，生活节奏明显加快，在经济转型中人们的心理适应问题也在增多。其次，虽然与贫穷相关的传染病、营养不良性疾病在明显减少，但人们的健康问题并没有根本改观，只是疾病谱发生了变化而已，威胁人类健康的变成了心脑血管疾病、肿瘤、糖尿病、肥胖、高脂血症等。另外，还有其他大量的威胁人类生存的问题，如生活不规律、熬夜、酗酒、吸毒、吸烟、紧张、环境破坏和污染、焦虑抑郁、违章驾驶、车祸及意外事故、成瘾行为、自杀等。从发达国家到发展中国家，几乎都难逃这样的模式和问题，而这些问题的解决，又大多依靠心理学，或者说健康心理学。也就是说，唯有人们学习和理解了健康心理学的观点，唯有注重心理健康，才能够使实际健康状况有所改观，例如，保持整洁的环境，文明施工和保护环境不被污染，养成合理及健康的饮食习惯，积极参加体育运动，保持正常作息及合理的生活方式，等等。

三、心理健康运动的发展

心理健康运动的产生和发展，在教育学上也产生了极大的影响。由于心理健康运动的推动，心理学发展出一门综合性的分支——健康心理学。

那么，心理健康运动是怎样的一种科学运动呢？它是怎么产生和发展起来的呢？心理健康运动最初是由一名美国大学生发起的。1876年，比尔斯（C. W. Beers）生于美国康涅狄格州。他在18岁时考入了耶鲁大学。当时他和哥哥住在一起，但哥哥患有癫痫合并精神疾病，时常发作，这造成了比尔斯的极度恐惧。到了1900年，比尔斯终于精神崩溃了，企图自杀并被送入精神病院治疗。他后来才知道，让他更加痛苦的事情还在后面。当时的精神病人不能得到理解，人格也不能得到尊重，他看到的更多是偏见、冷漠、歧视，这让他非常失望和伤心。他住院近三年后出院了，并希望能改变这一切。他奔走呼吁，向各方面建言建议，要求改变精神病患者的境遇，希望能采取帮助精神病患者的各项措施。虽然他不遗余力，立志将自己的一切都献给精神病患者，但结果却收效甚微。1908年，比尔斯用自己的亲身经历，以生动的笔墨完成并出版了《一颗失而复得的心》（又称《自觉之心》），引起了轰动。美国当时的著名教授、心理学和精神病学家梅耶（E. Maryer）读了这本书以后深受感动，认为这就是"心理卫生"（精神卫生）。"心理卫生"（心理健康、精神卫生）的概念最早由此产生。以后，美国成立了世界上第一个心理卫生协会（1908年），1930年第一届国际心理卫生大会在华盛顿召开，中国也派代表参加了会议。1936年中国也成立了"心理卫生协会"，此后因战乱我国未能延续心理卫生工作，至1985年，我国的心理卫生工作才得以继续开展。

四、心理健康的评估和诊断标准

（一）著名心理学家马斯洛（Abraham H. Maslow）提出的心理健康的十条标准

（1）有足够的自我安全感。

（2）能充分地了解自己，并对自己的能力做出适度的评价。

（3）生活理想和目标切合实际。

（4）能与周围现实环境保持良好接触。

（5）能保持人格的完整与和谐。

（6）善于从经验中学习。

（7）能保持良好的人际关系。

（8）能适度表达和控制情绪。

（9）在符合集体要求的前提下，能有限度地发挥个性。

（10）在不违背社会规范的前提下能适当地满足个人的需求。

（二）著名心理学家杰哈达（M. Jahoda）提出的八项心理健康标准

（1）有幸福感和安全感。

（2）身心各项机能健康。

（3）符合社会生活的规范，能够调适自我的行为和情绪。

（4）有自我实现的理想和能力。

（5）人格的统一和协调。

（6）对环境能积极地适应，具有现实志向。

（7）有处理、调节人际关系的能力。

（8）具有应变、应激的能力，以及从疾病或危机中恢复的能力。

（三）我国著名心理学家郭念锋教授提出的十条心理健康标准

（1）周期节律性。

（2）意识水平。

（3）暗示性。

（4）心理活动强度。

（5）心理活动耐受力。

（6）心理康复能力。

（7）心理自控力。

（8）自信心。

（9）社会交往。

（10）环境适应能力。

（四）我国的心理卫生专家许又新教授 1988 年提出的心理健康的三个标准（又称三维标准）

1.体验标准

（1）良好的心境。

（2）恰当的自我评价。

2.操作标准

（1）心理效率，即不仅要评价和判断一个人有什么样的聪明才智，还要看他的聪明才智在生活、工作中是否能得到充分的利用和发挥。

（2）社会效率，由个人社会功能体现，主要包括工作效率和人际关系两个方面。工作效率高不仅指单位时间内完成的工作量大，而且还包括工作质量高，差错少，且能在发现错误时及时纠正。另外，良好的人际关系也是心理健康的重要标志。

3.发展标准

即从发展心理学的眼光来看，一个人的心理和行为符合年龄特点，有明确的目标，有着高质量发展的可能性，并能较好地进行自我调控，把理想变为切实有效的行动。

根据以上观点，为大学生便于掌握，有关老师提出过以下十条标准，可供学生自我对照、参考：①身体健康；②智力正常；③情绪稳定；④有正常的社会适应能力；⑤拥有良好的社交能力和人际关系；⑥行为适度；⑦意志健全；⑧心理与年龄相符合；⑨理想与现实差距不大；⑩具有良好的自我意识。

心理健康的诊断，其实是心理健康评估结果的划分和说明，是对个体心理健康状况的区分，主要区分一个人的心理活动是否正常和健康。这二者是有区别的，是不同的。前者区分的是心理是否正常，异常心理又称不正常心理，一般是指具有精神病症状的心理活动，包括精神分裂症、躁狂症、抑郁症等心理障碍。而后者区分的是心理是否健康。心理不健康则是指在心理正常范畴内心理状态的改变，一般分为一般心理问题和严重心理问题等。

五、保持心理健康的具体方法

保持心理健康不是一件简单的、能轻易能做到的事情，因为现代社会更为复杂、多变，每个人又具有不同的个性和丰富、敏感的情感，其相互作用之下，每个人每一天都会产生独特的、深邃的、细腻的内心体验，保持心理健康自然成了一项艰巨的任务。但尽管如此，要保持心理健康，仍然要坚持一些原则，具体内容如下。

首先，正确认识心理健康工作。心理健康是每一个人自己的事，而不仅仅是心理健康工作者的事。心理健康教育及其他心理健康工作，其目标就是维护人们的心理健康，同时提高人们的社会适应能力。这确实需要专业人员的努力，但同时也需要每一个受教育者以自己积极主动的行为来努力保持自己的心理健康。

其次，重视环境因素。一个人的心理的形成与发展，除受遗传因素的影响外，主要受后天成长环境的影响。因此，重视环境因素，营造良好环境，尽最大努力发挥后天环境的作用，是一个人保持心理健康、培养优良的心理素质的最有利条件。

对于保持个人心理健康来讲，适应环境是基本原则之一。但健康心理学所说的适应环境，绝不仅仅是简单的、被动的、妥协性的适应，而应是积极的、主动的、改造性的适应，唯有这种适应才是对个体心理健康有真正指导意义的。

最后，既重视人际关系的协调与平衡，又重视个体心理的协调与平衡。心理健康的核心是心理平衡，而人的生活幸福的核心是人际关系、人与环境的协调与平衡。但现实生活中，由于人们生活环境中各种事物的发展并不均衡，因而各种不良刺激导致的心理失衡事件时有发生，有些还会对个体造成较大冲击。所以，提高心理承受能力及应对水平，培养协调人际关系的能力，对个体保持心理健康有特殊意义。

第二节　大学生常见心理问题

大学生常见心理问题，大部分是由生活环境变化、经济因素、学业或学习问题、人际关系问题等导致的。从健康心理学的角度来看，一个人的心理健康问题多和其遗传基因、教育背景、生存环境、年龄等多方面因素有关。其中，有些人在幼儿期、儿童期就有了某些心理问题，到了大学期间又产生了某些特殊心理问题。在幼儿期，健全、稳定、健康的母子关系是幼儿人格成长和心理健康发展的重要条件。在进入幼儿园，直至小学以后，儿童与同龄小朋友一起的活动，如游戏、外出等集体活动，是儿童心理成长、发展的重要条件。儿童从这些活动中学会理解他人，学会与人相处，学会把握自己与他人的关系。但在现代社会，由于智力教育和应试教育的过早介入，儿童与同龄小朋友一起活动的时间少得可怜，这导致对于儿童来说非常重要的养成社会性和培养人际关系的机会被剥夺，他们可能出现"厌学症""恐学症"，也有些儿童会形成人际关系不良、自卑等问题，进入大学以后会产生诸多心理行为问题，如适应障碍、社交恐惧症、强迫症或者抑郁症等。

常见的心理问题有如下几类。

一、适应问题

适应问题（包括适应障碍）是不少同学在新入学阶段的常见问题，大多都是由环境陌生、不习惯集体生活、学习新知识遇到困难等因素引起的，也有些同学同时伴有情绪不佳、学习效率下降的情况，甚至产生焦虑、抑郁、失望、悲伤、生理功能紊乱等问题。

由于每个人个性不同，来到一个新的环境以后，虽然大家都在相同的环境中，但却可能产生完全不同的反应。大多数同学在经过一段时间以后，由于对环境逐渐熟悉，加之个人的努力调整，即可逐步适应环境，开始愉快的大学生活。但如果由于某种原因，一些学生不能适应新的生活，则会产生心理适应问题，严重的还会产生适应障碍，这就会对其产生较为严重的健康影响。

一般来说，有相当多的大学生是从小受到家人的无微不至的关心、照顾的，个人需求大多能够得到满足。进入大学以后，他们多会遇到一些挫折，加之他们需要自己安排自己的生活和学习，碰到的学习问题要自己去设法解决，遇到的人际关系问题也要自己独立面对，这种环境的反差和变化带来的问题在健康心理学中称为"社会文化性心理应激源"，需要当事人以顺应的态度和方法来应对和处理。

应对，在心理学上又称为应对方式或应对策略，是个体为缓冲应激源的影响，缓解心理压力，摆脱心理冲突，保持心理平衡的认知适应性行为过程。个体为了减轻或改变不良情绪，可以采取宣泄、娱乐等方式，在行为上也会努力改变自己，如进行运动、结交新朋友、寻求社会支持、找人倾诉和交流等。但有些人采用一些消极的适应方式则可能会带来一些新的问题，如闭门不出、卧床，甚至不去教室上课、饮酒、外出不归、上网甚至沉溺于网络等。

二、学习问题

大学生的学习问题因人而异，但基本上都有其共性，也都是围绕着个人的学习、学业等产生的，归纳起来大致有如下几类。

（一）迷茫型

这类问题的表现是对学习目标感到困惑。有不少同学在中学时期，学习的主要目标是考上大学，但上了大学，却发现大学并不像中学时期那样只是以课程学习和应试为主，还有其他很多可学的方面，这导致他们产生了困惑。也有同学在中学时期是老师和家长的宠儿、学习的尖子、大家的榜样，但到了大学以后，他们才发现学校里人才济济，竞争激烈，在丧失学习的优越感的同时，学习目标也变得迷茫了。也有的同学，进入大学以后被丰富多彩的大学生活给迷住了，目标过多，既想像某些同学那样取得优异的成绩，将来好继续考研、读博、出国深造，又想像某些同学那样，参加各种校园活动，还想加入学生会，成为出色的学生干部，培养和锻炼自己的组织才干。这样的想法其实也是目标不明确的一种表现。

（二）不适型

不适即不能接受和适应，也有相当多的同学属于这种类型，主要的心理失衡在于理想和现实存在较大落差。这类同学的心理困扰在于认为自己学习原本是不错的，或成绩很好，但由于高考时发挥失常或志愿填报失误，才来到自己本不愿来的学校，或来到学校以后发现需要学习的课程和将来自己可能会从事的职业不是自己所喜欢的，这种失落感和厌烦情绪致使自己产生心理问题，进而情绪低落、闭门不出或不愿与新同学交往，学习没有动力。

（三）回归型

这种类型的表现是怀旧或恋旧，留恋过去甚至有强烈的想回到过去的想法，在进行新旧对比时总感到新不如旧，对新的环境、新的学习内容、新的学习方法，以及老师所教授的课程感到陌生和不适应，不愿意接受。有这些感受的同学大部分不能接受新的学校的学习方式和学习生活，找不到自己过去在学习中的成就感、收获感和学习的愉悦感；和周围的同学相比，没有进入理想的学习状态，或者还没有学会和适应所读大学所要求的自主学习方式，不会主动学习，如不会利用网络去查找资料，没有学会独立分析问题和解决问题，不会利用大学的图书馆和实验室自主地寻找疑难问题的答案，没有学会主动和老师沟通。也就是说，他们还没有学会变被动学习为主动学习，所以就产生了希望回到中学时代的想法。另外，同学之间没能很好地开展互帮互学也是造成这类心理问题的原因之一。

三、人际关系问题

大学生入学后，人际关系问题也是常见心理问题之一。通过分析有关资料数据发现，相当一部分大学生的心理问题是由人际关系问题引起的，其中尤以同宿舍、同班级同学关系问题突出。其中引起人际关系矛盾的原因多为生活琐事。虽然一些同学学习成绩很好，并被公认为是很好的学生，但在处理人际关系方面却缺乏经验。从实际情况来看，很多学生没有与同学朝夕相处的经历和经验，加之很多学生来自不同的地域，每个人的个性、兴趣、爱好也大都不同，这就导致不同学生具有不同的行为习惯、思想观念，导致人际关系问题就会成为比较突出的心理问题。例如，有的学生内向且较为敏感，而有的学生则比较随意，大大咧咧，口无遮拦，这难免会让内向又较为敏感的学生心生不满但又不愿直接说出来，难免造成误会或产生心理失衡问题，心里的不愉快日积月累，如不能得到很好的调节，则有可能最终产生矛盾。

四、情绪情感问题

大学生正值人生的美好时期，生理发育进入成熟阶段，对美好生活的向往也会使每个年轻的生命对大学生活充满了美好的憧憬。但由于价值观不同，各自家庭、成长环境、经济基础各异，加之各人的性格、兴趣、爱好差异，大学生情绪情感的需求和满足方式各不相同，产生的问题也各不相同，常见问题有如下几种。

（一）自卑

自卑是一种常见的心理问题，其产生原因大多和不理想的教养方式有关，例如从小缺乏应有的心理指导、鼓励，缺乏良好的社会支持系统，家庭环境不良（如家庭气氛不佳，不在父母身边，或由祖父母、外祖父母抚养，或接受的批评过多，有歧视性称谓，幼年时受到冷落、嘲笑），等等。在以后的成长过程中这些学生又没有培养起自己的自信，对自己的负面印象太过深刻，以致这种观念形成固定化的刻板印象而不能改变。

自卑会给学生带来非常不利的影响，而且其本人还会坚持认为自己就是如此而无力克服和改变。自卑会影响大学生的学业，使其学习成绩始终不理想而无法改变，使他们的人际关系消极而被动，且内心的痛苦、挣扎无法排解也会带来诸多不良影响，对于其未来的发展也具有极大的隐患。所以，克服自卑首先要从自我做起，要积极行动起来，尤其是积极参加学校的各种心理健康教育活动，转变过去那种逃避的态度为积极面对的态度，除学校提供的相关教材外，积极寻找适合自己的心理健康杂志、书籍等读物，与相近的同学进行交流，互相理解并了解别人对自己的客观评价，逐步修正自己对自己的不客观评价。当然，克服自卑的根本是培养自信，自信的培养虽然不会一朝一夕就能完成，但千里之行，始于足下，行动起来，利用各种机会培养自己的自信。变消极被动为主动，是培养自信的关键。

另外，自卑的人大多较为被动，不愿或不敢承担责任，这样虽然心理压力会稍微小一点，但长此以往，又会加重自卑心理，所以积极参加各种活动的同时，努力争取承担一定的责任，也是逐步克服自卑心理的行之有效的实践方法。

（二）焦虑、抑郁

由于每个人的生活环境都是千变万化的，人在这种不断变化的环境的相互作用之下，其心理状态也会有丰富的、微妙的各种变化，而焦虑、抑郁这种不良情绪情感也会像正向情绪情感一样经常发生，困扰人们的正常生活。

焦虑一般是指一种对未来充满不确定性的情感体验，在每个人的正常生活中时常出现，一般不至于对一个人的正常心理健康产生明显的不利影响，但如果焦虑情绪太多，或太过强烈、突出，以至于明显影响到了个体的正常学习、生活，就需要认真对待了，必要时需要请专业的心理学工作者帮助解决。

抑郁情绪虽然不像焦虑那样容易发生，但由于受到性格、身体条件等因素的影响，抑郁的不良情绪一旦发生，极易影响一个人的心理健康。虽然造成抑郁情绪的原因可能很多，但抑郁情绪的产生大多有一定的生理和心理基础，而且一般抑郁情绪并不受个人经济状况的影响。也就是说很多人其家庭的经济状况很好，但仍较易产生抑郁情绪。相反，有不少人家庭经济状况并不理想，但能够保持乐观开朗心态，较少产生抑郁情绪。

（三）失恋的不良情绪

失恋是大学生常见的情绪情感问题之一，失恋的不良情绪反应因人而异，但一般来说都会造成一定程度的心理健康损害。如悲伤、失望、痛苦、自责、后悔，甚至怨恨等，这些情绪如不能得到很好的调节，则可能会给大学生自身或者他人带来一系列的不良后果。一般来说，失恋带来的不良情绪大多是由当事人被对方拒绝而产生的心理挫折引起的。产生这种心理反应的另一个重要的心理因素是当事人缺乏心理准备。有很多人主观地从自己的愿望出发，认为自己的情感是如何热烈或纯真，但从未认真了解或理解对方的观点或对方对自己的评价及情感，造成双方的感情错位，而自己仍然在一厢情愿地进行各种努力。最终，当失恋的残酷现实到来时，由于缺乏心理准备，他们感觉受到了打击，因此不能自拔。

对于失恋带来的痛苦等不良情绪，如果当事人经过一段时间的慢慢调节后，对其正常生活、学习没有造成明显的不良影响，就不需要进行特别的处理。但如果其心理上的不良情绪反应过多或过于强烈，持续时间过久，则有可能需要心理学工作者给予一定的辅导或帮助。

第三节　大学生心理健康教育的途径

大学生心理健康教育要针对不同的时代、不同的地区、不同职业院校的特点等具体情况选择合理的途径。一般来说，心理健康教育既相对独立，自成体系，又能够与本院校主流教育内容相融合、相适应，既是学校主体职业教育的好助手和护航员，又相对独立存在，在学生的心理发展、个人成长、品德修养提升方面发挥独有的教育作用。一般可以参考的教育途径如下。

一、心理健康知识宣传

学校可以通过展板、刊物、新生班会、入学教育活动来讲解、传授心理健康基本知识，通过举办心理健康讲座，有针对性地介绍相关知识，使新生在入学后能尽快适应校园环境和校园生活，形成新的人际关系，也尝试认识自我、悦纳自我，学会初步的自我心理调节方法，预防和克服可能产生的适应问题。

二、心理普查和心理测量

在新生入学后，学校可以全面进行心理普查，建立心理健康档案，做到从心理上关注和关怀每一个学生，对所有数据、结果进行存档，对需要给予心理关怀、帮助的重点学生及时给予关心和帮助，并建立相应制度，同时加强制度的落实和管理。

三、课程体系的建立

大学生心理健康教育要开设专门课程，这是教育部门领导、专家、学生管理部门、教师和学生经过多年实践达成的共识。"心理健康教育"课程作为高校的必修课，也是各专业大学生获取心理学知识的基本方式和渠道。现在，心理健康教育课程在课程体系、内容设定、讲授方法等方面也已得到了逐步完善，越来越多的院校也已经根据需要，形成了选用专用教材、由专任心理教师任教的规范化教学体系。很多院校除将"心理健康教育"设为必修课以外，还开展了具有针对性的讲座，以补充课堂教学的不足。也有的院校在其专业教学体系中增加了一定的心理学课程，与心理健康教育课程相互补充。

四、第二课堂

相对于传统课堂固定的教材、大纲、教学形式，第二课堂因其灵活的形式、个性化的活动方案深受学生喜爱，成为开展大学生心理健康教育的有效载体。相关学者在对学生喜欢的心理健康教育形式进行调研的过程中，社会实践、公益活动的得票率最高，依托党团组织的社团活动排名第二。学生社团活动之所以被认为是实施大学生心理健康教育的重要途径，主要有以下几个原因：一是社团是在党团组织的领导下开展的,是共青团主要活动载体,也是党建工作的有效延伸;二是社团以学生自治为主,能够充分调动学生的主动性和积极性;三是社团活动的多样性可以满足不同群体的需求,可以有效解决目前大学生心理健康教育内容空洞、形式单一的问题。

五、心理咨询

学校通常是以门诊的形式对前来解决心理问题的学生开展心理咨询的,一般需要有一定专业背景或专业资格的专业人员承担心理咨询工作,如专业医师、心理学家、取得国家职业资格的心理咨询师、心理学专业教师等,地点在学校心理咨询室或其他基本符合条件要求的场所。同时,学校要注重保护学生的个人隐私。由于是个体化服务,心理咨询的范畴也是个性化的,能够较深入地帮助学生分析、探讨、解决其学习、生活、人际交往、职业生涯规划、恋爱婚姻以及性心理等方面的个体心理问题。咨询中可能会应用某些心理学方法和技术、设备等,各学校应根据各自条件予以准备。一些心理治疗辅助设备的运用会让前来咨询的学生更加容易接受心理咨询,推动咨询过程更顺畅地进行。负责咨询的心理教师有义务保护学生的利益不受损害,促使学生健康成长。而且学校向学生提供的校内心理咨询原则上不应收费。

六、其他途径

随着互联网技术的发展,各种新媒体、新技术也应运而生,结合原有的可利用的方式,可丰富心理健康教育的途径和方式,大致包括:书信、音乐剧、微电影、戏剧(心理剧)、网上咨询、心理行为训练、室外拓展等,各院校一般应结合自身特点和条件,有选择性地开展各种心理健康教育活动。当然,在有专业资质的教师带领下开展相应的各种活动，是重要条件之一。

对于可能的突发事件或心理健康方面的特殊情况，可以采取请进来、走出去的方法来解决，即请知名专家来校园帮助解决相关特殊问题，或建议（带领）学生到校外寻求心理援助，包括专科医院心理医生的帮助。

第四节　大学生心理健康教育的常用实施方法

大学生心理健康教育要通过一定的途径实现，在具体开展过程中，也需要结合一定的方法进行。目前，各类高等院校大多根据本校的条件和特点，采用课堂教学、网络教学、第二课堂等各种途径开展大学生心理健康教育工作，取得了一定的成绩。具体来说，大学生心理健康教育的实施方法主要有以下几种。

一、自学和互学

大学生心理健康教育是理论与实践并重、关注实际效果的教育，这种教育要取得预期的效果必须要动员全体受教育者，使全体受教育者主动参与。所以，所有教育教学手段的应用目的，都是使受教育者学习、应用心理健康知识和方法，进而使其自身获益。另外，大学生心理健康教育应当使每一个受教育者都能够终身受益。因此，培养受教育者具有这方面的自学能力，掌握正确的获取心理健康知识和应用方法的自学方式就显得尤为重要。因为一个人在一生中可能会遇到各种各样的人和事，要想长久地保持心理健康，一定不能在遇到问题以后再去学习，而应当在掌握保持心理健康的基本方法以后，在面对复杂的心理困扰时应用这些方法调节自己的情绪。自学的方法有很多，除了阅读心理学基础学科的教材和书籍以外，阅读关于心理健康的科普书籍、杂志也是常用的方式。另外，遇到相关问题时有针对性地应用学到的知识解决这些问题也是自学方式之一。而互学是自学的补充。学生能互相帮助，取长补短。

二、课堂教学

课堂教学是落实心理健康教育的保障。因此课堂教学应是专业化、正规化、制度化的，能够使受教育者学习到真正的心理学知识，同时使学生学以致用，并在实践中证明其所学的知识是科学的、正确的。

所以，课堂教学既要系统，知识要扎实、深入，又要深入浅出，在有限的课堂中使学生尽量多掌握心理健康学的知识。课堂教学是其他任何方法都不能代替的心理健康教育方法。学生在学习中必须努力掌握课堂知识，其目的不在于提高学习成绩，而在于追求知识的实际应用价值和学生实际受益的效果。

三、心理测量法的应用

在大学生心理健康教育中，心理测量法是常用方法之一。通过心理测量法的应用，学校教学管理部门及研究机构、专业心理学教师可以更加客观、准确、科学地掌握受教育者的心理健康状况，并根据每一人的具体情况，有针对性地进行工作，因材施教。同时学校也需要根据测量结果为全体学生建立心理健康档案，便于更好地为学生服务。学生也可以通过学习，掌握心理测量的基本原理和方法。

心理测量法是心理评估方法之一，心理测验是心理测量的工具。心理测验的种类很多，到目前为止，据统计已经正式出版的心理测验有 5 000 余种，而且，每年新增的心理测验还有很多。

心理测验可以根据不同的分类方法分为不同种类。如，根据测验对象的数量可以分为个体测验和团体测验；根据测验材料的性质可以分为文字测验和非文字测验，非文字测验又包括图形测验、仪器测验、模型测验、工具测验、实物测验和近年来发展最快的计算机辅助测验；根据测验原理、意义、方式，又可分为有限制测验和无限制测验、常规测验与投射测验等。下面按照测验目的对心理测验进行分类介绍。

（1）能力测验。包括智力测验、心理发展测验、适应行为测验、特殊能力测验。

（2）人格测验。主要测量一个人的性格、气质、动机、兴趣、态度、人生价值观等。

（3）神经生理测验。主要用于评估一个人的神经系统及脑功能状况，多在医学领域应用。

（4）临床评定。主要用于医生对被试者某个方面进行医学临床评估。

（5）职业生涯类测验。用于在就业等方面指导被试者。一般在进行这方面的测验时，心理医生也会常常结合智力测验和人格测验的结果进行综合分析，提出较为客观的指导建议。

大学生在接受心理健康教育的过程中，可通过心理测量更加客观、准确地认识自己，尤其是自己的气质、能力、性格、智力发展的具体状况，了解自己的心理优势，发展自己的专长，同时也能及时发现自己需要改进的不足之处，避免可能危害心理健康的因素，以利于自己的健康成长和发展。

四、团体心理辅导与朋辈心理辅导

近些年各高校心理教师在运用团体心理辅导方法时，融入了更多的时尚元素，使同学们更乐于参加这样的团体活动，而且更乐于在团体中表现自己，而多种艺术形式，如朗诵、情景剧、音乐等的引进，使学生在陶冶心身的同时也更容易触及心灵，取得了较好的效果。

团体心理辅导一般一次不宜人数太多，以便于人际沟通和交流。一般会根据某些共同特点如年龄、性别、兴趣、爱好等进行组织，在开始后一般由主持者对要探讨的问题进行分析和讲解，或由相关人员来介绍问题的有关方面，也可借助录像、录音等方式使参加者对问题加深了解和认识。主持者根据情况及时给予提示或心理辅导，鼓励参加者发表个人观点和看法，参加者之间也要及时进行交流，主持者把握整体进程，并及时进行点评和总结。

团体心理辅导可高效地解决带有一定共性的心理问题，参加者的心理压力也较小，形式相对轻松，气氛一般较宽松、融洽，有利于参加者克服自卑感、孤独感，消除过多的担忧。团体成员之间的交往具有调节情绪作用，能很好地解决问题。当然，不是每个人都会有很好的收获，有些人的问题也可能需要个别心理咨询或辅导。

所谓朋辈心理辅导，是指某些同学由于某种原因，更愿意将自己的心理困惑向自己的同学、朋友或年龄相近的青年教师或辅导员、学生干部倾诉，而恰巧以上这些人员又接受过一些心理辅导的基本训练，可以承担给予其心理帮助的责任，通过一定时间的心理辅导又确实帮助了求助者，解决了某些心理困惑的情况。

根据目前各高校开展的情况，这种方式的帮助为求助者解决了相当多的一般性心理问题，如临时产生的情绪困扰、人际关系中的小矛盾引起的不愉快、个人的情感问题等，取得了较好的效果。所以，在此基础上进一步普及心理学知识，加强朋辈心理辅导人员的培训已成了大家的共识。

第五节　高校大学生
心理健康教育的现状

一、对高校大学生心理健康教育内涵的理解比较模糊

自从我国高校设立大学生心理咨询机构、开展心理健康教育以来，很多人把大学生心理健康教育的主要目标定位在少数存在心理问题的大学生身上，把工作的重心放在咨询和治疗上，缺乏心理疾病预防与发展心理教育的理念，对大学生心理健康教育的内涵缺乏全面正确的认识。

二、对高校大学心理健康教育的重要性缺乏足够的认识

对心理健康教育的科学性与规律性认识不足，加上学校心理健康教育工作本身的特点，以及某些领导管理行为上存在短期效应，导致心理健康教育在高校学生工作中的地位不高，实施教育的途径得不到保障。

三、对高校大学生心理健康教育现状认识评估存在偏差

近年来，面对新环境、新问题，大学生在心理方面出现的问题越来越多，并呈上升趋势。但是，由于采样不同，各心理健康教育机构对于大学生中存在的心理健康问题的范围和比例评估差异较大，直接影响了各高校开展心理健康教育的方式与途径，使心理健康教育得不到很好发展。

　　我们应该从学校实际出发，进行大范围的心理调查和深入细致的研究分析，利用科学的采样和标准来判断大学生的心理健康现状，为开展心理健康教育提供准确有效的数据参考。

第二章　心理健康与人格塑造

第一节　大学生心理健康与保健

一、大学生心理健康的状况

大学阶段是一个人身心发展趋于成熟的重要时期，大学生的各种心理活动非常活跃，但大学生自我调节能力还不够完善，加上面对社会经济转型、学习生活环境变迁、人际关系复杂化、学业与就业压力等诸多方面的问题，许多大学生表现出不适应的现象，严重者会引发心理疾病，影响健康成长。当前大学生的心理健康状况表现出如下特点。

（一）大学生心理问题有着明显的阶段性

一年级集中表现为对新生活的适应问题，兼有学习问题、专业问题、人际交往问题；二年级出现的问题主要为人际交往问题、学习问题、情感与恋爱问题；三年级集中表现为能力培养问题、人际交往问题、恋爱与情感问题；四年级则以择业问题为主，兼有恋爱问题、未来发展问题和能力培养问题等。

（二）各种心理问题对大学生健康的危害越来越大

有的学生孤僻自闭、情绪失常、焦虑抑郁，有的甚至以结束自己生命或他人生命的方式来寻求解脱。根据一项针对北京市 16 所高校的调查报告，因心理问题和心理疾病休学、退学的人数分别占总的因病休学、退学人数的 37.9% 和 64.4%，因病死亡的 17 例中有 9 例为因患重性心理疾病而自杀，占 52.9%。学者王玲也曾对广州某师大一年级新生进行调查，发现有 19 人有自杀倾向，占大学生总数的 1.4%。

（三）大学生主动寻求心理咨询帮助的意愿较弱

出现心理问题时，大学生可以有三种解决途径：一是自己解决；二是寻求朋友帮助；三是求助专业心理咨询机构。姚斌等人调查发现，在出现心理困惑时，57.7%的大学生选择独自面对，较少寻求帮助，特别是很少寻求专业帮助，即使他们愿意寻求帮助，也更倾向于寻求非正式的帮助，如向朋友和家人求助，而不愿寻求正式的帮助，如寻求教师、咨询师和心理医生的帮助等。不仅如此，求助行为存在性别差异和城乡差异：男生寻求帮助的比例明显低于女生，而女生求助教师、家长和同学的比例高于男生，尤其是求助教师、家长的比例是男生的 2 倍多，而且女生更愿意接受来自同学的帮助。来自农村的学生更倾向于独自解决心理问题。城市和农村在教育资源、生活环境等方面存在较大差异，而且来自城市的学生中独生子女较多，来自农村的学生经济条件较差，在与城市学生的比较下容易产生自卑心理，因为自卑而怯于求助。还有研究发现，不同年级大学生求助的对象不同，大一学生的求助对象主要是家人，大二学生的求助对象主要为朋友，大三学生的求助对象主要是朋友及恋人，大四学生面对心理问题时更倾向于自己解决。对于大学生心理困惑较多而不愿寻求帮助的情况，一方面，高校要开展有针对性的心理健康教育，促进大学生对求助行为的主观认可。另一方面，大学生也要认识到，有了心理困惑积极寻求帮助是快速解决自身问题的有效办法，要培养自己主动寻求帮助的习惯。

二、影响大学生心理健康的主要因素

　　大学生心理问题的发生是很多因素综合作用的结果。刘蓓对某高校大学生的调查研究表明：父母的教育态度差，内向、易焦虑、不易与人相处的人格特征，负性生活事件是造成当今大学生心理问题的三大主要因素。张远等人对 2 034 名大学生的研究表明，家庭因素和性格是影响大学生心理健康状况的主要因素。由此可见，影响大学生心理健康的因素是多方面的，一般可以分为内在因素和外在因素。

（一）影响大学生心理健康的内在因素

1.遗传因素

　　人类受精卵继承来自双亲的 23 对染色体，这些染色体传递由脱氧核糖核酸（DNA）组成的遗传信息。这些 DNA 片段构成了基因，基因位于染色体上的不同位置，控制着人体的生长发育和功能。心理卫生学的大量研究资料表明，大学生的某些心理健康问题的产生，与某些遗传基因有着一定的联系。德国精神病学者卡尔曼（F. Rallmann）通过研究发现：父母均为精神分裂症患者，子女发病率为 68.1%，其中一方有精神分裂症，子女发病率为 16.4%，家庭无精神病患者，子女发病率为 0.9%。若双亲都是抑郁症患者，子女发病率提高到 50.0%～75.0%。行为遗传学发现，乐观快乐等积极的人格特征也同样具有遗传性。我国心理学工作者对 22 对同卵双生子和 18 对异卵双生子进行了 20 多年的追踪研究，结果发现神经衰弱、抑郁症、疑病症、性格内向、性变态的遗传率较高。

2.人格特征

　　刘蓓对某高校大学生心理健康影响因素的研究表明：大学生心理问题的发生多有一定的人格基础，如性格孤僻、内向，容易出现焦虑、愤怒、抑郁、敏感、冲动、脆弱等情绪反应，与人不友好、不近人情、对他人漠不关心、难以适应环境的大学生心理问题发生率高。大学生的学习生活是紧张的，遇到的来自学习、情感、生活、就业等方面的压力也很多，性格内向和孤僻的大学生遇事比较容易出现消极情绪，自身的调节和控制情绪的能力又比较弱，同时，由于不喜欢和不擅长与他人交往，排解消极情绪的途径不多，获得的社会支持不多，长此以往，就容易产生心理失衡，从而诱发心理问题。

（二）影响大学生心理健康的外在因素

1.家庭因素

影响大学生心理健康的因素很多，其中家庭环境对大学生心理健康状况起重要作用。

（1）父母教养方式是影响大学生心理健康的重要因素，不同的教养方式会产生不同的影响。父母教养方式分为四种类型：权威型（父母坚定、热情，并考虑孩子的意见）、专制型（不考虑孩子的要求）、溺爱型（父母允许孩子为所欲为）和忽视型（既不对孩子提出要求也不考虑孩子的需要）。研究表明，父母教养方式为权威型的大学生，其心理健康水平高于父母教养方式为专制型的大学生。在成长过程中，对子女经常采取控制态度的父母，会伤害子女自尊心、自信心，使子女产生不信任感和自卑感，影响其心理健康水平。如果父母对孩子充分理解，给予温暖，就会对孩子的心理健康产生积极的影响。如果父母对孩子过多干涉，就会对孩子的心理健康产生消极的影响。

（2）家庭结构也会影响大学生心理健康。单亲家庭的学生更易于形成极端人格。离异家庭学生的心理健康状况总体上差于普通学生。入学前在家庭中由亲生父母照顾的大学生，其心理健康状况优于由祖父母、外祖父母或其他人员照顾的大学生，由父母亲自照顾的学生能更加健康地成长。

（3）父母婚姻状况对大学生的心理健康有明显的影响。父母离异的大学生的心理健康总体水平比正常家庭的大学生差，并且父母离异的大学生比父母去世的大学生更具敌对情绪。

（4）除此之外，家庭经济情况、父母职业、家庭气氛、父母对子女的期望等也都会影响大学生的心理健康。

2.学校因素

影响大学生心理健康的外在因素有的是在学生考入大学以后出现的，可以分成环境的变化和压力的形成。新生入学后，学习生活环境的变化对他们来说是一个挑战。这些环境包括居住环境、语言环境、学习环境等。心理学研究表明，个体遭遇的应激性事件影响越大，心理健康水平越低，这是因为应激性事件会消耗个体的心理资源，从而引发个体的负面情绪及适应问题。大学生的应激性事件主要表现为新生的新鲜感和不适应性。根据以往的经验，环境的变迁虽然较少导致严重的心理问题或过激行为，但可以成为各种压力形成的因素之一。主要表现在以下几个方面。

（1）学习压力。从小学到中学，学习的主要目的是考大学，教师时刻关注着学生，学生虽然辛苦，但有明确的目的和方向。而进入大学后，学习主要靠自己，学习内容、学习方法、学习环境、师生关系甚至学习目的都发生了很大变化，这往往使得刚进入大学的学生无所适从，学业目标难以达到，不再时刻受到教师关注，不再有父母的精心呵护，学习压力增加，部分学生容易产生焦虑、自卑、嫉妒等负面情绪，进而可能产生心理问题。

（2）校园文化环境也会影响大学生的心理健康。校园文化能够陶冶大学生的情操，良好的校园环境有利于大学生树立正确的人生观和世界观。校园文化建设还有利于规范大学生的行为，培养他们的人文素质，创造和谐的人际关系。在校园中，宿舍管理和宿舍人际关系也同样会对大学生的心理健康产生重要的影响。和谐共处、互相关心、互相帮助的宿舍人际关系有利于塑造大学生利他、自信的人格，有利于他们学习社会经验，提高他们的思想品德修养。而不良的人际关系则会使大学生孤独忧郁，甚至产生与人交往的恐惧，长期持续下去可能会引发严重后果，使大学生产生心理障碍。

3.社会因素

（1）社会支持对大学生心理健康有一定的影响。研究表明，社会支持良好的大学生，其心理健康状况也较好，而社会支持较差的大学生，其心理健康状况也较差。更好地利用社会支持有益于自身的心理健康。人的心理发展及生活的各方面都时时刻刻与这个社会保持着紧密的联系，人的成长离不开社会的支持。

（2）网络对大学生的心理健康既有积极的影响，也有消极的影响。一方面，网络拓宽了大学生获取信息的渠道，扩展了大学生的人际圈，并且使得大学生的创造性得到很好的发挥，增强了大学生的自信。另一方面，网络上的信息良莠不齐，过度沉迷于网络也会危害大学生的心理健康。当今社会，"低头族"越来越多，大学生的交流大多是通过互联网进行的。久而久之，他们也就不善于与他人打交道，严重者会失去社交能力。有些大学生沉迷于网络游戏，往往线上情绪饱满、异常亢奋，线下情绪低落、意志消沉，个人易产生焦虑、孤傲和压抑等心理障碍。有些大学生会渐渐地将网络上那个虚拟的"自己"带进现实，导致心理扭曲，甚至产生更严重的心理疾病。

三、大学生心理健康的自我维护

大学生的心理健康状况不容乐观，各种心理问题对大学生的危害越来越大，因此每个大学生都应形成关注自身心理健康的意识，提高维护自身心理健康的能力，在必要时进行自我调节和自我适应。

（一）形成关注自身心理健康的意识

目前，有些大学生误以为心理健康教育和心理咨询只是针对有心理障碍和心理疾病的学生的，自己没有心理障碍和心理疾病，所以不需要关注心理健康。实际上，虽然只有少部分大学生会出现心理障碍和心理疾病，但许多大学生在成长过程中会出现心理困扰，出现发展性的心理问题，而当前高校开展的心理健康教育也有两个目标：一是教育者运用心理咨询理论与技术帮助全体大学生化解心理矛盾、减少心理冲突、缓解心理压力、优化心理素质，保持良好的心理状态，形成良好的人格品质，促进人格成熟和全面发展的发展性目标；二是针对出现心理障碍和心理疾病的学生开展心理咨询的补救性目标。发展性目标要达到促进学生心理发展和预防学生出现心理疾病的目的，这就要求每个大学生都要形成关注自身心理健康的意识。一是通过各种途径学习心理健康知识，了解心理健康的标准，及时发现心理不健康的症状，如重视大学生"心理健康教育"课程的学习，通过该课程系统学习心理健康知识，在课外阅读提升自身心理健康水平的书籍，积极参加学校组织的各类心理健康讲座；二是积极参加学校组织的为提升大学生心理健康水平而开设的各类体验活动，通过体验活动，客观而正确地认识自我、接纳自我、调节自我，从而达到自我成长的目的。

（二）提高维护自身心理健康的能力

大学生可以通过多种途径、多种方法来维护自身心理健康。维护自身心理健康既可以自主进行，也可以通过向周边同学、家人、老师和专业心理咨询机构求助来实现。

1.学会自我心理调节

情绪对于心理健康来说是至关重要的，几乎每一种心理疾病都有一定的异常情绪表现。稳定而良好的情绪状态，能使人心情开朗、轻松安定、精力充沛，对生活充满信心。相反，如果一个人情绪波动大、患得患失、喜怒无常，处于不良的情绪状态中，而自己又不善于调节和控制，则会导致心理失衡，甚至诱发心理疾病。

要想学会管理和控制自己的情绪，大学生可以尝试以下自我心理调节的方法：

（1）主动宣泄不良情绪

过分压抑只会使情绪困扰加重，而适度宣泄则可以把不良情绪释放出来，从而使紧张情绪得以缓解。因此，遇有不良情绪时，最简单的办法就是"宣泄"。

合理宣泄情绪是指在适当的场合，采用适当的方式、方法来宣泄心中的不良情绪。宣泄，应该是合理的，要表现得有理、有度，既不损害自己，也不给他人带去伤害。在宣泄过程中，必须增强自制力，不要随便发泄不满或者不愉快的情绪，要采取正确的方式，选择适当的场合和对象，以免引起意想不到的不良后果。既不能不顾他人利益，也不能不顾自己形象，不分时间、地点、场合随意发泄。比如，如果大学生喝完酒后大哭大喊，摔砸公物来发泄自己的不快，那么这既不能调控好自己的不良情绪，还会造成严重的后果。

现实生活中，合理宣泄情绪的方式、方法很多。第一是写。大学生可以通过写日记、搞创作的方式宣泄情绪。我国古典文学中最长的一首政治抒情诗《离骚》，就是屈原通过宣泄的方式写出来的。第二是述。大学生可以向家人、老师、朋友倾诉，甚至可以用激烈的言辞抨击、抱怨自己恼怒的对象，或是尽情地向至亲好友倾诉自己的不平和委屈，也可以到空旷的山林原野，拟定一个假目标大声宣泄。一旦发泄完毕，心情也就随之平静下来。第三是动。大学生可以通过体育运动、劳动等方式来尽情发泄。参加剧烈运动可以使内啡肽分泌增多，不良的情绪容易由运动带来的快感代替。在大学校园里，有很多适合大学生运动的场所，大学生可以充分利用，释放情绪。

（2）积极的自我暗示

暗示是指运用含蓄的、模棱两可的语言、形象、想象等，通过多次重复来达成一定的心理效果。这个概念最初由法国医师库埃（Emile Coue）于 1920 年提出，他的名言是"我每天在各方面都变得越来越好"。心理学上所讲的"皮格马利翁效应"也称期望效应，也是一种暗示。心理学的实验表明，当个人静坐时，默默地说"勃然大怒""暴跳如雷""气死我了"等语句时心跳会加剧，呼吸也会加快，仿佛真的发起怒来。相反，如果默念"喜笑颜开""兴高采烈""把人乐坏了"之类的语句，那么他的心里面也会产生一种乐滋滋的体验。由此可见，言语活动既能唤起人们愉快的体验，也能唤起不愉快的体验；既能引起某种情绪反应，也能抑制某种情绪反应。

暗示有自我暗示与他人暗示之分，又有积极的暗示与消极的暗示之分。消极的自我暗示会强化我们个性中的弱点，唤醒我们潜藏在心灵深处的自卑、怯懦、嫉妒等，从而影响情绪。积极的自我暗示，可以缓解过分紧张的情绪，也可以激励自己。例如，情绪激动时，可以通过自我默诵"冷静""不发火""镇定"来抑制自己的情绪。不少大学生的墙头、床上贴着"镇定""三思而后行""静""我能行"等条幅，就是在针对自己的弱点用书面语言提醒自己。如在遭遇困难时，用"胜败乃兵家常事""塞翁失马，焉知非福""坏事变好事"等词语来宽慰自己，以便从懊恼、焦虑中解脱出来，使消极的情绪合理化。

（3）转移注意力

转移注意力法就是把注意力从引起不良情绪反应的刺激情境转移到其他事物上去或从事其他活动的自我调节方法。当不良情绪出现时，头脑中只有一个兴奋点，这时候如果另建一个新的兴奋点，就可以抵消原来的兴奋点，情绪就可以逐渐平静，使不良情绪得以解脱。这种方法，一方面中止了不良刺激源的作用，防止不良情绪的泛化、蔓延；另一方面，能使大学生通过参与新的活动，特别是自己感兴趣的活动而达到获得积极的情绪体验的目的。当出现情绪不佳的情况时，大学生要把注意力转移到自己喜欢做的或感兴趣的事情上去，例如外出散步、看电影或电视、读书、打球、下棋等，这样有助于使情绪平静下来。

（4）食物调节法

科学表明，心情愉快与否和大脑分泌的某些激素有关。有些食物可以影响这些激素的分泌，让人快乐的食物有香蕉、菠菜、鱼油、樱桃、南瓜、低脂牛奶、葡萄、鸡肉、全麦面包等。我们可以据此调整饮食习惯，选择一些健康食品，帮助自己调节情绪。

（5）利用感觉反馈机制寻找快乐

美国心理学家詹姆斯（William James）1884 年提出了对情绪的解释。他认为个体受到刺激产生情绪时会引起植物性神经系统的活动，并由此产生机体生理上的变化，情绪就是由对自己这个生理变化的认识而引起的。他说："我们因为哭，所以愁；因为动手打，所以生气；因为发抖，所以怕。"情绪主观体验的产生和机体生理和行为表现的变化密切相关，相互影响。我们可以通过改变情绪的生理和行为表现来调节情绪的主观体验。

2.寻求社会支持

人总是处于一定的社会关系中，有效的社会关系和网络构成了社会支持系统。所谓社会支持是指一个人通过社会关系所能获得的能减轻心理应激反应、缓解精神紧张状态、提高社会适应能力的影响。社会支持包括信息支持（帮助个体认识到引发困境的事件，并找到解决困境的资源和策略）、工具支持（提供实质的服务、财力支持以及特殊援助）、情感支持（用关心、安慰等让个体感觉到自己的价值）三个方面。心理学研究表明，社会支持良好的大学生，其心理健康状况也较好，而社会支持较差的大学生，其心理健康状况也较差，尤其是在遇到挫折时，寻找有效的社会支持，是维护心理健康的重要途径。

目前大学生的社会支持主要来自三个方面：

第一，家庭是最重要的社会支持系统。张磊通过对北京五所高校的在校大学生进行问卷调查发现，当今大学生的社会支持来源有家人、朋友、同学、老师、其他人等，其中来自家庭方面的社会支持最高。婴幼儿期的亲子关系决定了个体对世界和他人的态度，也决定了人是否有安全感。无论是物质方面还是精神方面，父母通常是孩子最大的支持者。所以，当面临压力和挫折时，大学生可以向家人求助，可以获得来自家庭成员的理解和支持，可以从家庭成员中汲取战胜困难的勇气和力量，减轻压力，缓解焦虑，重塑信心。

第二，同学、朋友是社会支持系统的重要组成部分。家庭固然是重要的支持系统，但毕竟离得有点远，而同学就在身边，一起学习和生活，朝夕相处，寻求同学、朋友的帮助比较方便。如果有了开心的事情，就可以与朋友一起分享；有了烦恼和痛苦，也可以与朋友一起分担。有些问题及时得到了解决，不会积郁在心。另外，大学生大多有交友的愿望，在与同学交往中能学会怎样与别人相处，因此保持良好的同学关系，获得更多朋友的支持和帮助，是维护自身心理健康的重要途径。

第三，辅导员和任课老师也是社会支持系统的重要部分。大学生在遇到学习、生活中的一些问题时，可以及时地向辅导员或班主任以及任课老师求助，尤其是学业或就业方面的问题。老师见多识广，知识经验丰富，人脉资源丰富，解决问题的思路、方法更多，因此其给出的建议往往会很有价值。

3.寻求专业帮助

大学生要主动学习心理健康方面的知识，正确认识心理健康和心理问题，树立科学的健康观，掌握一些心理问题的鉴别方法和常用的心理调适方法，以科学、理智的态度对待心理问题，发现有心理困扰时，主动、积极、及时地到学校心理咨询机构进行心理咨询。如果发现有心理疾病，还应该到相关医院进行心理治疗。所谓心理咨询是由受过心理咨询训练的专业人员，运用心理咨询的理论和技术，针对来访者的各种适应与发展问题，采用会谈技术，与来访者建立相互信任的咨询关系，帮助来访者找到自身的问题，并加以引导和改变，帮助来访者消除心理问题，发挥自身潜能，有效地适应社会生活环境的过程。目前高校都设有大学生心理健康教育中心或心理咨询中心，为学生提供个别心理咨询、团体心理咨询、电话咨询和网络咨询等。和家人、同学、朋友或任课老师相比，心理咨询机构的咨询老师在心理问题上提供的帮助更专业、更有效，所以，大学生如果出现心理困扰，可以积极地向心理咨询老师寻求帮助，而不是一直被这些问题困扰着甚至使其变得越来越严重。同时，高校也要建立及时发现学生心理问题的机制，如在班级里设立心理委员，定期对心理委员和寝室长开展心理健康专业知识培训，经过培训的心理委员和寝室长能及时发现身边同学的问题，及时帮助同学解决心理问题。

除了心理问题，当大学生出现心理疾病时，更要及时转到相关医院进行心理治疗。近年来，大学生中出现抑郁症、焦虑症的比例有上升的趋势，尤其是患抑郁症的学生，自身非常痛苦，大多有轻生的念头，如不加干预是很危险的，如能及时求助专业机构，接受药物和心理咨询相结合的治疗方法，抑郁症是完全可以治愈的。

第二节　大学生健康人格塑造

一、人格的概述

（一）人格的内涵

在我们的日常生活中，人格是一个使用频繁的词。如说"某某人的人格高尚"，这主要是从道德或伦理学的角度评价的。如有的人在网上发帖对他人进行侮辱、诽谤，侵害他人人格尊严，构成对他人人格权的侵犯，这主要是从法律的角度来论述人格的。心理学中对人格的定义有很多，不同的心理学家对人格的理解不同，因而所下的定义也不同。据美国心理学家奥尔波特（Gordon Willard Allport）1937 年的统计，人格定义有 50 多种。从词源上讲，人格（personality）一词来源于拉丁文 persona。persona 是指戏剧演员在舞台上所戴的面具，即戏剧演员所扮演的角色。面具代表着这一角色的某种典型特点，类似京剧中的脸谱。这样看来，人格似乎是指一个人在人生舞台上的行为表现。

心理学大辞典中对人格是如此定义的：人格是个体社会化过程中形成的给人以特色的心身组织，表现为个体适应环境时在能力、情绪、需要、动机、兴趣、态度、价值观、气质、性格和体质等方面的整合，具有动态的一致性和连续性。《中国大百科全书·心理学》把人格界定为个体特有的特质模式及行为倾向的统一体。西方心理学界的主流观点认为，人格是为个人的生活提供方向和模式的认知、情感和行为的复杂组织。

综合各种有关人格的定义与解释，我们认为人格是个体所具有的独特和稳定的心理特征的综合，是个人内在的动力组织及其相应的行为模式的统一体，包括需要、动机、兴趣、气质、性格、信念、理想和价值观等。

（二）人格的特征

1.人格的独特性

人格的独特性是指人与人之间的心理和行为各不相同。由于各人的遗传素质和环境因素各不相同，因此形成了千差万别的个性。譬如，有的人内向羞涩，有的人外向健谈，有的人自负傲慢，有的人却自卑退缩，在兴趣爱好这些方面也多有不同。正所谓，"人心不同，各如其面"。李白与杜甫都是唐代的大诗人，但两个人的个性却大不相同，李白外向、洒脱，杜甫内敛、含蓄，反映在诗作上便是"子美不能为太白之飘逸，太白不能为子美之沉郁"。人格表现出的这种差异性，就是人格的独特性。

正因为人格的独特性，所以我们每一个人都是一个独一无二的个体，具有独特的优势和能力，由此形成了丰富多彩的大千世界。

但是，人格的独特性并不意味着人与人之间毫无相同之处，人格主要包括个体与他人之间不同的身心特点，但也包括一些相同的特点，如同一民族的人，在心理上往往有一些相似之处，人格是独特性与共同性的统一。

2.人格的稳定性

人格一旦形成，就具有相对的稳定性。人格在儿童时代便已经奠定基础，正所谓"三岁看大，七岁看老"，以后随着年龄的增长、环境的变化会有所发展和变化，但核心的人格特质还是比较稳定的，不会轻易改变。

人格的稳定性是指那些经常表现出来的心理与行为特点，是一贯的行为方式的总和。那种偶然表现出来的特征与倾向，并不能算作此人的人格特征。例如，某人一贯谦虚，偶尔表现出一些骄傲，骄傲就不能视作其人格特征。

这种稳定性还表现为人格特征在不同时空下的一致性。例如一个性格内向的大学生，他不仅仅在家庭中显得安静言语不多，而且在班级中也表现出沉静多思的一面，在各种社团活动中也表现得内敛稳重，不仅大学四年如此，即使毕业多年，这个特点依旧不变。

人格的稳定性意味着个体的某种人格特质一旦稳定下来，不会轻易改变。

即"江山易改，本性难移"。但人格也具有可塑性的一面，在一定的条件和个人努力之下，人格是可以变化发展的，"本性难移"并不是"本性不移"，对此我们应持有辩证的观点与坚定的信心。

3.人格的统合性（整体性）

人格虽然包含了多种成分，但它们却是相互联系、相互制约并统合于个体身上的，是按照一定的规则和秩序有机进行组合的。

人格的结构具有内在一致性，并受到自我意识的调控。当个体人格结构的各方面彼此和谐一致时，心理才能保持健康，否则就会出现各种心理冲突与心理矛盾，呈现出不健康的人格特征，并导致适应困难，甚至出现"人格分裂"。

4.人格的功能性

个体在应对世界上的各种事务时，总是以他的人格为基础，人格决定了他的心理倾向与行为方式。因此，人格的好坏，对一个人能否适应社会并获得成功与幸福，具有重要的作用，正所谓"性格决定命运"。

所以，我们要想有成功的事业和美满的生活，要想取得良好的学习效果，就要对自己的人格多加磨炼与优化，形成良好的人格特征，只有这样，才可能到处"顺风顺水"而不是"举步维艰"。正如美国心理学家威廉·詹姆斯（William James）所说："播下一种行为，收获一种习惯；播下一种习惯，收获一种性格；播下一种性格，收获一种命运。"

（三）人格与身心健康

人格与生理健康有着极为密切的关系，这在医学研究中已经有了实证性的结果。研究表明，人格具有 ABC 三种类型。A 型人格者个性急躁，极端争强好胜，富有攻击性，缺乏耐心，总是想在最短的时间里做最多的事，终日忙碌，不愿意将时间花在日常琐事上。这样的人长期处于紧张状态之中得不到放松，时间久了势必影响身体健康，容易导致心血管疾病。C 型人格的特点是过分压抑自己的情绪，特别是将生气、愤怒隐藏在心里，但内心并没有想通，只是默默隐忍罢了。由于负面情绪长期得不到排解，累积的结果是产生了大量不利于人体的物质，影响身体健康，容易诱发癌症。B 型人格的人相对比较平和、"松散"，不那么争强好胜，生活节奏也比较慢，随遇而安，对任何事情处之泰然，无敌意，所以不易患高血压、冠心病等。以上几种人格类型也不能简单地说其好坏，但对其中影响健康的方面还是要注意适当地改变、调节与平衡。除了医学研究，在生活中我们也可以发现，性格不好的人，其身体往往容易出现各种问题，诸如背痛、偏头痛、哮喘、结肠炎、溃疡等，而性格乐观豁达之人，则心宽体健。

心理健康也与人格特征密切相关。一些心理疾病就具有特定的人格特征，如强迫症患者多具有完美主义、过于谨慎、敏感多疑等性格特征；具有抑郁倾向的人对自我不满意、容易自责，常常对生活感到无望和无助，总觉得前途一片灰暗，哪怕他的生活状况其实不错，这样的人容易得抑郁症。有些人比较以自我为中心，总希望引人注意，情绪不稳定，易受暗示，这样的人就容易得癔症。而在日常生活中，大多数人并没有心理疾病，但如果不进行改变，也是会影响心理健康的。

根据积极心理学的研究，人类自身的积极人格力量和各种心理疾患可能存在着某种对应关系，培养积极心理与积极人格，如勇气、信心、洞察力、毅力、乐观、复原力等，有助于预防和缓解心理疾病，并且能保持身心健康，而缺乏某种积极人格，会影响心理健康甚至罹患心理疾病。

因此，为了身心健康，我们一定要注意优化自己的人格特征，如心胸开阔、与人为善、随和开朗、有张有弛、积极进取等，克服不利于健康的人格缺陷。

（四）健康人格的特征

研究健康人格具有重要的意义与价值，因为健康人格是相对于现实人格和病态人格而言的，是人们心目中的人格典范，是人格所应达到的理想境界。所以对健康人格的描述与研究，可以为人格发展提供"样板"和方向，促进个体的心理健康，并在此基础上有效地预防心理问题的发生。

所谓健康人格，是指各种良好人格特征在个体身上的集中体现，是和谐、全面、健康发展的人格。对健康人格的论述，学者的观点各有不同，比较有代表性的有如下几种：

1.精神分析学派的观点

精神分析学派的创始人弗洛伊德（Sigmund Freud）认为，健康人格是本我、自我和超我三者的和谐统一，健康的人格结构是平衡的，而其中自我的发展最重要。本我是原始欲望的自然流露，包含生存所需的基本欲望、冲动和生命力，它不理会道德、社会规范等，只遵循"快乐原则"；自我调节着本我与超我的矛盾，遵循的是"现实原则"，力求在社会接受的条件下，尽可能满足本我和超我或在两者中选择其一。超我是人格结构中代表理想的部分，是个体内化道德规范、社会价值取向而形成的，它遵循"道德原则"。自我强大的人能够协调本我、环境以及超我之间的矛盾冲突，面对现实，既不压抑自己的需要与情感，也能有效地控制自己的冲动。

在此之后，阿德勒在其《个体心理学的实践与理论》中，对健康人格进行了探讨，认为主要有两个核心内容：一个是创造性自我，另一个则是生活风格。个体人格的发展是不断奋斗与超越的过程，为摆脱自卑而奋斗，为追求优越而奋斗，直至为实现完美社会而奋斗。在这个过程中，社会兴趣的产生很重要，如懂得尊重他人、互助合作等，因为它会减少非理性的竞争，对形成健康人格大有裨益。新精神分析学派的埃里克森（Erik H Erikson）针对健康人格的组织结构进行了分析，以自我同一的观点来解释健康人格，认为健康人格需要具备自我一致的情感和态度、自我贯通的需要与能力以及自我恒定的目标与信仰，这样的人清楚自己固有的特点、爱好和理想，知道自己要成为什么样的人，表现在社会方面则是追求一种社会的认同感。

2.特质论的观点

特质论的开创者奥尔波特在健康人格方面进行了长期的研究，他认为，健康人格不受无意识力量的控制，也不受童年心灵创伤或冲突的控制，心理健康者的功能发挥是在理性与意识水平上进行的。他进一步认为，如果一个人的统我发展得很好，这个人就能获得心理上的成熟。所谓统我，是人格统一的根源，是人格特质的统帅——各种人格特质不是零散的，而是有组织的，统我就是组织者，统我包括人格中有利于内心统一的所有方面。奥尔波特提出了健康人格的"成熟者"模型，这样的人具有 7 个特点：①自我广延的能力。成熟者会把自己投入到各种爱好与活动中，扩大交往的范围，进行自我广延与拓展。②与他人热情交往的能力。③情绪上具有安全感，能够自我认同与自我接纳。④具有现实性知觉。⑤能够客观地看待自己。⑥有多种技能，专注于工作。⑦有一致的人生哲学。他还认为，健康人格是发展着的动力结构，统我是人格发展最高阶段的产物，健康人格是机能自主的。

3.人本主义的观点

人本主义从人性本善的角度来研究健康人格，认为人的本性中具有一种建设性的力量，将这种力量充分发掘出来，就能形成健康的心理与人格。

人本主义学派的创始人马斯洛，提出了健康人格的"自我实现者"模型，可以使人的潜能得到充分的发挥，其具有 15 种特点：

①能准确而客观地认识现实，持有较为实际的人生观。②能接纳自己和他人，不会为自己或他人的缺点所困扰，他们能坦然地接受自己的现状，包括自己的需要、水平、愿望，同样也宽容地对待他人的弱点和问题，从容地生活，很少使用防御机制。③自发、坦率、真实，他们能真实地对待自己的情感，不掩饰自己，自然而单纯地表现自己。④视野宽广，就事论事，较少考虑个人利害得失，专注于某项工作并富有热情，把谋生与实现自我融合为一，以努力工作为快乐。⑤有独立和自立的需要，不回避与人接触，但不依赖他人为自己拿主意和做决断。⑥具有自主性，能独立于所处的环境中，不受所谓地位、金钱等需要的影响。⑦能欣赏生活，有持续的新鲜感。⑧有较频繁的"高峰体验"——进入一种天人合一、物我两忘的境界，沉浸在一片纯净而完善的幸福之中，高峰体验能给人带来极度的欢乐与喜悦，更重要的是它能使人得到心灵的启示与觉悟，犹如醍醐灌顶，能减少忧虑与焦虑，具

有改变人格的伟大力量。⑨对人有同情心，能关心和帮助他人。⑩能与他人建立紧密的交往关系，形成持久的友谊，这种交往关系是以共同的价值观念为基础的。⑪具有民主的思想倾向，以平等的态度对待人，尊重他人的意见，虚怀若谷。⑫具有创造性，不墨守成规。⑬有明确的伦理道德标准，信守承诺，不会为达到目的而不择手段。⑭具有富于哲理性的幽默感。⑮不盲从，在遵守社会的习俗与规范的同时，能坚守自己的价值体系和行为方式，保持内在的超脱。

由上述可见，自我实现体现了人性能达到的美好境界，自我实现的人可以超越各种自然和社会文化的界限（如肤色、人种、国家、信仰、阶级等），把真正的人性之情和人类之爱施予人类。

人本主义学派的另一位代表人物罗杰斯（Carl Ransom Rogers）认为，健康人格不是人的固定状态，而是一种过程，是不断发展着的趋势，而不是终点。实现健康人格的过程本质上就是变成自己的过程，变成一个"充分起作用的人"，即"机能完善者"。实现的途径有：一是自动自发，即在活动中自主选择与探索、自我发起，出于内在兴趣而非他人逼迫，发展独立性和创造性；二是从面具中走出来，体验真实的情感，并学会表达情感；三是通过"交友集体"，即他人的帮助实现自我，如通过朋友重新认识和评价自己，开发潜能。在这个过程中，人越来越趋向自我实现，人格得到不断完善。罗杰斯（Carl Ransom Rogers）进而认为，机能完善者有以下几方面特征：①对经验持开放的态度，不需要防御机制，不需要去歪曲和掩盖，坦诚而真实，因而心胸宽广，行动也更趋灵活。②协调的自我。由于具有开放性，不用对什么东西进行防范，自我就能不断接受新事物和新经验，头脑敏锐充实，而且能调整自我，与经验协调一致。③机体估价过程，以自我内在的实现倾向作为做经验评估的参考体系，不在乎世人的价值条件。④无条件地积极看待自我，对自己的经验和行为都给予肯定，客观、诚实地看待自己的缺点和优点，不觉得有什么见不得人的内在动机，对自己充满信心，无论处于何种境遇都肯定自己的价值。⑤与同事和睦相处，同情他人，赞赏他人，为他人所喜爱。

总之，罗杰斯认为，每个人都有朝着健康、积极方向成长与发展的潜能，这种潜能是独一无二的，它引导着所有人的行为，促使人自我实现，也就是成为"充分起作用的人"，这样的人是富有创造性的，处于最佳状态。为了达到此种境界，需要周遭环境提供安全、温暖、宽松的氛围，降低人们的防御心理，而作为个体，我们则需要多倾听内心真实的声音，尊重自己，积极看待自己，以自我实现为导向形成健康的人格。

4.积极心理学的观点

积极心理学是 20 世纪末在西方兴起的一股重要的心理学力量，它从关注人类的疾病、问题和弱点转向关注人类的优秀品质与美好心灵，其对健康人格的研究重点在于"积极人格"。由于其更多地关注个体在思想、情感和行为方面的积极品质，因此对我们探讨和形成健康人格具有重大的意义。

所谓积极人格是指人格中的积极力量和正向特质，如乐观、希望、公平、爱、勇气等，具有积极人格特质的人更具有创造性等特质，不仅仅是没有人格缺陷和人格障碍。

哈尔森（Hillson）和玛丽（Marie）在问卷研究的基础上，对积极人格和消极人格做了区分，并提出，积极的人格特征中存在两个独立的维度：正向的利己特征、与他人的积极关系。前者是指接受自我，具有个人生活目标或能感觉到生活的意义，感觉独立，感觉到成功或者是能够把握环境的挑战；后者是指人际关系良好，在自己需要时能获得他人支持，也有能力与意愿给他人提供帮助，重视与他人的关系并对现有的与他人的关系表示满意。

目前，对积极人格的研究，集中于自我决定、积极防御和乐观三方面，尤其是"乐观"受到了广泛的关注。塞利格曼（Martin E. P. Seligman）把人格分为"乐观型解释风格"和"悲观型解释风格"，前者会把失败和挫折看成暂时性的，努力改变现状，后者则倾向归咎于长期或永久的因素、归咎于自己，因此感到沮丧和苦恼。

彼特森（Christopher Peterson）和塞利格曼根据人格的特质理论，对积极的行为进行了分类研究，找出了 6 种重要美德，即智慧、勇气、仁爱、公正、节制和卓越，以及与这些美德相联系的 24 种人格力量，即 24 项积极人格特质。

这些特质被认为是最有利于人类发展的优良品质，而且具有跨文化性。

总之，积极人格包含了很多积极向上的心理品质，能带给个体更多的主观幸福感，增强自我效能感，能够帮助个体更有效地对抗挫折、战胜困难，保持身心健康，对健康人格内涵的深化与拓展，对个体健康人格的形成和培养，都具有重要的启迪意义。

二、人格与性格

（一）人格的界说

人格有广义、狭义之分，广义的人格包括道德人格、法律人格与心理人格，狭义的人格仅指心理人格。

（1）道德人格。这是从道德或伦理学的角度对人格的一种理解与评价。比如说，这人的人格高尚，那人的人格卑鄙，即就道德人格而言的。概而言之，从民族气节到道德操守，都属于道德人格范畴。

（2）法律人格。这是从司法或法学的角度来理解与评价人格的。我们常说"法律面前，人人平等"，即表明，人格是一种尊严，是一种权利，应当受到法律的保护与尊重。这也就是"人格权"的内涵，它显然是以法律人格为基础来立论的。

（3）心理人格。这是从心理或心理学的角度对人格的一种理解与评价。它是个人所具有的某些心理特征与心理品质的总和，主要包括人的性格与气质。

综上所述，无论从哪个角度看，都可以说，人格就是人之所以为人的规格，或人作为活动主体的资格。也就是说，只要是人，只要是活动的主体，就应当在道德上受到尊重，在法律上受到保护，在心理上受到理解与关怀。这实质上，也就是我们从各个不同角度研究人格问题的必要性与重要性之所在。

（二）性格与人格的区别与联系

从广义的人格来看，它显然比性格要宽泛得多。即性格同道德人格、法律人格基本无关，只是与狭义的人格即心理人格相当。关于这一点，我国心理学家张春兴教授做出了明确的分析与概括：人格一词在含义上有三种解释：一指人品，与品格同义，是社会上的一般解释；二指权利义务主体之资格，是法律上的一般解释；三指人的个性，与性格同义，是心理学上的解释。由此观之，在心理学上虽一直沿用人格一词，唯就其所表达的确切意义而言，称为性格似较为妥帖。

三、大学生常见的人格问题及调节方法

每个人或多或少都具有一些人格特征上的缺点或弱点，因为世界上并没有十全十美之人，但如果这些缺点达到一定的程度，就会明显影响我们的学习和生活，甚至成为一种人格缺陷，我们就要注意进行调节和矫正。下面对大学生容易出现的人格问题进行探讨。

（一）悲观消极

悲观消极者的一个重要特点就是用灰暗的眼光去看待各种人和事物，在他们眼里，人性是恶的，生活是没有意义的，事情的过程与结果也大多会朝着不好的方向发展。有一个民间传说故事，说的是一个老太太，她有两个儿子，大儿子开了一家雨伞店，小儿子开了一家扇子店，老太太每天都为此忧愁烦恼、唉声叹气，因为下雨天她就想到小儿子的扇子卖不出去，到了晴天又担心大儿子的雨伞卖不出去了。这个故事很典型，生活本来就是一种客观存在，具有多面性，悲观消极的人总是看到它消极不如意的一面，却有意无意地忽视好的一面，由此造成了不必要的烦恼与痛苦。这就仿佛戴上了一副有色眼镜，将真实世界中所有好的积极的一面都过滤掉了，后果就是在学习和生活中处处都感到不如意。

悲观消极者的另一个特点是容易泄气和退缩，当遇到挫折失败或困难时，总觉得自己无能为力、无法有效应对，由此导致缺乏勇气，轻易就退却了，当然也很难成功。

悲观消极者体验到的情绪常常是负面的，如痛苦烦恼、忧虑不安、失望无助等，严重者会感到绝望沮丧甚至自杀，所以值得大家重视与关注。那么，如何才能走出悲观的误区，培养乐观的人生态度呢？

（1）树立积极乐观的人生态度，对世上的万事万物抱有正念、善念，也就是保持一种阳光的心态。

（2）遇事多往好的方面想，所谓"祸兮福所倚"，凡事多往积极乐观的方向去想，心情自然就会愉快，自信心也会得到增强。

（3）要有理想与明确的生活目标，善于寻找并发现生活的意义，生活充实了自然就会感到幸福和有价值，空虚、迷茫、消极的心态也会远离。

（4）正确对待挫折与失败，要认识到人生不可能都是顺境，逆境时有发生，所谓人生不如意者十之八九，有时是轻微的挫折，有时则是重大的打击，这些都是生活的"常态"，不管我们是否愿意，它总是会发生。正因为如此，与其哀怨嗟叹还不如积极面对，要相信自己的力量，相信"办法总比困难多"。前途是光明的，道路是曲折的，而且挫折失败也是具有积极意义的，"失败是成功之母"，要善于从中发掘出积极因素。

此外，多接触乐观开朗的人、培养幽默感、多参加实践活动、培养兴趣爱好等，都有助于走出误区。

（二）自卑怯懦

自卑者的特点是"看自己豆腐渣，看别人一朵花"，总是寻找自己身上的缺点与不足，甚至将其放大，越看越觉得别人都那么厉害，唯独自己很差、很弱，甚至没什么优点可言，自身存在的优点被自己选择性地忽略了。

正因为过多地看到自己的缺点，所以，此类人群会看轻自己，贬低自己，产生自我意识的偏差，体验到很多消极的情感，如自责、内疚，甚至自轻自贱，在行为上则是缺乏自信，不能大胆地表现自己，心头总有一个"我不行""我做不好"的声音在起作用。其行为模式是被动防御型的，就是总在考虑如何掩饰自己的缺点，生怕别人瞧不起自己，由此会产生各种各样的行为问题。

怯懦者的特点是"怕"字当头，他们总觉得生活环境压力很大，自己很难应对，自己也不能随意流露或表达自己的主张，否则就会出现不好的后果。如面对冲突，要以忍为主，生怕惹得他人不快，生怕伤害到别人，在困难面前也常有畏惧心理，觉得困难无比强大，自己战胜不了，所以只能退缩。在其他各种场合，怯懦者也不敢或不愿露面，或不敢承担责任。

自卑与怯懦其实是相互联系、相互影响的，都与缺乏自信、胆怯、内向封闭等性格特点有关。

自卑与怯懦可以从以下几方面来调节：

（1）强化自己作为一个人的权利和尊严，认识到自己和他人一样，是有价值的个体，而且在任何时候都是具有价值的，即使处于失败的低谷状态中，人也是有尊严、有价值的个体。切勿自暴自弃，要建立起自尊自爱的信念。还可以阅读一些成功人士的故事，学习他们的人格品质。

（2）学会寻找自己的优点，相信尺有所短，寸有所长，自己一定具有某些方面的优势，要发掘出来并充分发挥之、强化之（可记优点日记，经常朗读、强化，并在实践中去发扬光大）。经过训练，自卑者终能逐渐意识到自己原来也有不少优点，有些优点别人还不具备呢。一旦找到了这种感觉，那么自卑也就会逐渐消失，自信便建立起来了。

（3）学会表达自己的主张和观点。第一是不要怕出错，不要怕别人嘲笑，看看周围我们便会认清一个现实，他人其实也并不是那么"完美"，他们也会紧张得发抖，也会说错话办错事，我们也不必苛求自己，只要勇敢地去做就是了，一般不会发生我们想象的"可怕"后果。即使遭到个别人的嘲笑，那也算不了什么，很可能还是这个人的问题呢。第二是不要老看他人的眼色行事，不要对他人的看法过于敏感，也不要对他人的议论过于在乎，因为没有人能做到杜绝他人的闲话，只要自己问心无愧，做什么都行。事实也证明，一个过于在乎别人看法的人是很难成事的。第三是要学会一些表达的方法与技巧，如少用"你"字句来责备对方（如"你是个笨蛋""你太坏了"），多用"我"字句来表达负面的感受（如"我感到很失望、很生气"），批评时对事不对人，当有不同的意见时可以用一种和而不同的方式（如温和而坚定地说"我认为……""我喜欢……"）来表达自己的意见。总之，多沟通，少吵架。大部分人其实都是通情达理的，并不会产生被"嘲笑、冷落、打压"等可怕的后果。最后，还要改变老好人、委曲求全、逆来顺受的习惯。这种习惯由来已久，已经在我们的"心理舒适区"了，改变它反而会让我们感到别扭，所以原来的习惯我们尽管意识到不好、需要改变，但我们还是会不自觉地回到老路上去，这就需要我们树立"长痛不如短痛"的想法，努力去改变和突破，多做几次就会逐步适应新的做法。

（三）敏感多疑

敏感多疑的人对外界发生的事情过于敏感，而且偏执地相信这一点，常常把别人无意的行为表现误解为对自己怀有敌意，甚至将他人的善意扭曲为恶意，以至于与人产生隔阂乃至反目成仇。通过对敏感多疑者的心理分析，我们可以看到，其特点是"无中生有"，一切的猜疑都没有充分的证据，是自己想象出来、猜疑出来的。例如，有的人看到教室角落有人在悄声说话，就认为他们在背后说自己的坏话，看到某同学今天没有笑容就想到他是否对自己有意见，其实并没有什么证据。这种心态让人整天处于患得患失的痛苦烦恼之中，所以必须下决心改变。

敏感多疑可以从以下几方面来调节：

（1）建立起对世界的基本信任感与安全感。尽管这世界上存在着一些恶意和不安全的因素，但总的说来，还是以安全与善意为主的，尤其是在没有充分证据时，不要妄加猜测，要抛弃这种不良的心理暗示。

（2）加强沟通，在沟通中会发现很多问题都与自己想象的不同，这时就会消除误会，克服敌对心理，增进彼此的信任。性格变得开朗乐观，猜疑的习惯也会逐渐改变。

（3）不要过分在乎他人的看法。人不需要活在他人的眼光之中，做好自己就行。

（4）看问题要全面、乐观，遇事不要总是往不好的方面去揣度，要往好的方面去考虑，换一个角度来考虑问题，心情往往会豁然开朗。

（5）当怀疑别人看不起自己、在背后说坏话时，可以通过观察、沟通、询问等方式来了解是否存在相关证据，在证据缺乏的事实面前，猜疑也就烟消云散了。我们还可以在心里反复默念"我和他是好朋友""他不会看不起我""他不会说我坏话""我不该猜疑他""猜疑人是有害的""我讨厌猜疑"等，这样反复多次地默念，新的想法就会代替旧想法，逐渐克服多疑的毛病。心理学证明，从心理上厌恶它，在观念和行动上也就会随心理的变化而放弃它。

（四）心胸狭隘

所谓心胸狭隘，也就是人们常说的气量小，心眼窄。心胸狭隘是许多不良个性的根源，如嫉妒、猜疑、孤僻等不良表现都与心胸狭隘有关。心胸狭隘者只听得好而听不得坏，缺乏容人的雅量，只占便宜不肯吃亏，受到一点委屈或碰到一点很小的得失便斤斤计较、耿耿于怀。这样的性格显然会引起许多精神上的痛苦和烦恼，也不利于与人建立起融洽的人际关系。

心胸狭隘可以从以下几方面来克服：

（1）首先要树立正确的人生观和价值观。多从全局来考虑问题，自然就不会过于计较个人得失了。与此相关的是知识修养的提高。要多读好书，尤其是人文社科类的书籍。阅读这些书籍有助于眼界的开阔与人生境界的提高。

（2）要培养宽容的品格。对于他人的缺点和不足、一时的错误，甚至对自己的伤害，不要过分计较，过于苛求，因为世上没有完美之人，也没有绝对的公平，所以我们需要用开阔的胸襟去容忍和接受这些现象，尽量抱着与人为善的态度去处理各种矛盾和冲突。

（3）多参加实践活动，尤其是集体活动，多与人交往，尤其是与心胸开阔的人交往。在活动与交往中，主动地融入集体，团结互助，多学习他人之长，多角度考虑问题，性格就会变得开朗起来，这也有助于克服心胸狭隘的问题。

（4）打破自己的"舒适圈"。不要局限于一个狭小的生活圈子，不要只与意见相同的人交往，要丰富自己的业余文化生活，多融入大自然之中，生活阅历丰富、视野开阔了，人的整体素质也能得到提升，心胸自然就会开阔起来。

（五）虚荣

虚荣是人们为了赢得荣誉、体面或引起注意而表现出来的一种不正常的社会情感和心理状态。虚荣心强的人喜欢与人攀比，好大喜功，表现欲特别强。当今时代，网络信息铺天盖地，很多信息都在鼓吹"官二代""富二代""高富帅""白富美"之类，青年人很容易在此过程中迷失自己。那么如何才能克服虚荣心呢？

（1）充分认识虚荣的危害。虚荣具有虚夸的特点，所以追求的都是一些肤浅之物，并不能使人生更有意义或使人的能力得到提高。虚荣心强的人过分在乎他人的评价，处于敏感焦虑之中，此种不安定状态势必影响到学习、生活的各个方面。更糟糕的是，虚荣心会导致理性的缺失，这更会让人变得"疯狂"，做出很多不自量力之事，轻则损害自己或家庭的利益，重则使人堕落甚至犯罪，所以虚荣心是有百害而无一利的，必须坚决克服。

（2）要以正确的态度对待名利。名和利应该建立在正确的方向之上，建立在踏实劳动的基础之上，如通过学习、工作取得成就，来获取相应的荣誉，而不是去追求一些虚无缥缈的东西，也不能不择手段。另外，青年人有进取心是好的，但也需要适当"淡泊名利"，这样才能保持一颗宁静之心，才能走得更远。

（3）克服从众心理。要有自己的思考与独立的自我，追求真正适合自己的东西，绝不盲目地追赶潮流。不妨经常给自己"静思"的机会与空间，叩问心灵，理清思路，然后再出发远航。人本主义心理学家马斯洛认为，人生的发展就是一个自我实现的过程，所以我们一定要牢牢把握住"真我"，以此作为发展的根基。

（4）分清自尊与虚荣的区别。自尊是建立在个体内在价值和尊严的基础之上的，是自信、自爱的表现，而虚荣则追求的是光鲜的外表，带有"炫耀"的特点，是建立在自卑与无知的基础之上的。两者不能混淆。

（六）意志薄弱

在当代大学生中，意志薄弱的常见表现有：

（1）三分钟热度：热情来时干上一阵，过后又松懈下来，做事往往缺乏定力、左右摇摆、半途而废。

（2）抗挫折能力差：在学习、人际交往、恋爱等方面一旦出现困难、遇到挫折，就不能承受，退缩逃避、意志消沉、惊慌失措，并缺乏相应调节能力。据调查，针对"如果在生活中遇到挫折和困难，您的处理态度是？"这个问题，有近50%的大学生选择逃避或认为自己很倒霉，或是抱怨、听之任之，而不会采取积极主动的行动去做任何改变。

（3）自暴自弃，自制力差：一旦外界出现某种刺激和诱惑，就容易被"蛊惑"，不能有效地控制自己的情绪与行为。如，遇到他人的某种劝说或鼓动，就心猿意马，不能将精力投入到有意义的事情上去。

（4）缺乏果断性：做事优柔寡断，犹豫不决，由此失去了很多机会，也容易让自己经常处于纠结状态中，造成心理困扰。

意志薄弱可以从以下几方面来调节：

（1）提高做事的自觉性，也就是生活要有明确合理的目标，只有明确了自己的目标和使命，才会自觉去调节自己的情绪与行为。目标要明确（如"我打算每天晚上步行一个小时"或"我计划每周中的周一、周三、周五晚上读一个小时的书"），不要笼统模糊（如"我打算多进行一些体育锻炼"或"我计划多读一点书"）。

（2）适当进行一些意志训练。一是通过专门的练习来训练自己的意志品质。心理学家博伊德·巴雷特（Oliver Boyd Barrett）就提出过锻炼意志的方法，其中包括从椅子上起身和坐下 30 次，把一盒火柴全部倒掉然后一根一根地装回盒子里。我们可以自己开发合适的意志锻炼项目。二是实际磨炼。就是当生活中出现实际的困难与挫折时，不要退缩逃避，而是将之作为一种难得的磨炼机会，自觉地去锻炼自己的意志品质。没有人生来就意志坚定，经受的事情多了，自然就能锻炼出顽强的意志与韧性。

（3）学习正确的应对方式。当我们面临问题时，是积极应对还是消极应对，结果是完全不同的。积极的应对方式有直接或间接地解决问题、求助、调整目标与计划、调整心态、发奋努力等，消极的应对方式有消沉自弃、借酒浇愁、退缩逃避、自责等。我们应该克服惰性，避免陷入消极的应对方式之中。

（4）克服不良的习惯，如拖拉、爱睡懒觉等。要坚决果断地与这些不良习惯说"拜拜"，并下定决心坚持下去。为了更好地克服不良的习惯，要采取一些"狠心"的方法，如写好书面计划，甚至贴出来请他人帮助监督，规定改变的时限（如在 3 个月内改变），等等。

（5）通过权衡利弊法来激励自己坚持良好的行为。例如，可将一张纸折成左右两半，左边写上坚持某项行为的"利"（如戒烟"可以省下一笔钱""可以使身体变得更健康"），右边写上"弊"（如戒烟"让我一开始感到很难过""使我失去一种排忧解闷的方法"）。进一步，我们还可以将所写内容分类成短期的与长期的利（收获）与弊（损失），这样看起来更明确。通过这样的仔细比较，我们看到了实际的好处，改变起来就更容易了。

（七）急躁冲动

大学生中，有部分同学脾气急躁、易冲动，刚有个想法就急着付诸行动，既无认真准备又无周密计划，想做什么就做什么，经常一做就犯错，做过再后悔。可一遇到新的事情，他们就又重蹈覆辙。之所以出现这种情况，有很多可能的原因。

第一种原因是先天的气质特点。人的气质有四种典型的类型，即胆汁质、多血质、黏液质和抑郁质。其中胆汁质的人热情、精力充沛，做事果敢干脆，为人比较直爽，但行事草率，抑制力弱，急躁，容易冲动。第二种原因为后天生活环境。如，父母对孩子要求过高，总是急于求成，或由着孩子的性子来，不注意培养孩子耐心细致的品质，或家长自己就是急性子影响了孩子。

急躁冲动可以从以下几方面来调节：

（1）要相信尽管先天的气质类型对人的行为方式有影响，但只是在人生的初期比较明显，随着年龄增长，后天因素的影响会越来越大，而且神经系统是具有可塑性的，所以要对改变自己的脾气抱有坚定的信心。

（2）在急躁冲动时，要先为自己的情绪降降温，比如做一做深呼吸，或在心里对自己说："我三分钟后再发怒。"然后在心中默数。不要小看这三分钟，它可以在很大程度上帮助你恢复理智。实在不行，可采用转移法，离开现场冷静一下再说。

（3）换个角度去考虑问题，有助于控制自己急躁的脾气。要多换位思考，多想想他人的感受，学会尊重别人的利益和需要。发表自己的看法时不一定要发火，即便遇到不同的看法，也不能固执己见，更不能靠发脾气来解决问题。

（4）采用一些专门的方法，如在自己的学习用品上贴上"戒骄戒躁"一类的词语，时刻提醒自己要冷静，或者用一个小本子记载每一次发脾气的原因和经过，进行分析梳理，这样自己就会发现很多脾气发得毫无价值，以后发作的次数就会减少很多。

（八）人格动力的缺失

人格动力的缺失有多种表现，如找不到学习的动机、人生观和价值观不明确等，这里就目标的缺失与迷茫问题做进一步分析和探讨。

由于长期的应试教育、阅历的缺乏以及对大学生活的不适应，缺乏明确的学习和生活目标成了大学生尤其是大学新生常见的问题。

表现之一是理想与信念的缺失，不知道活着是为了什么，应该追求什么。部分学生感到非常茫然，找不到人生的方向。部分大学生的理想信念与主流价值观相背离，最典型的是功利主义、物质至上、极端个人主义的倾向。例如：有的大学生认为人生的目标就是赚钱而且是钱越多越好，有的大学生认为学习的目标就是找到一份好工作，而好工作就是钱多、社会地位高或者轻松的工作。这些想法本身也具有一定的现实性或合理性，但如果片面地进行理解并且将之唯一化、绝对化，作为人生的终极目标来追求，就会陷入精神的空虚无聊。

表现之二是不知道自己的学习目标和生活目标是什么，不会做生涯规划，处于空虚迷茫之中。表现在具体行为上就是得过且过、混日子、被动学习，甚至厌学逃课、沉溺于网络或游戏等。

人格动力的缺失可以从以下几方面来调节：

（1）多培养精神方面的追求。法国哲学家帕斯卡尔（Blaise Pascal）说"人是会思想的芦苇"，笛卡尔（René Descartes）认为"我思故我在"，这是人活着的意义所在，也是人与动物的根本区别。人活在世上，总要不断地思索和追求人生意义，丰富自己的内心世界。金钱、地位这些总归是身外之物，它们可以为人生带来一些实际的好处，但永远不能替代人在精神上的追求与成长，不是人所要追求的终极目标所在。人本主义心理学家认为自我实现的需要是人的一种重要的成长性需要，积极心理学认为精神信仰是人类核心美德中的一项重要特质，都说明了这个问题。所以，我们应该多学习、多思考、多参与社会实践活动，在这个过程中丰富自己、思考人生，确立正确的世界观与价值观，逐步建立起自己的精神追求体系。

（2）摆脱小我，融入社会。具有为人类和社会而奋斗的长远目标与信念，富有爱心与感恩之心，才能真正得到别人的尊敬，也才能得到精神上的满足。要将个人利益与集体利益、国家利益有机结合起来，在更为广阔的天地与境界中去实现自己的人生价值。

（3）做好生涯规划。大学生从入学开始，就应该主动地通过各种途径来获得对本专业的认识以及对大学生活特点的认识，对四年大学生活做好规划，对今后的发展也要有一个全面而完整的考虑，并将这些规划转化为月计划、周计划和日计划，落实在日常行动上，踏踏实实地过好每一天，走好每一步。

（4）多向老师和学长学姐请教，他们有丰富的人生经验，会给我们以启迪和思考，我们可以从中找到正确的方向并少走弯路。

大学生的人格问题还包括过分羞怯、以自我为中心、缺乏热情、懒惰拖拉、偏执等，同学们也要注意调适，原理和方法与上述类似。

四、大学生塑造健康人格的具体策略

（一）正确认识自我，优化自身的人格

正确的自我意识是人格健康的基础。有了良好的自我意识，个体才会"吾日三省吾身"，不断地完善自己。

人格健康的大学生首先能正确地认识自我，既不盲目自信又不自怨自艾，能恰如其分地评价自己、认同自己。正确认识自我也意味着能客观地认识自己人格上的优点和缺点，并扬长避短。例如，一个内向的人，他的优点是比较耐心细致，善于自我控制，感情细腻深沉，做事小心谨慎，不足之处是有时会想得过多，优柔寡断，反应缓慢。对此要有一个全面的认识和辩证的对待，要善于发扬自己的长处，也要通过实践活动、人际交往等，来提高自己的决断能力和表达能力，表现个性。

对于性格中的短处，一种方法是"克"。人无完人，所以我们不必企求自

己十全十美，有一些弱项和缺点是非常正常的，也没有必要全部克服之。但对于那些明显阻碍了自己的发展和成长、已经影响到自己学习和生活的缺点，还是要注意改正。心理学中有种木桶理论：一个木桶能盛多少水，并不取决于最长的那块木板，而是取决于最短的那块木板，这块木板如果太短或者有破洞，那么这个木桶就无法盛很多水。因此，每个人都应思考一下自己的"短板"，并尽早弥补。

另一种方法是"避"。有一些弱项或不足，属于个人的天然局限，很难突破，那么不如"避开"为好，这样才能将精力充分地投放在自己擅长的事情上去，这是一种明智的取舍之道。如，著名演员唐国强出演了很多经典的角色，如诸葛亮、雍正等，当有观众问他能不能演好《贫嘴张大民的幸福生活》中的张大民时，他毫不犹豫地回答自己演不了，并说还有一些角色也演不好，比如鲁智深等。这就是一种自知之明。

优化人格意味着使自己的人格变得更好，就是根据一定的标准来主动地塑造自己的人格，使自己更具有适应能力，变得更加完善。途径有多种，如阅读、实践、积极的人际交往等。

（二）具有积极乐观的生活态度和健康的审美情趣

积极乐观的生活态度，是人格健康中非常重要的方面。譬如，同样走 10 000 米路，已经走了 9 500 米，你会怎么想呢？乐观者会想：我 9 500 米都走过来了，还差这 500 米吗？他咬咬牙，坚持一下，也就真的走到了。悲观者会想：唉，怎么还有 500 米啊，何时是尽头啊？于是他腿脚酸软，功亏一篑。哪种态度更好呢？答案是明确的。大学生处于人生的成长阶段，会面临学习、生活、恋爱方面的各种问题，许多事情会不尽如人意，难免会遇到挫折和困难。因此他们要始终保持积极乐观的生活态度，也就是阳光的心态，不能遇到一点困难就消极悲观，甚至自暴自弃，更不能轻生。要对未来充满希望，相信生活是美好的，前途是光明的，哪怕道路有时曲折。大学生要在生活的磨炼中不断调整心态，优化人格，形成热爱生命、乐观向上的生活态度。

乐观是人格中的一种"阳光"，具有这种态度的人生活更幸福，也更容易成功。这一点，已经为心理学研究所证实。那么，如何才能做到乐观呢？一是有合理而积极的认知，正如上述走路的例子，积极的认知是形成乐观态度与性格的基础。所以，凡事应多往好的方面想，想得全面一点、开阔一点，不钻牛角尖，这是很重要的。二是心胸开阔。凡事想开一点，度量大一点，少点私心。英国哲学家培根说："经常保持心胸坦然，精神愉快，这是延年益寿的秘诀之一。"这些话都是从宝贵的生活经验中提炼出来的"金玉良言"，意味深长，值得细细体味。三是要多笑。笑能够增强肺的呼吸功能，消除神经紧张，驱除愁闷，促使人乐观面对现实，对身心健康大有裨益。笑还意味着笑对生活，正所谓"开口便笑，笑古笑今，凡事付之一笑！大肚能容，容天容地，于人何所不容？"笑还意味着多培养幽默感，因为幽默感能化解很多生活中的尴尬与困境，并使人的情绪处于最佳状态。四是要多与人沟通。人生难免遇到各种挫折与坎坷，会出现各种负面情绪，如果一个人将其闷在心里，往往容易钻牛角尖并且越想越难受，这时候，如果能找人倾诉一番就会释放掉很多压力，想法也会在与人沟通中得到转变。

健康的审美情趣亦是积极心态的一种表现。审美情趣，表现在审美态度、审美情感、审美能力等方面，健康的审美情趣意味着追求真善美的统一，远离低级趣味。作为新时代的大学生，不仅仅要会审美和享受美，还要学会创造美，主动投身到创造性的工作和活动中去，创造出美的社会和生活，在创造中体现劳动成果之美，从而激发强烈的求知欲望和创造欲望，享受充实而美好的大学生活。大学生还应该养成良好的卫生习惯，注重创造美的环境，如美化寝室环境和校园环境。总之，在创造美与享受美的统一中不断地完善自己。

（三）具有良好的情绪调控能力

良好的情绪调控能力是人格健康的保障，因为情绪具有渗透性，对学习、意志、行为等各方面都会产生影响。不良情绪会使人精神涣散、注意力不集中、认知能力下降、做事动力不足，影响正常的学习、工作和生活，进而会影响心灵的成长和发展。

首先，情绪要稳定。情绪本身是具有波动性的，但这种波动要在一定的范围内，不能经常性地大起大落，否则极易对身心造成困扰。范进就是在听闻自己中举后，狂喜不已，以致精神失常。青年学生容易在顺利时忘乎所以，而遇到挫折时又一下子沉到谷底，走极端，这是要注意调节的，要学习一点"中庸"之道，做到"乐而不淫，哀而不伤"，通过暗示调节、呼吸调节、认知调节等方法，将自己的情绪调节好。情绪稳定在一定程度上表明一个人心理成熟。

其次，要有愉快的心境，积极情绪多于消极情绪。在顺境时如此，在逆境时也要尽量做到不过于忧愁烦恼，能将消极情绪及时地调节好，并始终保持对生活、对未来的信心与希望。因为"境由心造"，客观环境与境遇确实能影响一个人的心情，但人是有主观能动性的，我们完全可以通过自己的积极调节，做到无论得失都保持一种泰然的心境。

最后，要多积极的心理体验。根据积极心理学的研究，积极体验是指个体回忆过往感到满意，对当下有幸福感，对未来充满希望的一种心理状态，它有助于幸福感的产生。积极体验有两种：感官愉悦和心理享受。感官愉悦是指个体在生理需要得到满足时产生的积极体验，心理享受来自个体超越了自身原有状态后所产生的积极体验。心理享受类的积极体验常与个体的创新相关联，更有意义，有利于个体的成长，是积极心理培养的核心内容之一。从中我们可以得到启示，我们应在生活中更多地发现乐趣，这也是培养健康人格的重要方面。

（四）具有强烈的责任感与良好的社会适应能力

从中学进入大学，大学生年龄上已经是成年人，人们对其要求也开始不同，大学生应该具有一种角色转变意识，培养强烈的责任感。

（1）要对自己负责。能够以成年人的方式对待自己，成为一个独立自主的人。这样的人懂得照顾自己的身体和情绪，了解自己并肯定自己的价值，能合理地表达与满足自己的需要，同时也能理解和尊重他人的需要。能在理性思考的基础上做出自己的选择，而一旦做出决定，则要为自己的行为承担责任。

（2）要成为一个有责任心的可靠的人。不论做什么事情，都要尽心尽力，负起相应的责任，做到问心无愧。不要轻易承诺，一旦承诺，则要遵守和履行自己的承诺，不轻易反悔，要对他人负责。例如，在恋爱中，应该珍惜对方对自己的爱，认真对待感情，不能做伤害对方的事情，要尊重对方的意愿与权利。作为学生，尽管还没有经济能力，但作为子女，应该有感恩与回报父母之心，经常与父母沟通、善待父母、以自己力所能及的方式孝敬父母。还要有社会责任感，不仅仅考虑自我的发展，还要考虑到社会的发展，在享用社会和国家所提供的资源和便利的同时，要有帮助他人、回报社会的意愿和行动。努力做到个人价值与社会价值相统一。

有些大学生认为自己的责任是"花钱"，父母的责任是"挣钱"，自己是社会的"消费者"，一旦失败则归因为运气、外部环境等，不从自己身上找原因，学习只是为了个人，与社会发展无关。这些现象都是责任感缺失的表现，要注意改正。

良好的社会适应能力包括这样几方面：一是有开放、包容的心态。随着改革开放的不断深入，各种思潮涌入我国，价值观念日益多元化，在这样的形势下，保持一种开放、包容的心态尤其重要。一方面，我们要有独立的思考能力和自己的主见与原则；另一方面，我们也要多一点包容，譬如以开放的态度去接纳不同民族不同地域人们的各种生活方式、文化习俗，能理性看待一些社会现象，不钻牛角尖，不会因此而牢骚满腹甚至归罪于社会，接纳其他同学比自己优秀的地方，接受老师的一些不完美之处，对人、对事多持宽容态度，这样就会保持心理的安定与和谐，也能更好地融入社会和集体。二是具有社会交往能力。有良好的人际沟通能力，积极参与集体活动，遇事多与他人商讨交流，敢于并善于表现自己，处事公平而果断，知法懂法，这些特点在现代社会是相当重要的。有些同学喜欢独来独往，或者抱着"酒香不怕巷子深"的观点疏于表达，这样的性格是要做出适当改变的。三是不断学习，与时俱进，主动适应社会的发展。

（五）具有和谐的人际关系

具有健康人格的大学生对周围抱有善意，能与人友好相处，并且能拥有亲密的同学和朋友，在与他人交往中，能够换位思考，尊重、信任的正面态度多于嫉妒、猜疑等消极态度，以诚信、平等、宽容的态度对待他人，相互尊重、相互欣赏、共同提高。

按照埃里克森的观点，18~25岁正处于成年早期，此阶段的主要发展任务是获得亲密感和避免孤独感，相应的良好人格特征就是爱的品质。那么我们如何才能拥有爱的能力呢？心理学家认为，爱的能力不是天生的，而是后天学习获得的。例如，我们可以学习关心他人，如关心身边的朋友、关心弱势群体、对遇到困难的同学给予安慰与帮助等。我们可以学会感恩并表达谢意，我们每个人都受到过很多人的恩惠，如父母、老师、朋友甚至陌生人，我们也一直在接受大自然的慷慨赐予。对此，我们都应该抱有感恩之心，而不能认为理所当然。我们还要多练习表达谢意，将内心的这种情感表达出来。研究表明，那些习惯于向他人表达感谢的人，更有可能乐于助人、富有同情心，因此也更健康、更快乐。我们还可以学习一些表达情绪的方式，如：共情，即理解并支持对方，善解人意；述情，即用不伤害对方感情的方式来表达自己的需求、愿望和感受，而不是一味隐忍或爆发，或动辄指责和抱怨。

和谐的人际关系和健康的人格是相辅相成的，健康的人格是和谐人际关系的基础，而和谐的人际关系又有助于健康人格的形成。

（六）具有勇于挑战的创新意识和合作精神

一个新时代的大学生，不能仅仅满足于知识的学习与成绩的提升，更应该主动地寻求挑战，充分发挥自己的潜能，并不断提高自己的创新能力。

（1）要克服从众心理，善于独立思考。遇事多问几个为什么，善于用自己的头脑去思考，决不盲从、人云亦云，不唯书，不唯上。在中世纪，人们的思想受到禁锢，大家对亚里士多德（Aristotle）都很崇拜甚至迷信，但伟大的物理学家伽利略（Galileo Galilei）却敢于打破这种"迷信"，在比萨斜塔上进行实验，提出了自由落体定律。我们应该学习这种精神，勇于探索真理，形成自己的想法与观点，不能为惰性所牵制而满足于"应付"和"应试"。

（2）要战胜胆怯心理，敢于探索。胆怯会导致害怕困难、害怕失败从而放弃努力，不敢有新的想法，不敢打破常规。但是创新是对常规、习惯的一种挑战，这就需要勇气和自信，敢于越过自己的"心理舒适区"，发表自己的意见，大胆探索，甚至异想天开。要相信，创造能力是可以培养的，每个人身上都具有这种潜能，关键是我们要敢于挑战，主动地去发掘它。

当今时代，科技飞速发展，单个人的力量显得越来越渺小，很多工作都需要集中大家的力量来完成。所以，一个符合时代潮流的大学生，还要善于团结合作，遇事多与人商量，相互信任，充分认识自己与他人的长处与优势，善于协调各方力量，提高团队的凝聚力与执行力，学会在竞争中合作，在合作中竞争。

（七）具有坚强的意志，养成良好的行为习惯

意志是指一个人自觉地确定目的，并根据目的来支配、调节自己的行动，克服各种困难，从而实现目的的心理过程。它是大学生取得成功的重要条件，也是健康人格的重要标志。

古往今来，凡是在各领域取得杰出成绩的人，没有不具备顽强的意志的。例如张海迪、史铁生，他们身残志坚，取得了不平凡的业绩。在平凡的学习和工作中，我们也需要坚强的意志。坚强的意志主要包括以下四种品质。

1.自觉性
自觉性是指个体对行动的目的及其社会意义有充分的认识，并能主动支配自己的行动以达到既定目的。个体有坚定的立场和信仰，是产生坚强意志的源泉。与自觉性相反的品质是受暗示性和独断性。受暗示性表现为缺乏主见，人

云亦云，行动易受他人影响，易发生动摇。独断性则表现为盲目地自作主张并一意孤行，不论别人的建议和规劝合理与否，都一概予以拒绝。

　　2.果断性

　　果断性是指人在选择目的、采取决定和执行决定过程中善于辨明是非真伪，迅速而坚决地进行决策，并贯彻自己的决策，或能根据情况的变化及时调整决策。与果断性相对立的品质是优柔寡断和草率。优柔寡断的人在做出和执行决策时，总是顾虑重重，犹豫不决，有各种怀疑和担心。草率的人则缺乏深思熟虑，不顾后果而鲁莽从事，这种人表面看起来能迅速决断，但却缺乏合理依据，有时甚至凭一时冲动而做出决策，因而往往导致失败。

　　3.坚持性

　　坚持性是指一个人在确定决策后能坚持到底，在行动中能长期保持充沛的精力和坚强的毅力，战胜各种困难，不屈不挠地向既定目标前进。具有坚持性品质的人，不惧困难和压力，在引诱与各种干扰面前不动摇，锲而不舍，有始有终。与坚持性相反的品质是顽固和动摇。顽固表现为只坚持自己的意见，尽管有些意见是错误的或不好的，但仍然一意孤行，缺乏纠正错误的勇气。动摇则表现为见异思迁、虎头蛇尾，一遇到困难就改变或放弃自己的决定。

　　4.自制力

　　自制力是指善于克制自己的情绪，约束自己的动作和言语方面的品质。它主要表现在两个方面：一是当行则行，二是当止则止。与自制力相对立的品质是任性和怯懦。任性表现为放纵自己、毫无约束。怯懦表现为在行动时畏缩不前，惊慌失措。

　　在大学生塑造自身健康人格的过程中，还需要把握好一定的尺度，不要走极端。如：内向与外向本无优劣之分，内向的同学可做适度改变，但没有必要变成一个完全外向的人，自卑者要增强自信但不能变得骄傲自负；还有，"真理不过头，优点不延伸"，认真过头就成了死板，勇敢过度就成了鲁莽。

第三章　情绪与管理

第一节　科学认识情绪

一、情绪的内涵

经过 100 多年的辩论，心理学界对情绪内涵的界定仍然众说纷纭。人们提出了许多与情绪接近的概念，如感觉、心情、情感等。不同的心理学派对情绪的内涵也有不同的理解，迄今为止，至少有 20 种关于情绪内涵的界定。尽管对情绪内涵的理解有所不同，但大家都承认情绪是极易混淆的、与其他心理成分密切关联的复杂的心理过程。例如，机能主义心理学认为情绪是表现个体与环境意义事件之间关系的心理现象。阿诺德（M. R. Arnold）认为：情绪是对趋向知觉为有益的、离开知觉为有害的东西的一种体验倾向。此类体验倾向伴随着一种相应的趋向或回避的生理变化模式。以上定义都强调情绪与人的需要、态度、生理模式和评价等变量间的关系。

我们认为人的情绪是人脑对客观事物是否符合人的需要的一种主观体验及相应的行为反应。如果客观事物是符合人的内在需要的，人就会产生相应的积极的情绪反应，如快乐；当外在事物不符合人的需要时，人就会产生消极的情绪反应，如悲哀。因此，情绪既有内在的心理反应也有相应的外在行为的变化，是一种"看得见"的心理反应过程。

（一）情绪的组成成分

众多研究情绪的学者从主观体验、生理唤醒及外在表现三个方面来考察及定义情绪。当某种情绪产生时，这三个层面的共同活动构成了一次完整的情绪体验过程。

1.主观体验

这是认知层面上的自我觉察活动。情绪的产生伴随着特定的主观感受，即喜、怒、忧、思、悲、恐、惊等。个体对己、对人、对物的不同态度会产生不同的体验或感受。例如，一位正处于失恋中的大学生，自身会感到失落与悲伤，对恋爱对象可能会感到愤怒，对周围的一切事物都会产生消极的情绪体验。这些主观体验只有个人内心才能意识到或感受到，如"我很痛苦""我很生气""我很内疚""我很高兴"等。

2.生理唤醒

当不同情绪产生时，会伴随着生理层面上的一系列反应。如人在愤怒时血压会升高，在紧张时心跳会加速，在害羞时会满脸通红。不同强度的情绪反应会伴随血压变化、肌肉紧张和心跳变化等生理指数的改变。

3.外在表现

除内在主观体验及生理唤醒外，不同的情绪可以通过一些外部表现得以表达。伴随不同情绪而出现的身体姿势和面部表情，就是情绪的外在表现，是人判断和推测不同情绪的外部指标。当然，由于个体心理的复杂性，有时人的外部行为会与主观体验不一致。比如，有的人在众人面前演讲时，虽然心里很紧张，但表面上还要故作镇定。

表情是情绪的重要外在表现。除某些喜怒不形于色的人之外，大多数人内心的情绪都可以根据其外部表情识别。"言外之意""弦外之音"也依赖于表情的作用。人们的表情主要包括面部表情、身段表情和语调表情。

（1）面部表情

不同的情绪会伴随面部肌肉与腺体的变化，面部表情由人的眼睛、眉毛、嘴角和面部肌肉的不同组合来构成。比如嘴角上扬表达开心，愁眉不展表达了忧虑。面部表情具有一定的生物性，灵长类动物的面部表情与人类高度一致。心理学家研究发现，世界各民族的人都能认出快乐、惊讶、生气、厌恶、害怕、悲伤和轻视等七种表情。对面部表情识别的研究发现，最易辨识的表情是快乐、痛苦，不易辨认的是恐惧、悲哀，最难辨识的是怀疑与怜悯。

（2）身段表情

身段表情指由人的身体形态和肢体动作所表现出来的情绪。例如，人在高兴时会手舞足蹈，在悲伤时会捶胸顿足，在成功时趾高气扬，在失败时垂头丧气，在紧张时坐立不安，等等。心理学家研究发现，身段表情是通过后天的学习获得的，并受个体所处环境的影响，不具有跨文化性。例如，同一手势在不同文化中所代表的含义可能截然不同。在大多数文化中，竖起大拇指都表示夸奖与赞扬，但在希腊文化这种行为却有侮辱他人的意思。

（3）语调表情

人们在讲话时通过声调、速度、节奏等方面的变化可以表达不同的情绪，如人们在惊恐时会尖叫；在悲哀时语调比较低沉，节奏较慢；在气愤时声调高，节奏变快；在开心与快乐时语调上升。

总之，主观体验、生理唤醒和外在表现是评定情绪的重要依据，三者缺一不可。只有三者同时存在，同时发挥作用，才能构成一次完整的情绪体验过程。例如，当一个人假装开心时，他只有开心的外在行为，却缺少真正的内在体验，也没有相应的生理唤醒，因而也就不能经历真正的情绪过程。

（二）情绪的基本类型

如上所述，情绪是非常复杂的心理变量，从类型上看，人类有几百种情绪，这些不同的情绪还有混合、突变的可能性。因此，要精确地对情绪进行分类并非一件易事，许多学者对此进行了长期的探索。

1.四种基本情绪

与生俱来的基本情绪是原始人类在进化过程中不断形成的，与生存密切相关，主要包括喜、怒、哀、惧四种类型。快乐是试图追求并最终达成目标时所产生的满足的情绪体验。它具有正向享乐色调，是一种积极情绪。愤怒是由于受到干扰而使人不能达成目标时所产生的情绪体验。当人们发现周围环境中存在某些不合理的或充满恶意的因素时，愤怒情绪就会产生。悲哀是在失去心爱的对象、理想不能实现，或愿望破灭时所产生的情绪体验。悲哀的情绪体验强度取决于对象、理想，或愿望对个体而言的重要性与价值。恐惧是一种企图摆脱，或逃避某种危险情景时所产生的情绪体验。愤怒、悲哀及恐惧都属于消极情绪。

在不同的环境中，遇到不同的事件刺激时，人的内在体验有所不同。喜、怒、哀、惧则全面而且简洁地概括出了人类的所有情绪。每种基本情绪都有其独立的主观体验、生理唤醒机制及外在表现，是人与动物共有的。在四种基本情绪的基础上，派生出了众多的其他复杂情绪，如喜欢、羞耻、厌恶、悔恨、同情、嫉妒等。值得一提的是，虽然情绪可分为积极情绪与消极情绪，但是，积极情绪或消极情绪都会引发个体行动的动机，是没有好坏之分的。不同的情绪而引发的行为是有好坏之分的，其行为后果亦有好坏之分。

2.情绪状态

依据情绪的强度、速度、紧张度、持续时间等指标，情绪状态可以分为心境、激情和应激三种不同类型。

（1）心境

具有感染性的、比较平稳而持久的情绪状态称为心境，日常生活中我们也将之称为心情。当人处于某种心境时，它所带来的愉快或不愉快会保持一段相当长的时间，并且这种情绪会被带入工作、学习和生活中，影响个体的感知、思维和记忆。比如，人处于不愉快的心境时会见花落泪、对月伤怀。心境的持续时间可以是几个小时、几周或几个月，甚至一年以上。

（2）激情

爆发快、强烈而短暂的情绪体验称为激情，比如平时说的激动，就是由特定事件或原因引起的情绪发作。激情虽然强度很大，很猛烈，但持续时间不长，并且牵涉面也不广。例如，在突如其来的外在刺激的作用下，人会产生勃然大怒、暴跳如雷、欣喜若狂等情绪反应。激情状态也是一种情绪宣泄状态，适度的激情状态对人的身心健康的平衡有益。然而，我们需要注意对过度的激情状态的调控。因为在激情状态下，人的外部行为表现较明显，生理唤醒程度也较高，因而很容易失去理智，甚至做出不顾一切的鲁莽行为。

（3）应激

在意外的紧急情况下所产生的适应性反应称为应激。当面临出乎意料的危险或突发事件时，人的身心会处于高度紧张状态，从而引发诸如肌肉紧张、心率加快、呼吸变快、血压升高、血糖增高等一系列生理反应。例如，当开车高速行驶在马路上时，突然遭遇行人骑车穿过马路，驾驶员就可能会产生上述生理反应，从而积聚力量以做出反应。需要注意的是，应激状态需要消耗很多人的体力和心理能量，因此不能维持过久。长时间处于应激状态，不但不利于身心健康，还可能会直接导致疾病的发生。

二、情绪与认知的关系

（一）情绪归因理论

美国心理学家沙赫特（S. Schachter）和辛格（J. E. Singer）提出了情绪归因理论。该理论提出情绪的产生取决于两个不可缺少的因素：生理唤醒（如心率加快、手出汗、胃收缩、呼吸急促等）与认知因素（包括对生理唤醒的认知解释和对环境刺激的认识）。因此，不同的情绪是由认知过程、生理状态以及环境因素等在大脑皮层中整合的结果。产生某一情绪的核心部分是认知，认知比较器把当前的现实刺激与储存在记忆中的过去经验进行比较，当知觉分析与认知加工间出现不匹配时，认知比较器产生信息，动员一系列的生化和神经机制，释放化学物质，改变脑的神经激活状态，使身体适应当前情境的要求，此时，相应的情绪就会产生。

沙赫特和辛格进行了一项经典的实验研究。他们给被试注射一种药物，包括肾上腺素与食盐水。注射肾上腺素会引起心跳加快、血压升高、手发抖、脸发热等情绪生理反应。

被试分为三组（如表 3-1 所示）：正确告知组、错误告知组和无告知组。实验人员分别给予被试不同的实验指导语。在正确告知组，实验人员告诉被试注射药物会出现心跳加快、血压升高、手发抖、脸发热等反应。在错误告知组，实验人员有意错误地告诉被试注射的这种药物是一种复合维生素，可能会产生无感觉、有点发痒、发麻、头痛等后续反应。在无告知组，实验人员什么也没有告诉被试。注射食盐水的实验组中所有被试都属于无告知组。

表 3-1 沙赫特和辛格的实验：认知在情绪产生过程中的作用

被试		实验情境	
		愉快情境	愤怒情境
注射肾上腺素	正确告知	不受影响	不受影响
	错误告知	高度受影响	未研究
	无告知	稍受影响	稍受影响
注射食盐水	无告知	稍受影响	稍受影响

随后，该实验设置两种实验情境：愉快情境与愤怒情境。在愉快情境中，受过训练的实验助手与被试一起，被试以为他也接受了同样的注射，在同样的情况下参加实验，助手与被试一起唱歌、玩耍和跳舞。在愤怒情境中，助手当着被试的面对主试要他填写的调查表表示极大的愤怒，不断咒骂、斥责并把调查表撕得粉碎。实验后，实验人员询问被试当时的内心体验。结果显示，错误告知组被试的反应最容易受助手的高兴所感染，正确告知组的反应不容易受环

境气氛的影响，无告知组的反应则介于上述两组之间。同样，他们对愤怒情境的反应也是一样的。该实验说明，肾上腺素能引起典型的情绪生理唤醒状态，但它单独作用时不能引起人的情绪反应。同样，环境因素也不能单独诱发人的特定情绪。但是，认知对情绪的产生起着决定性的作用。错误告知组的被试不能对自身的生理状态有恰当的说明，他们认为自己之所以体验到特定的生理反应，是环境气氛所致，于是就把自己的生理状态与环境线索相适应说成是欢乐或愤怒。正确告知组由于已经有能说明自己的生理反应的正确信息，便不去寻找环境线索。无告知组的被试什么信息也没有得到，完全按自己的评价做出反应。这一结果表明，人对生理反应的认知和了解决定了最后的情绪体验。不过，有人重复沙赫特和辛格的实验，但没有得到和他们相同的结果。

（二）情绪的 ABC 理论

20 世纪 50 年代，美国心理学家埃利斯（Albert Ellis）创建了情绪的 ABC 理论。该理论认为，我们的情绪不是由诱发事件 A（activating event）直接引起的。情绪和行为结果 C（consequence）的直接原因是个体对诱发事件 A 的认知和评价而产生的信念 B（belief）。同样的诱发事件 A，可以产生不一样的结果 C_1 和 C_2，这是因为信念 B 的中介或桥梁作用。具体而言，不同人对诱发事件 A 的评价与解释不同（B_1 和 B_2），就会得到不同结果（C_1 和 C_2）。因此，情绪发生的一切根源在于我们的信念 B。

通常人们会认为诱发事件 A 直接导致了人的情绪和行为结果 C，发生了什么事就引起什么样的情绪体验。而埃利斯认为，信念 B 才是情绪产生的直接因素。同样一件事发生在不同的人身上，可能会引起不同的情绪体验。例如，同样是报考英语六级，考完后结果是两个人都没过。同学 1 无所谓，情绪上没有太大变化，而同学 2 却伤心欲绝，消极情绪剧增。为什么？这就是因为由诱发事件 A 而产生的信念 B 在起作用。同学 1 可能认为：这次考试只是看看试题，试一试，考不过很正常，也没关系，可以下次再来。但同学 2 却觉得这是背水一战，不能失败，如果没有通过，这段时间的努力全白费了，自己也学不好英语，再也不可能通过英语六级了。于是不同的信念 B 导致了不同的情绪和行为结果 C。

ABC 理论认为，人的消极情绪和行为障碍结果是由对诱发事件的不正确的认知和评价所产生的错误信念所直接引起的，这些错误信念也称为不合理信念。常见的不合理信念包括：

（1）一切事物都必须按照自己心理所期待的方向发展，否则会很糟糕。

（2）一个人应该担心随时可能发生灾祸。

（3）情绪由外界控制，自己无能为力。

（4）已经定下的事是无法改变的。

（5）一个人碰到的种种问题，应该都有一个正确、完满的答案，如果无法找到它，便是不能容忍的事。

（6）对不好的人应该给予严厉的惩罚和制裁。

（7）逃避困难、挑战与责任要比正视它们容易得多。

（8）要有一个比自己强的人做后盾才行。

这些不合理信念常常具有以下特征：

（1）绝对化的要求。这是指人们常常认为某事物必定发生或不发生的想法。它常常表现为"必须""应该""一定要"等。例如，"我必须得到所有人的喜欢""别人必须对我好"等。

（2）过分概括的评价。这是一种以偏概全的不合理的思维方式，其典型特征是以某一件或某几件事来评价自身或他人的整体价值，它常常表现为"总是""所有"等。美国临床心理学家艾利斯（Albert Ellis）说，这就好像凭一本书的封面就来判定它的好坏。例如，遭受失败后，有人会认为自己"一无是处、毫无价值"，容易导致自卑、怨怼等负面情绪。

（3）糟糕至极。如果一件不好的事情发生，那将非常可怕和糟糕。例如，"我没考上研究生，一切都完了""我没当上学生会主席，就不会有前途了"等。当遭遇不好的、糟糕的事时，拥有这类不合理信念的个体就会陷入不良的情绪体验之中，容易一蹶不振。

三、情绪与健康间的关系

如果有一种方法可以让自己变得更聪明，但是代价是你不再有情绪体验和反应，请问你愿意吗？答案是否定的，因为人的情绪对其生活、学习与工作有诸多作用。

（一）情绪与身体健康

从情绪与人体健康关系的角度来说，可将人体的各种情绪变化归纳为两大类，一类是可对人体健康起消极作用的情绪，如愤怒、憎恨、忧愁、悲伤、惊恐、焦虑、痛苦、仇恨等。这些情绪对人体健康具有"减力"作用，可使人体心理活动平衡失调，影响人体的神经系统、心血管循环系统、消化系统和内分泌系统等的正常功能，久而久之会降低人体的抵抗力，影响人们的工作效率，进而导致事故发生。另一类是对人体健康起积极作用的情绪，如愉快、喜悦、舒畅、满足等情绪。这类情绪对人体起着积极的推动作用，可提高人体大脑及整个神经系统的兴奋性，使人对工作、学习、生活充满信心和乐趣，提高人体的脑力与体力劳动效率，从人体的健康角度来说，可使体内各器官的功能活动协调一致，内分泌及物质代谢平衡而且稳定，提高人体对影响健康的危害因素的抵抗力。

（二）情绪与心理健康

除身体健康外，情绪与人的各方面的心理健康也密切相关。

1.情绪与动机

适度的情绪兴奋能使身心处于活动的最佳状态，进而推动人们有效完成工作任务。研究表明，适度的紧张和焦虑促使人积极思考和解决问题。比如，当你对现状非常不满意时，你会努力改变现状。

2.情绪与人际关系

保持良好的情绪状态，表达友好或者厌恶，和你的朋友保持良好的关系，同时和你不喜欢的人保持距离，可以更好地生存和发展。温暖的微笑、诚挚的眼神、友好的动作是增进友谊的重要方式。但过于激烈的愤怒、焦虑等负性情绪体验会破坏大脑皮质的兴奋和抑制过程，使人的意识范围狭窄、正常判断能力降低，甚至使人失去理智和自制力，做出极端的行为，从而严重影响个体的人际交往关系。

3.情绪与心理疾病

心理健康已经日益受到人们的关注，心理疾病发生的一个很大原因就是激烈的情绪冲突。在竞争激烈的职场中，在复杂的人际关系中，在琐碎平凡的家庭生活中，人们容易过度紧张、焦虑或抑郁，如不积极进行调适，任其发展，就很有可能引发各种心理疾病。

第二节　大学生情绪的特点
及常见不良情绪

一、大学生情绪的特点

（一）大学生情绪的多样性与复杂性

随着年龄的增长和心智的发展，大学生的自我意识进一步增强，在情绪情感体验方面表现得更敏感。网络社交媒体的盛行扩大了大学生的人际交往圈，提升了其人际交往的复杂性、交往新颖性（如恋爱体验）。此外，在改革开放和中国特色社会主义建设发展的背景下，社会开放程度越来越高，当代大学生接触到的事物也越来越新奇。上述诸多外在环境的变化使得当代大学生的情绪表现出多样性与复杂性的特点。这种多样性与复杂性特点表现为大学生的情绪既有低层次的情感需要，例如物质生活或者与物质相关的情感需要，同时又有高层次的情感需要，例如社会交往，或者与心理、精神相联系的情感需要。

多样性与复杂性也体现在不同年级、不同年龄的大学生之中。比如，大一新生入校，其对大学生活充满了无限的好奇与憧憬，自信心与快乐在这一阶段更为突出。但随着学习内容的变化、交往环境的变化，对大学生活的不适应、理想与现实之间的落差、激烈的竞争等都会引发大学生的紧张焦虑甚至自卑的情绪。随后，度过了新生适应期，他们渐渐融入了大学生活，并在大学生活的各个方面都得到了相应的历练，情绪情感发展日益成熟，整个情绪状态较为平稳。然而，临近大四时，随着他们即将步入社会，面临毕业、答辩、工作和继续深造的诸多选择与挑战，紧张和焦虑的情绪可能又会再次出现。所以，大学生的情绪情感发展呈现明显的阶段性特点。

由于大学生的情绪呈现出多样性与复杂性的特点，其情绪表现是多姿多彩的。

（二）大学生情绪的个体性及社会性

在社会转型的背景下，过去单一的价值观已经不复存在。一方面，大学生非常注重实现自我价值，同时也强调社会价值和自身价值的结合。另一方面，大学生也很注重现实生活，各种生活事件均能引起其自身情绪情感共鸣。他们爱自己，关注自身的物质生活品质及精神生活的满足。此外，他们也乐于奉献自己，能清醒地认识到自己作为当代大学生的责任，兼顾国家、集体和个人利益，等等。由此，当代大学生的情绪也表现出个体性与社会性相结合的特点。

另外，随着各种网络文化的传播，科学文化知识的丰富及年龄的增长，大学生的思想趋于早熟，拥有较强的自主性。他们具有突出的民主和平等意识，对于每样事物都有着个人见解。同时，当代大学生也敢于挑战传统，并重视自我价值、利益的实现。值得一提的是，现在的大学生大部分来自独生子女家庭，有时候很难理解集体的概念，具有较强的个体性。这种强烈的个体主义价值意识既有其有利的一面，也有其不利的一面，需要防止其向个人主义发展。如果某位大学生只看重自我能力而忽视集体作用，淡漠集体观念，进入社会后必将影响其个人发展。

（三）大学生情绪的矛盾性及波动性

由于年龄的限制，大学生虽心智日趋成熟，但个人经历和社会阅历不够丰富。所以在这一特殊时期，他们有更加丰富多样的情感以及比中年人更加活跃的心理活动，但是他们在情绪上有时候会产生矛盾性与波动性。情绪上的矛盾性主要表现为：理性与感性之间的矛盾，主动性和被动性的矛盾，等等。在这些矛盾的作用下，大学生的内心容易产生冲突，有可能产生积极情感，也可能产生消极情感。对于这种情绪上的矛盾性，大学生如果处理不当，可能产生心理阴影，导致价值观扭曲，不利于大学生身心健康发展。

此外，大学生的情绪体验具有波动性的鲜明特点。情绪起伏较大，时而激动时而平静，主要表现为兴奋、悲伤、气愤、懊悔等多种形式。大学生情绪波动较大，情绪体验来得快而强烈，消失得也快而随性。学习成绩的优劣、身体健康状况的好坏、同学关系的好坏、恋爱的成败以及家庭的相关信息等都会引起大学生情绪的波动。并且，大学生所面临的选择较多，涉及学习、交友、就业等多方面，所以情绪起伏较大，有时可表现为从兴奋突然转为失落，有时甚至一旦情绪爆发就难以控制，今天精神百倍、情绪高涨，明天就可能情绪低落、萎靡不振，情绪状态很容易从一个极端步入另一个极端。

这种矛盾性与波动性的特点具有正反两方面的作用：一方面这种激情四射的状态，可以让他们精神饱满地投身到自己所钟爱的事情当中，极大地调动大学生自身的积极性。但另一方面，情绪的大起大落，也容易让他们做出冲动的行为。更重要的是，其突然爆发的情绪一旦失控，则可能带来较为严重的后果。例如，大学生群体中发生的集体斗殴事件、因感情因素和学习因素引发的跳楼自杀事件等，对大学生的发展产生了恶劣的影响。

（四）大学生情绪的外显性与内隐性

比起中年人，大学生的情绪表达更加张扬与直观，喜怒哀乐往往都有明显的外在表现，对其情绪状况基本上都能通过言语、表情、行为判断，这就是大学生情绪的外显性特点。但比起中小学生，大学生逐渐拥有了自制力、自尊心以及独立意识，也会隐藏或抑制自己的真实情感，其情绪又表现出一定的内隐性特点。

大学生情绪的外显性和内隐性并不总是一致的。在一定程度上，对于某些敏感问题或在特定场合下，大学生会粉饰、隐藏或抑制自己的真实情绪，表现得更加具有内隐性。比如对待异性的态度，有的学生对异性萌发了爱慕之情，但留给对方的印象却是贬低、冷落人家，明明希望了解对方，却表现出淡漠无情、毫不在乎的样子。在对待学习的问题上，有的大学生明明希望得到好成绩并悄悄下着苦功夫，偏偏表现出满不在乎的态度。需要指出的是，这是大学生有意识控制和无意识防御的结果，与表里不一的虚伪是两回事，不能混为一谈。

另外，由于大学生性格因素的影响，他们对外界刺激的反应有着较大的差异，对同类事件的处理也有着明显的不同。例如，活泼开朗的学生情感直白真挚，更容易和他人交流并融入集体；性格内向的同学对自己的情绪加以隐藏和掩饰，内心感受和外在表现不统一。

二、大学生常见不良情绪

大学生正处于青春发育后期，这也是人生的第二个"心理断乳期"，生理发展和心理发展的不平衡导致他们情感丰富且极易波动。同时，不确定的人生观，对事物有限的认知水平，使得大学生的情绪极易受到外界刺激的影响。再加上大学生一般都喜欢表现自我，寻找机会来表现自己的个人能力，体现自己的智慧和力量。但当他们觉得自己的自尊心受到伤害时，就会变得极度敏感，情绪最容易产生波动，甚至产生不良情绪，如没有得到及时调节，严重的会引发心理障碍。

大学生不良情绪有多种表现，具体如下：

（一）过度烦恼

每个人都会有烦恼，大学生也不例外。一般而言，烦恼都是有明确的对象和具体的内容的。引起大学生烦恼的常见事件有：失恋、考试不及格、同学关系不和、经济拮据等。重要的并不是烦恼本身，而是大学生能否从烦恼中解脱出来。情绪健康的人并不是没有烦恼，而是能够把"我不要烦恼"转变为"如何才能让自己快乐起来"的实际行动。如若如此，烦恼是促使个体不断进取的动力所在。然而，情绪不健康的人则相反，他们往往只沉浸在烦恼中而没有战胜烦恼的实际行动，不明白自己应该怎么办，缺少行动目标，只能越来越烦恼。

（二）过度焦虑或无焦虑

过度焦虑是大学生常见的不良情绪之一，是对即将发生的某种情景或事件感到担忧和不安，又无法采取有效的措施加以预防和解决时产生的情绪体验。焦虑与烦恼有所不同。在程度上，焦虑要比烦恼更严重。烦恼有明确的对象和具体的内容，但焦虑常常没有明确的对象和具体的内容，即通常所讲的莫名其妙的紧张。此外，烦恼主要是针对过去和现状的，而焦虑一般是面对未来的恐惧心理。焦虑者总是生活在对未来可能发生的危害的恐慌之中。大学生常见的焦虑具体表现为考试焦虑、适应焦虑、健康焦虑、选择焦虑等。过度焦虑会使人处于一种无所适从的状态，总是担心将要发生的事情，容易导致忧虑、过度警觉等不良反应，还常伴有身体不适感，如出汗、口干、呼吸困难、心悸、尿急、尿频、全身无力、眩晕等。

焦虑对大学生的影响是复杂的，既可以成为大学生成才的动力，起促进作用，也可以成为大学生成才的阻力，起阻碍作用。如考试焦虑几乎是每个学生都曾经历过的，但这种适度的焦虑不会造成情绪困扰，相反还可以使学生认真对待考试。所以，适度焦虑是有益的。如果一个人对事不焦虑，容易导致注意力不集中、学习效率不高。所以，人要有一定的焦虑，但是过度焦虑又会让人因为高度紧张而导致注意力涣散和学习效率降低。有研究表明：中等程度的焦虑最有利于个体水平和能力的发挥，而过度焦虑或无焦虑则不利于个体能力的发挥。因此，在平时的学习和生活中，大学生一定要注意避免过度焦虑或无焦虑，以免对身心健康造成不良影响。

（三）过度抑郁

抑郁即自己在某一方面的需要得不到满足时而产生的一种持续稳定的心理状态，如沉闷、压抑、悲哀、自暴自弃、缺乏生活动力、冷漠、精神萎靡、睡眠障碍、注意力不集中、干什么都打不起精神等。抑郁和焦虑密切关联，表现相似。但从症状等级上划分，抑郁较之焦虑处于更高等级。

特别需要指出的是，忧郁情绪与抑郁症既有联系，又有质的区别。

抑郁情绪并不一定就是抑郁症。但是提到抑郁情绪，人们常常就会想到抑郁症。那么，什么是抑郁症呢？抑郁症是以抑郁为主要症状的心理障碍（具体表现为心境障碍或情感性障碍）。心理障碍的表现有多种，包括抑郁症、焦虑症、狂躁症等，但以抑郁症最为常见。

现代医学心理学认为，抑郁症是诸多因素综合作用的结果，包括生物学、遗传学、心理学、社会学因素等。抑郁症可以由心理创伤或心理压力而诱发，同时人体会发生一定的生理变化和功能障碍。因而，抑郁症是一种疾病。人们患了心脏病、糖尿病，都会去医院诊治；抑郁症患者也一定要及时就医，寻求妥善的治疗。

有抑郁情绪的人是否一定就是患了抑郁症呢？并非如此。心理正常的人也会有抑郁情绪，会有自信心下降、兴趣减退、悲观失望等心理体验。

由于抑郁症临床表现形式的多样性，以及缺乏特异的诊断生物标志物，目前抑郁症的准确诊断需要全面、客观、可靠地收集患者的病史资料，并进行周密细致的精神检查，普通人不能通过自评量表来诊断自己是否患有抑郁症。

目前抑郁自评量表有多种，临床上使用较多的有 9 条目简易患者健康问卷、抑郁症状快速评估量表—患者自评版等。通过患者的自我评价，医生可以了解患者的情绪状态，其特点是使用简便，并能相当直观地反映患者的主观感受及其在治疗中的变化。但是自评量表的结果只能用作诊断抑郁症的参考和辅助工具，不能作为临床诊断的直接标准，最终的诊断还需要专科医生面对面访谈评估。自评量表测评应在医疗机构工作人员的协助下进行，在使用自评量表前，应弄明白整个量表的填写方法，充分理解每个问题的含义，然后做出独立的、不受任何人影响的自我评定。如果不能理解量表内容，可请工作人员逐条念出来，再由评定者独自做出决定。评定结束后，请工作人员仔细检查评定结果，不要漏评某一项目，也不要在相同一个项目上重复评定。

造成大学生抑郁的原因多种多样。其一，学业相关问题，比如无法面对学业中的竞争和学习的压力，对所学的专业不满意，面临挫折时无法承受。其二，家庭相关的问题，比如家庭贫困、负担过重。其三，个性问题，如性格内向、敏感多疑。

大学生需要及时调整与管理抑郁情绪，不能放任不管，否则会使身心健康受到严重损害，无法正常地学习和生活。

（四）过度恐惧

在大自然中，当遇到毒蛇猛兽、自然灾害时，人们会感到恐惧。在社会生活中，当遇到战争、抢劫、杀人等事件时，人们也会产生恐惧。这是人保护自己的正常应激反应。具有病理性特点的恐惧，即对常人一般不害怕的事物感到恐惧，或恐惧体验的强度和持续时间远远超出常人的范围。过度恐惧是指对某类特定的物体或情境产生的持续的、难以克服的恐惧情绪，并伴随着各种焦虑反应，如担忧、不安、出冷汗、颤抖等。

在大学生心理咨询临床中，社交恐惧、高空恐惧、颜色恐惧、疤痕恐惧等，都有病例，尤以社交恐惧为最多。有些大学生在与人交往时，会不自觉地感到害怕、紧张，以至手足无措、语无伦次，有些甚至发展到害怕见人的地步。这些学生在意识到将要与人交往或在交往的过程中，往往产生紧张不安、心慌、胸闷的症状。恐惧症常常带有强迫性的特点，明明知道这种恐惧是过分的或没有必要的，但又难以抑制和克服。

（五）易激惹

所谓易激惹性，通常是指各种轻重不同的易怒倾向，这种变态情绪，往往具有攻击性，在大学校园里切不可轻视这种变态情绪。研究表明，青春期的大学生内分泌系统处于空前活跃状态，大脑神经过程的抑制和兴奋发展不平衡，自制力较差，容易冲动。有的大学生因为一件小事或一句话便暴跳如雷，或出口伤人，遇事不冷静。在寝室、餐厅、足球场等场所，常见因一些琐碎小事引起的激烈纠纷。易激惹的人有几个特点：好打抱不平；看什么都不顺眼；发怒后常常后悔，后悔的同时又有委屈感。易激惹常常危害人际关系，而人际关系紧张常常又使易激惹趋向恶化。

如前所述，发怒对人的身心健康有明显的不良影响。一般而言，一个人在发怒时会出现心悸、失眠、血压升高等生理上的不良反应，同时发怒会使人丧失理智，导致损物、伤人等行为。正如古希腊学者毕达哥拉斯（Pythagoras）所言："愤怒以愚蠢开始，以后悔告终。"大学生群体的一些违法违纪事件，大多数是在愤怒情绪下发生的。

（六）冷漠

冷漠是一种对环境和现实的自我逃避的退缩性心理反应，具体表现为对外界的任何刺激都无动于衷，无论是悲、欢、离、合、爱、憎，都漠然视之。冷漠者初期主要表现出漠不关心、事不关己的消极态度。抱有冷漠情绪的大学生，在行为上常表现为对生活没有热情和兴趣；对国家前途漠不关心；对学习漠然置之；对人际关系回避退缩；对集体活动持不参与、无所谓的态度。

日本心理学家松原达哉教授形容处于此种情绪状态的学生是无欲望、无关心、无气力的"三无"学生。也有学者把这种情绪障碍称为"无聊神经症"，并且认为，随着经济发展及物质生活的丰富，当前大学生中具有这种"无聊神经症"的人，已不少见。造成大学生冷漠的主要原因有：长期的付出得不到回报；缺乏父母的疼爱，缺乏家庭的温暖；性格狭隘、固执。如果大学生长时间地处于这种情绪状态下，巨大的心理能量得不到释放，超过一定限度时，就会以猛烈的形式爆发出来，致使心理平衡遭到严重破坏，影响身心健康。

总之，上述情绪的轻微反应或倾向性反应是每个人身上都会具有的，但如果不重视情绪调适，久而久之，轻微的症状也可能发展成一种问题状态，甚至成为严重的病态。因此，积极地预防和调节不良情绪反应，学习与掌握各种识别与调节情绪的方法策略，从而形成良好的健康情绪行为，对于每一位大学生来说，都是非常重要的。

第三节　大学生不良情绪的调适

一、情绪识别辅导活动

（一）传情表意

辅导目标：通过对情绪表情的观察识别出不同的情绪。

课前准备：情绪成语若干，例如"眉开眼笑"。

活动过程：

（1）学生分组。学生每 8～10 人分成一组，每组选派一名组员出来担任监督员（交叉监督，不能监督本组的队员）。

（2）每组一路纵队站好，所有参赛的组员背向第一位组员，指导师将写有一个情绪成语的纸条给每组第一位成员看一眼。游戏规则为：不能通过说话来表达情绪，但可以用面部表情及身体表情来传情达意。第一位组员拍第二位组员的肩膀让他（她）转向自己，然后将情绪成语尽可能清晰地通过面部表情与身体表情传递给第二位组员，第二位组员按自己识别到的情绪成语将信息"拷贝"并传递给第三位组员，依次类推。最后一位组员到指导师处写出被"拷贝"的成语。哪个小组速度最快、最准确即胜出。

（3）第一轮结束后，让组员进行一次讨论，分析"拷贝"变形的原因，并讨论如何才能提高准确率，再进行第二轮的传情表意。

（4）感受分享。每组请学生代表在全班交流当前游戏给自己带来的思考与启示。

（5）教师总结：眼见不一定为实。游戏过程中学生虽然看到了前面同学表达的情绪，但是因为缺少语言信息，所以还是会有错误的传情表意，生活中经常也会遭遇"误解"与"误传"现象。因此，在识别情绪的过程中不应只关注单向信息传递，也要观察双向信息传递，在识别情绪的过程中沟通与交流是非常重要的。

注意事项：

（1）各组选择的情绪成语难度差异应尽量小，且符合大学生的年龄特点。

（2）主持人的语言要有激情，监督人可以在旁边误导。

（3）每组活动时间控制在半分钟之内。

（二）情绪温度计

辅导目标：

（1）让成员觉察此时此刻的情绪。

（2）让成员了解情绪背后的成因。

课前准备：A4 白纸。

活动过程：

（1）给成员听轻音乐，并让他们回想一周来的心情起伏。

（2）请成员以 0～10 度表示这周的情绪温度，0～10 度分别代表从不快乐到快乐的程度，请成员以数值表示自己这周的情绪温度，以成员给出的数值来分组。

（3）小组内分享影响情绪评分的原因。

（4）每组选代表在全班同学面前分享与交流。具体分享内容可以包括在小组中对他人印象最深刻、最有感触之处（不同的想法、不同的处理方式等）。

（5）教师总结：引起大家烦心的事虽然各有不同，但又都有相似之处。分享与倾听烦心事既是识别自己情绪信号的重要方面，也可以起到管理情绪的作用。

注意事项：需要事先提醒小组成员注意保密。偶尔会出现个别小组成员情绪失控的情况，教师需及时介入。

二、情绪调适辅导活动

（一）情绪调适百宝箱

辅导目标：

（1）让成员觉察最近一段时间以来自身的不同情绪。

（2）利用团体优势探讨解决情绪困扰的方法，并为不良情绪应对出谋划策。

课前准备：信封及信纸。

活动过程：

（1）每位成员一个信封，把自己最近一段时间以来最大的情绪困扰写在上面。

（2）然后在小组里随机交换3次以上。

（3）成员阅读自己手上拿到的别人的情绪事件，其他小组成员根据自己的经验逐一为其出谋划策，找出解决方法。

（4）每组总结情绪应对方法，并选代表在全班同学面前分享与交流。

（5）教师总结：每个人的方法既有不同之处，又有相似之处，重要的不是方法本身，而是你是否愿意采用积极的方式去应对生活中的情绪困扰。

注意事项：在过程（3）中，提醒学生不要随意打断别的小组成员的分享，也不要去评价成员所提出的方法的可行性，任何方法都是允许的。

（二）幸福清单

辅导目标：

（1）减轻疲劳，缓解不良情绪。

（2）认识和学习应对不良情绪的基本方法。

（3）增加快乐情绪。

课前准备：彩笔、硬纸板。

活动过程：

（1）请大家围成一个大圈，脸朝圈内站立；集体向左转，形成前后站立的圈；请后面的组员为前面的组员捶肩、揉背。

（2）然后再请大家向后转，继续为前面的组员捶肩、揉背。

（3）如此可以反复多次，等大家气氛活跃、身体放松后停止游戏。

（4）结束后，问大家感觉如何，平时比较累、比较烦时自己常用的减压方式有哪些。

（5）每位成员根据自己的经验在纸板上尽可能多地列出所有有助于自己放松或开心的活动。

（6）在小组内分享，然后每个小组总结出 2～3 个效果最好的方法、3～5 个最特别的方法、2～5 个最简便易行的方法，制订出每个小组的幸福清单（大约 10 个方法）。

（7）全班张贴幸福清单，然后分享如何具体实施幸福清单。

注意事项：队形排列可以变化。场地小，可以用方阵的形式，也可排列队伍站在原地活动，也可用小步跑或快步走的形式。

（三）认知记录表

认知记录表是建立在认知疗法基础上的一种辅导技术。本辅导活动引导个体学习使用认知 ABC 记录表与认知 ABCDE 记录表，认识个体产生消极情绪背后的思维，通过改变个体的思维达到调节个体情绪的目的。

教师指导语：每个人心中都有把快乐钥匙，但很多人在不知不觉中将这把快乐钥匙放在别人身上保管。一位中年女性抱怨说"我活得很不快乐，因为老公经常出差不在家""我很生气，因为我的孩子不听话"，她把钥匙交在先生或孩子手中。一位职场男性可能说"我心情很差，因为我的上司不但不赏识我，还打压我"，他把快乐的钥匙塞在老板手中。一位大学生说"我很生气，因为同宿舍的室友经常影响我休息"，他把快乐的钥匙塞在同学手中。这些人都有一个共同的倾向：让别人来控制自己的情绪；并且开始怪罪他人，传递一个信息——我的痛苦都是他人造成的。一个健康的个体能握住自己快乐的钥匙，既不期待别人使他快乐，也不责怪他人，反而将快乐和幸福带给周围的人。不论是环境中的人、事还是物都很容易影响我们的情绪，可是千万别忘了，成熟健康的个体将快乐的钥匙牢牢掌握在自己手中！那么，如何才能掌握快乐的钥匙呢？

前面我们学习了情绪的认知理论，特别是情绪的 ABC 理论明确指出认知在情绪产生过程中的重要性，即每一种情绪的产生都是因为人们内心有一个对事件或者情境的认知在起作用。由此，通过改变自己的想法，我们就可以改变对同一件事情的情绪反应。

1.认知 ABC 记录表的使用

辅导目标：

（1）促进对认知 ABC 理论的学习。

（2）识别不同的情绪、分辨引起情绪的事件。

课前准备：事先打印好认知 ABC 记录表。

活动过程：

（1）每天记录引起情绪变化的情境事件，即表 3-2 中的第一列。

表 3-2　认知 ABC 记录举例

情境事件（A）	自动化思维（B）	情绪结果（C）
引起情绪变化的事件： 你跟谁在一起？ 正在做什么？ 什么时候？ 在哪里？	一闪而过的念头＋相信程度 （如"我真的很差劲"）	愤怒、恐惧、厌恶、惊奇、快乐、抑郁（1～100 分）

（2）然后评估这个事件引起的情绪有哪些，并为每种情绪的强烈程度打分，记录在第三列。

（3）从每种不同的情绪反向思考：产生这种情绪时头脑中一闪而过的想法是什么，将其记录在第二列。

（4）连续记录至少一周。

注意事项：

（1）分辨情绪是 ABC 记录表的关键。

（2）你的情绪是否与特定的思维或想法是对应的？

（3）你记录的是事实还是思维（猜测）？

（4）区别情绪与想法。

（5）一个事件发生时可能会有多种不同强度的情绪，背后会有多种思维。

2.认知 ABCDE 记录表的使用

辅导目标：进一步促进对认知 ABC 理论的学习，寻找第二种可能的自动化思维，从而改变认知。

课前准备：事先打印好认知 ABCDE 记录表。

活动过程：

（1）选择认知 ABC 记录表中的一个事件进行深入探讨。

（2）寻找第二种思维、认知或想法，将其列入表 3-3 第四栏。

表 3-3 认知 ABCDE 记录举例

情境事件 （A）	自动化思维 （B）	情绪结果 （C）	合理的思维 （D）	情绪变化 （E）
引起情绪变化的事件：你跟谁在一起？正在做什么？什么时候？在哪里？	一闪而过的念头＋相信程度（如"我真的很差劲"）	愤怒、恐惧、厌恶、惊奇、快乐、抑郁（1～100分）	有没有其他可能的想法？别人（如好友）面对同样情境时可能会怎么想？	当有新的替代性想法产生时，情绪的变化及其程度。

（3）当出现第二种思维、认知或想法时，评估其情绪分值，关注其变化，并在第五栏标注。

（4）评估对第二种思维、认知或想法的相信程度。

（5）再次寻找其他的思维或认知或想法，然后重复上述步骤。

注意事项：

（1）当试图对第四栏第二种自动化思维（合理的思维）进行测评时，如果心里想"我想不起来，我也不太清楚"时，可以邀请自己再次回到当时的情境。"让我回到那个情境：那时是什么时间？在哪里？周边都有些什么？我当时的情绪是什么？"

（2）不知道如何找自动化思维？要牢牢抓住情绪变化的转折点。

（3）启发式提问的重要性。例如，"你想想看，做认知 ABCDE 记录表有什么意义？"

第四章 学习与应对

第一节 学习心理概述

一、学习活动及其意义

（一）何谓学习

学习的概念可以从广义和狭义两个角度理解。广义而言，学习活动是人类在社会生活实践过程中不断地认知、理解和掌握社会和个体劳动以及生活经验的过程。从婴儿出生蹒跚学步，到学会说话、学会自己上厕所，再到学会帮爸爸妈妈做家务、在学校里和同学和睦相处，直至立足于社会独立生活，学习活动无处不在、贯穿始终。

狭义的学习则指学校里学生的学习，针对大学阶段而言，大学生的学习是在教师的指导下，在主体学习动机和学习认知等心理因素的参与下，有目的、有计划、有步骤地系统认识、理解和掌握各种专业文化知识和个体生存生活经验，培养各种技能技巧，发展各种能力，积累良好学习经验和策略，培养独立健全的人格品质和良好的社会生活的适应性，不断挖掘自身潜能和创造性，成功地发展自我的过程。由此可见，大学阶段的学习不仅仅是掌握书本知识，为了能够最终形成独立的人格和较好地适应社会，生活经验、人际交往能力等也是学习内容所在。

（二）学习活动的意义

1.学习是求知天性的自然发挥

在成长的过程中，许多同学似乎习惯于把学习看作一件苦差事。诸如"书山有路勤为径，学海无涯苦作舟"这样的格言我们都曾听过。学习固然需要毅力和恒心，但是学习真正的内在动力之一是我们人类天性中的好奇心和求知欲。正如哲学家康德（Immanuel Kant）所言："有两件事物我愈是思考愈觉神奇，心中也愈充满敬畏，那就是我头顶上的星空与我内心的道德准则。"每个人在童年都曾仰望星空，畅想宇宙的神秘，于是才有了阿姆斯特朗（Neil Alden Armstrong）成功登月。好奇心和思维能力将人类与动物区别开来，学习本不可怕，它是我们自然天性的发挥，是探索世界和自我的过程。

2.学习是自我实现的必由之路

人生在世，每个人都希望实现人生价值，找到属于自己的一片天地。针对这种美好的期望，美国的人本主义心理学家马斯洛提出了自我实现的概念。自我实现是指个体的各种才能和潜能在适宜的社会环境中得以充分发挥，从而实现个人理想和抱负的过程，亦指个体身心潜能得到充分发挥的境界。自我实现是个体对追求未来最高成就的倾向，是人的最高层次的需要，它令人感到充实。为了达到自我实现的目的，我们需要通过不断的学习来增长见识、拓宽生活领域、增强自身能力、完善人格。

自我实现不是一个外在的概念，而是一种内在的境界。同样面对月圆月缺的自然现象，都市里忙碌的人们视而不见，恋爱中的人则能说出"月亮代表我的心"的甜蜜誓言，大诗人苏轼则能写出"人有悲欢离合，月有阴晴圆缺，此事古难全"的哲理诗篇。要想达到更高的人生境界离不开学习的积累。试想大学四年，有的同学利用闲暇时间锻炼身体，最终获得健康的体魄；有的同学阅读经典书籍，通过思维的扩展充实了自我；有的同学空闲时间都用来打游戏，也许欲望一时得到了满足，但游戏终归是虚拟世界，当不得不面对现实时，生活意义的缺失往往只会带来悔恨和遗憾。人们喜欢登高望远，是因为有的风景在高处才能看到,在人生之旅上不断地学习能帮助你走到高处,看到崭新风景。

3.学习是适应社会的外在要求

步入大学校园,在享受青春时光的同时也意味着社会的考验越来越近。四年之后大多数同学都要走出校门,为自己的第一份工作打拼,用自己的薪水租房、吃饭、交水电费。相信没有同学愿意在大学毕业后还做家里的宝贝,靠父母养活,因为经济上若不能独立,人格也无法独立。为了能够在社会上打拼出自己的一席之地,在大学四年里每位同学都会开始思考今后想从事什么样的工作、需要锻炼哪些方面的能力,这一切都有赖于课堂内外的学习活动。所以为了能够在大学阶段完成从学生到社会人的转换,为了能够适应社会,我们必须通过不断的学习来提升自己的社会竞争力。

二、当代大学生的学习状况

当代大学生多是 90 后乃至 00 后,与 80 后大学生相比,当代大学生出生在社会转型加剧、经济迅猛发展和信息高速发展的时期,普遍表现出个性张扬、乐于表现、自主独立、思想活跃、求真务实、追求时尚、目标明确、渴望平等等优点,同时也表现出依赖性强、抗挫折能力差、假性成熟、情绪心境化、自我中心等弱点,这些心理特征也体现在学习活动中。总体而言当代大学生的学习状况具有以下几个特点:

(一)学习压力较大

徐曼对北京、天津、上海三地的 19 所高校进行的调查表明,41%的学生认为自己存在学习压力,但较轻;27%的学生认为和高中时差不多;27%的学生觉得现在的学习压力更重;只有 5%的学生认为没有学习压力。可见,在大学生中,学习压力是普遍存在的,是大学生主要的压力源之一,它对大学生产生的心理影响排在所有压力源的首位。学习成绩已成为影响大学生情绪波动的第一因素。调查显示，有 43%的学生认为糟糕的学习成绩经常给自己带来压力，有 10%～15%的大学生对考试存在着不同程度的焦虑，特别是学习基础较差、性格内向、学习方法不够灵活的学生，更易产生学习压力，甚至是考试焦虑症状。在引发心理压力的因素方面，学业问题、前途及就业问题和人际关系问题分别排在了前三位。

（二）学习动力不足

周贤和刘灵娟对 1 146 名大学生进行了学习主动性和学习动力两个方面的调查，结果表明 53.4%的大学生缺乏学习主动性，大一学生的学习主动性最高，而大四学生的学习主动性最低。高亚兵对浙江 5 所高校共 753 名大学生的学习状况进行调查，结果发现部分学生缺乏明确的学习目标，同时学习态度欠佳，努力程度不够，表现在预习、听课、课后复习、作业完成情况等方面。例如在复习方面，调查显示 12.7%的学生课后当天复习，18.6%的学生课后 1～2 天内复习，17%的学生课后一周之内复习，24.5%的学生有时间就复习，没有时间就算了，25.7%的学生考前集中突击复习。

（三）学习计划和策略表现较佳

尽管学习动力不足，但随着时代的发展和进步，当代大学生在学习计划和策略方面表现较佳。高亚兵的调查表明 40.3%的学生每隔一段时间会制订学习计划，58.5%的学生能完成学习计划；在学习中遇到困难时，45.2%的学生会上网查阅资料，58.9%的学生会向老师或同学请教，93%的学生会上图书馆查阅相关书籍资料。综上，当今的大学生有一定的学习策略，交流能力和运用互联网的能力较强。

第二节 大学生学习心理问题的
内外在影响因素

一、导致学习心理问题的外在环境因素

（一）课程设置不同

在中学阶段学生的学习目标是掌握各学科一般性的基础知识，所以学习的科目十分有限，老师所讲授的知识都是最基本的定理，学生的任务就是接受、记忆、运用这些知识，而不需要自己进行太多的探究和反思。大学阶段则逐渐进入专业化、领域化的培养，这使得大学和中学的课程安排、培养计划非常不同。

大学课程的第一个特点是"多"。中学阶段的学生一般只学习 10 门左右的课程，学生大部分精力都花在对高考内容的学习与复习上，而大学采用学分制，学生在大学四年需要学习的课程一般在 40 门以上，每一个学期学习的课程都不相同。在大多数本科院校，大学一年级主要学习公共课程和基础课程，大学二、三年级开始学习专业基础课、专业方向课及选修课，其间还有暑期的小实习、社会实践等任务，大学四年级重点进行实习和毕业设计。由此可见，大学课程的"多"可以概括为课程种类多、课程数目多、每门课的内容多、每节课的内容多。这导致许多同学刚走进大学时有种应接不暇的感觉。

大学课程的第二个特点是"难"。同中学学习的基础知识不同，大学的知识更加专业化、深入化，如果说中学学习的大多数知识都可以在现实生活中找到实例，大学的许多专业理论知识则更加抽象，学习中主要需要的不是记忆力而是抽象思维能力和理解能力。除了专业知识的学习，实践和实习的课程则体

现出另一种难度，这类课程需要的是沟通能力、团队合作能力、社会经验等，而这些往往是许多中学阶段一门心思读书的学生所欠缺的。

（二）教学环境、教学手段不同

总体而言，中学阶段的教学环境和教学手段较为单一，全班同学在固定的教室中进行每天的学习，教师的课堂教学主要是按照课本进行的。相比之下，大学的教学采取走课制，学生每天要奔走于不同的教室之间，面对各种不同风格、不同上课方法的教师，身边可能是来自各个不同专的同学，这是与高中学习完全不同的体验。许多大一新生在开学之初都感到"疲于奔命"，找不到或走错教室的情况时有发生。

大学教学环境和教学手段的第一个特点是多样化。在教学环境方面，首先，硬件设施大大丰富，多媒体教学手段十分普遍；其次，在大学里除了专职的教授课程的教师，社团学生会的学长学姐、来校举办讲座的学术名流或社会名人都是另一种类的"教师"。在教学手段方面，根据课程性质、学习规模、教师风格，可以采用不同的教学手段。教师的教学内容往往不拘泥于书本，根据需要可能涉及许多课外资料、实际问题和前沿成就，还可能包含教师的独到观点和分析解决问题的经验，同时需要学生自主讨论或自己提出问题进行研究的情况大大增加。除了课堂上教师的教学，学生在课下的学习手段也非常多样化，传统的自习看书模式对大学学习而言远远不够，学生还需要有自行查阅资料的能力。大学的图书馆不仅提供实体图书，更提供了海量的互联网资源如学术期刊资料等供学生学习研究，在学生的科研实践当中这些资料尤为重要。

大学教学环境和教学手段的第二个特点是探究式。大学课程的目的不再是记忆知识，而是理解理论、掌握方法、解决问题，因此大学中教师的课堂教学、课后作业常常采用探究式的方法。例如就思政类课程而言，教师要求同学针对某一时事进行分组讨论和自由发言，鼓励大家独立思考、踊跃表达、关心时代和形势；在专业类课程上，教师要求同学针对某一类专业问题自行分组进行调查研究，这涉及课后的选题、讨论、分工等，综合锻炼了学生解决问题的能力。

（三）课后学习模式不同

由于中学阶段学生尚未成年，自我意识尚未成熟，学校和家长对课后学习的要求具有较强规范性和强制性，课后作业和集体自习时间较多，作业多为书面题目，故有说法称中国的应试教育采用的是"题海"战术。到了大学，"题海"消失了，课后布置的作业和集体自习时间减少，但同时课程量和知识量却增加了，这一情况看似矛盾实则不然。由于大学生已经步入成年早期，自我意识趋于成熟，故大学的课后学习模式"放权"给学生自己，这既是对大学生成年身份的尊重和信任，也是对大学生意志力和规划能力提出的巨大挑战。

大学的课后学习模式最大的特点是自主性。第一点是时间地点自主管理。时间方面有同学选择当天复习，也有同学选择考前抱佛脚，有同学喜欢早起学习，也有同学喜欢深夜点灯甚至通宵复习。地点方面有图书馆、自习室、寝室等多种环境供学生自由选择，每逢期末，大学中比较好的自习环境往往还会出现需要早到占座的情况。第二点是方法自主管理。由于课堂时间有限以及学生思维能力的提升，大学老师不会再像中学老师一样详细地指导学生应用怎样的方法高效学习，如何更好地整理课程内容、有效学习成了留给同学的第一道题目。大学中有这样的现象：有些同学勤勤恳恳，每天都泡在自习室，但学习成绩却不理想；有些同学平时总是在参加课外活动，没有在自习室待多久，成绩却不错。这其中的原因往往就是部分同学找到了高效学习的策略和方法，而部分同学则还在死记硬背。第三点是努力程度自主管理。不再有老师和家长在后面追赶，选择成为"学霸"或者"学渣"都成了学生自主的选择。"六十分万岁，多一分浪费"之类的大学生"金句"体现了一部分同学在学习上设定的目标较低，以及只求拿到毕业证的心态。调查显示大学生学习努力程度不足，但同时学习压力又较大，这说明大部分学生存在着内心的矛盾，一方面理性上认为学习很重要，另一方面又出于惰性不愿做出足够的努力。大多数同学在大学阶段是初次离家生活，脱离父母的"管辖范围"更加增大了自主进行课后学习的挑战性。

二、应对学习心理问题的内在角色转换

（一）自我责任意识的觉醒

大学与中学学习的种种区别，都提醒着各位同学一件事情：当你步入成年，不再会有人替你做决定，你要自己选择自己学什么、如何学、学多少，并为自己的选择承担责任。高中时我们多多少少是在为了父母老师的期望、为了他人的奖赏和肯定而学，学习的方向也有老师为我们指点。但到了大学，我们需要提醒自己，匆匆四年后我们就要走向社会为生活打拼，学习从来不是为了满足他人的期望，而是为了自己的人生。

在大学中存在着这样的一种现象，一些同学在高中阶段是班级里的好学生，成绩名列前茅，但到了大学之后自甘堕落，成绩倒数甚至屡屡挂科重修，乃至退学。其根本原因往往在于没有实现从中学到大学的学习角色转变，没有唤起内心的自我责任意识，从而在大学纷乱自由的环境中失去自控力，沉迷于网络游戏等。

为了适应大学的学习环境，培养自我责任意识，提高学习满意度，我们应有意识地调动学习活动中的自我效能感。自我效能感指的是个体对自己是否有能力完成某一行为所进行的推测与判断，而学习自我效能感是个体对其学习能力的一种判断。高俊杰的研究表明，学生的自我效能感越高，对学习的幸福指数也越高，这会构成学习活动的良性循环。自我效能感最主要的来源是先前的成败经验，因此刚进入大学时的学习经验格外重要，如果在一开始就能对学习时间和方法进行科学管理并取得良好的成绩，自我效能感就会建立起来，从而增强学习幸福感，为今后的学习提供更多的动力；而如果带着"上了大学学习

不重要""终于解放了"之类的思想开始大学生活，则容易在大一时期忽略学习的重要性，到了期末成绩不佳，自信心受到打击，进而产生逃避、放任的心态。因此学生在大学的一开始就应正视学习的重要性，从思想和行动上对自己的大学学习生涯负起责任，这是走向成年的重要一步，也是形成良好学习习惯的开始。

（二）从被动学习到自主学习

从中学到大学，学习角色转换的第二个重要方面是学生要从由教师带领的被动学习模式转换到自己思考方法、自我管理的自主学习模式。如前文所说，大学的课程既多又难，课堂时间有限，必须完成的作业又相对较少，这正是为了让学生有自主学习的空间。可以说大学生学习最重要的一点就是要养成自学的良好习惯。一些同学认为大学里靠自己琢磨学习是无奈之举，因为大学里老师只管上课，师生联系不如高中紧密，没办法经常向老师请教。但我们应意识到，当你走向社会，走上工作岗位，同样有许多的新鲜事物要学，而到时更加不会有一名专门的教师带领你，更加需要靠自学。由此可见从被动学习到主动自学的转换，同样与内心的责任意识、自我成长意识分不开。当人意识到了学习对自己的重要性时，自然就会主动思考如何做得更好，因此从被动学习到主动学习的转换是大学生内心责任意识的成长在外在行动上的最主要表现。

大学的自主学习，主要需要学生做好两大方面，一是学习内容的自我管理，二是学习方法的自主探索。脱离了高中集体自习的制度，大学的自习时间、地点都由学生自己安排，这对学生的意志力和自控力提出了莫大的考验。为了对学习内容做好自我管理，我们应在平时就注意有规律地定期复习，培养良好的自习习惯。和同学组成自习小组是行之有效的促进自习习惯养成的方式，在共同自习的过程中，一方面学生相互监督，弥补了独自一人时自控力的不足；另一方面，学生彼此成了对方学习的见证人，这促进了自我效能感和积极情绪的形成。除了对学习内容进行自我管理，大学生还需要对学习方法进行自主探索。

我们一方面需要充分利用学校提供的各种资源，例如图书馆的实体图书和网络资源，另一方面还要主动地与同学、老师交流，不能闭门造车。大学期间同学之间以及同学与老师之间的常规接触较中学阶段减少，一些同学由于自身性格内向，不好意思主动向同学和老师请教，错过了许多提升自我的机会。由此可见，在大学阶段，学习不再意味着"学海无涯苦作舟"，好的方法可以事半功倍。

（三）从课堂上的学习到生活中的学习

学校规定的课程学习固然重要，但这只是大学中狭义的学习部分。要真正在大学中锤炼自我，让各方面的能力得到锻炼，还要注意在课堂外拓宽自己的生活领域，从课堂上的学习扩展到生活中的学习。部分同学在中学阶段一直是听话型的"乖宝宝"，到了大学仍旧努力自习、认真完成课程，但生活较为封闭，使得自身的人际交往能力、团队合作能力失去了很多锻炼的机会，同时也少了许多大学生活的乐趣。

正是为了促进课堂之外的锻炼，大学为学生提供了自由的空间和许多闲暇的时间，由学生自主管理的学院和学校学生会，每年开学伊始各式各样的兴趣社团纳新，校园里各种讲座、演出、展览，这些都是大学里亮丽的风景线。更有许多大学生的视野已不局限在校园，走到了广阔的社会中去，例如在公益活动中担当志愿者、周末探望孤寡老人等社会弱势群体、暑期赴偏远地区支教等，而这些活动往往都有来自大学内部各种组织的支持。例如 2016 年杭州举办了G20 领导人峰会，3 760 名来自杭州各大高校的学生志愿者参与了峰会志愿活动，在这样的志愿活动中，学生走出了校园，向世界展现了中国大学生的优良素质和青春活力，其中的学习和成长是学校课堂无法带来的。

海阔凭鱼跃，天高任鸟飞，学校提供了丰富的课外活动资源，但自主权在每名学生手中。平衡好课内和课外两方面，是每一名大学生要学会的能力。每年总有一部分同学，抱着好奇的心态在开学初参加了各种各样的社团和组织，然而到了学期期末因精力有限无法兼顾社团与学业，弄得焦头烂额，两边都没有取得满意的成绩。但如果在大学四年一直过着教室、食堂、寝室三点一线的生活，即使完成了学业任务，这样的大学时光也难免错过了许多精彩。总体而言，课内和课外的活动各有千秋，需要我们结合个人兴趣和精力，理性选择，合理安排。

第三节　大学生学习心理困扰及其调适

一、大学生常见的学习心理困扰

从中学进入大学，大学生的角色发生重大转变，生活环境、学习环境也随之发生巨大变化。大学生活虽然丰富多彩、自由自在，课程安排与中学相比看似相对宽松，但是学习依旧是大学生的主要任务和主导活动，大学生的核心任务依然是学习专业知识、掌握专业技能，同时还要学习提升自己的综合素质。大学专业课学习内容与中学阶段的基础文化课的差别较大，知识存在一定的脱节，这对学生的知识消化和吸收能力提出了挑战。为确保内容的前沿性，大学教师不仅立足于课本，而且会跟踪本专业的最新发展动向，在课堂上也会添加一些本专业的最新研究结果，这对学生的理解能力提出了新的挑战。在这样的背景之下，很多同学出现如何对待学习、学些什么、怎么学习等的疑惑。有些同学进入大学后，忽然发现没有了高考这个目标，自己居然不知道为什么学习，找不到学习的意义；有些同学进入大学，迅速找准自己的学习目标，并使用以往惯用的学习方法，本以为能延续中学阶段的学习优势，但是实际学习效果却没能达到理想水平；有些同学认为进入大学，终于可以自由学习，真正按照自己的兴趣来管理学习，但是发现自主权在自己手里的时候竟然无从下手。这些问题都会影响学生的学习效果。

（一）学习动机不当

踏进大学的校门以后，多数大学生慢慢地从高中紧张、快节奏的学习状态中放松下来，由于各种各样的原因，很多同学难以找到原来的学习热情，找不到学习的目标，无法激发出恰当的学习动机。学习动机不当主要是指缺乏内在学习动机，学习动机水平过高或过低。

缺乏内在学习动机主要是缺乏职业理想、缺乏目标和规划、对本专业不感兴趣等导致的。缺乏内在学习动机的同学常出现外部学习动机过强、学习动机带有明显的功利性、过分追求物质利益、学习动力难以持久等现象，容易出现对本专业不感兴趣、无法感受到学习的乐趣、抵触学习甚至厌学等问题。

学习动机水平过高的主要原因是学生对学习存在认知偏差、自我要求严苛、过分关注外部的奖惩等。学习动机水平过高往往会引发极大的心理压力，诱发学习焦虑、失眠等心理问题，从而妨碍学习。

学习动机水平过低的主要原因是未能正确认识大学学习的重要性、学习态度不端正、目光短浅、胸无大志等。学习动机水平过低的同学常出现学习态度不端正、上课睡觉、下课不认真完成作业、长期旷课等得过且过的消极现象。

（二）缺乏良好的意志品质

大学生活丰富多彩，部分同学无法抵御外界的诱惑，缺乏自律性，不能很好地控制自己的学习行为，常常沉溺于休闲娱乐活动，而将学习抛在脑后。学习是一个漫长的过程，且大学生学习内容难度较高，在学习的过程中势必会出现各种各样的困难或瓶颈，部分学生由于缺乏迎难而上的精神，遇到困难或挫折就容易退缩、中途放弃。

（三）缺乏学习策略

大学生的学习不是一件轻松的事，搞好学习不仅要有刻苦精神，而且要有科学的学习方法。与中学相比，大学的学习模式发生了根本性的变化，从学习内容、学习形式到学习过程都发生了很大的改变，高中的学习经验有些不适合大学课程，由于缺乏科学、灵活的学习策略，再加上学习内容难度较大、课程种类较多等，许多同学在学习上感到非常困惑。比如由于课余时间相对自由，没有外界的考试压力或老师的催促，部分同学课余时间无法自主开展学习，学习仍处于被动状态，不主动开展预习，上课不认真听讲，不能及时复习、完成作业，导致学习效率低下，课堂听讲质量较差；部分同学发现大学老师课堂讲授的内容与教材不完全一致，不知道上课如何做笔记，不知道该记哪些要点，无法跟上老师的节奏；部分同学不会利用其他学习途径，如查阅资料、参加项目实践等；部分学生学习抓不住重难点，看书不求甚解，不能取得应有的学习效果。

（四）缺乏时间管理能力

为适应社会竞争的需要，大学生在学好专业课之余，应注重个人综合素质的提高。因此，大学生虽然表面上课余时间非常丰富，但是由于大学生课余时间需要参与的活动项目较多，除了学习专业知识以外，还要参加兴趣活动、实习实践、学术讲座或开展个人休闲娱乐活动等，这对大学生的时间管理能力提出了挑战。多数同学由于缺乏良好的时间管理能力，做事情胡子眉毛一把抓，经常出现"盲、忙、茫"的情况，盲目地忙碌，一天结束后发现重要的事情没有做，时间却已流逝，最终感到茫然。

在大学学习中，大学生应培养并激发个人学习动机，树立正确的学习理念，端正学习态度，锻炼个人的意志品质，提高自己的自律性。在此基础上，大学生仍需掌握必要的学习策略，在日常生活中自主管理个人时间，才能做到游刃有余地进行学习。

二、大学生常见学习心理困扰的调适

（一）培养和激发学习动机

大学阶段强调自主学习，激发个人学习动机尤为重要。大学生要树立正确的学习理念，端正学习态度，从"要我学"转变为"我要学"。

第一，动机来源于需求，激发学习动机必须先树立个人理想，明确个人目标，根据个人中长期目标和个人实际情况，激发个人当下的需求，激发个人求知欲。

第二，兴趣是学生最好的老师，大学生需主动培养个人专业兴趣。兴趣是在实践活动中逐渐产生的，大学生可以主动参与第二课堂的学习，积极开展社会实践活动，提前了解本专业的发展前景、市场需要及社会意义，通过参加各类与专业相关的讲座、项目、实习等，增进自己对本专业的了解，在不断的尝试过程中寻找学习的价值和乐趣。

第三，增强自我效能感。心理学家班杜拉（Albert Bandura）认为自我效能感是人们对自身能否利用所拥有的技能去完成某项工作行为的自信程度，如果学生预测自己的学习行为可以带来积极的学习效果，那么就会激发自己的学习动机，也就是说提高学生自我效能感可以促使学生提高学习动机水平。所以在日常生活中，大学生应用积极乐观的心态挖掘自我的成功经验或成功特质，鼓励自我，提高自信，从而提高个人的自我效能感。

（二）培养良好的意志品质

"不积跬步，无以至千里"，良好的意志品质是大学生学习活动的保证和身心发展的重要条件。良好的意志品质不是天生就有的，它是个人在后天学习和实践活动中有目地培养出来的，大学生在日常生活和学习中应主动锤炼个人意志。培养良好意志品质的途径有很多，比如为自己制订作息计划、学习计划等，并严格执行；为自己的生活增添一些考验意志的活动，如晨练、爬山、徒步旅行等，有意识地让自己努力践行；用名言警句、座右铭、杰出人物的事迹来警醒自己。

（三）调整学习策略

在树立正确的学习理念、端正学习态度的基础上，大学生在学习活动中应掌握必要的学习方法，适时检查学习效果，及时调整学习策略，避免无效学习、学习疲劳等现象，达到事半功倍的效果。

首先，明确个人学习目标。学习目标的确立需要结合自身实际水平，客观衡量自我学习能力、专业特点、学习任务难度等，遵循循序渐进的规律，学习任务由简到繁，稳步推进，逐步完成个人学习目标。

其次，主动为自己的学习增添乐趣。心理学家斯金纳（Burrhus Frederic Skinner）认为强化可以提高个人行为的频率。在日常学习中，当个人完成学习目标后，可以适当奖励自己，通过自我奖励、自我激励的方式，增添个人的学习乐趣，提高个人学习行为的频率。

再次，选择恰当的学习方法。大学学习因内容专业性、形式多样化、过程自主化等特点，与中学学习区别较大，大学生需要注重学习方法的选择。学习方法的选择应该与学习内容、学习者的风格匹配。

最后，注意科学用脑。大脑的神经活动有兴奋—抑制交替的规律，在学习过程中，需要学会劳逸结合，学会调节和放松，保证充足的睡眠和营养，避免过度用脑带来的心理疲劳和生理损耗。

（四）提高个人时间管理能力

时间管理是指通过一定的方法主动管理个人时间，从而达到高效工作，并实现工作目标。时间管理的精髓不在于延长时间，而在于学会如何分配时间。

首先，提高个人对时间的重视程度。"逝者如斯夫，不舍昼夜"，时间是一种无形资产，具有不可重复的特性，如果时间悄然流逝，我们用任何力量都无法挽回。大学时期一般是个体一生发展过程中精力最充沛的时期，大学生应认识到大学时间的重要性，努力使"黄金时期"发挥最大价值。

其次，分清事情的轻重缓急。时间管理的精髓在于如何在有限的时间内通过对事件进行主动管理来达到高效工作的目标，大学生在日常生活中要对事情进行优先级排序，先做重要的事情。

再次，制订合理的计划。培养自己制订计划的习惯，在实际行动之前，不仅对事情的优先级进行排序，还需要根据任务所需时间、个人现有时间、个人最佳工作时间进行匹配，从而形成一份合理的计划表。

最后，拒绝拖延，形成良好的学习习惯。长期拖延会打乱个人计划，影响个人学习热情，陷入恶性循环。大学生应培养"今日事今日毕"的良好习惯，避免拖延。

第五章 人际交往与沟通

第一节 人际交往概述

一、人际交往的含义

人际的意思是"人与人之间"；交往是指人们运用语言或非语言符号交换意见、传达思想、表达感情和需要的交流过程；人际交往是指人们在社会实践中形成的人与人之间相互发生的关系，即在一定社会关系制约下，人与人之间在交流、联系、活动中形成的心理距离和心理关系。

人际交往表现在认知、情感和行为三个方面，可以说人际交往是由这三种心理因素构成的。认知是人际交往的前提条件。人际交往首先通过彼此相互感知、认识、理解而建立一定的心理关系。情感是人际交往的主要调节因素。没有情感因素的参与和调节，人际关系是不可想象的。行为是人际交往的主要手段。在人际交往中，不论是认知因素，还是情感因素都通过行为，即手势等外部动作表现出来并达到相互交往的目的。认知、情感和行为是人际关系中三个相互联系、相互促进的有机体。在交往中，人们相互间认知一致、情感相容、行为配合，就形成良好、和谐的人际关系，反之就会产生不和谐、相斥的人际关系。这些不同性质的人际关系交织在一起，就构成一张动态的、多维的、错综复杂的人际关系网。

二、人际交往的功能

凡是有人群生活的地方就存在着人际关系，每一个人的成长和发展都依存于一定的人际关系中，人际关系的好坏往往是一个人心理健康水平、社会适应能力的综合体现。对于正处于学习、成长之中的大学生来说，培养良好的人际交往能力、融洽的人际关系，显得尤为重要。人际交往的功能主要体现在以下方面。

（一）实现信息交流

信息交流功能是人际交往的基本功能。人们在共同的交往活动中，彼此交流思想、知识、经验、情感等，这一切都是信息交流，人际交往就是一个不断输出信息和接收信息的过程。有人估计，人们在一天中除了 8 小时的睡眠外，其余的 16 小时中大约有 70%的时间都在进行着相互间的交往与信息的交流。很多有识之士都十分重视人际交往中的信息传递。

（二）提高学习、工作效率

人际关系是在群体里、在交往过程中体现的。群体内人际关系的好坏对学习、工作效率有很大的影响。人际关系是通过对劳动、学习态度的调节而间接影响人们的学习、工作效率的。群体内各个成员之间如果能够相互沟通、理解、体谅、信任、支持，就会形成一种相容的心理气氛，使各个成员不但会产生满意、愉快的情绪体验，而且会以最小的能量消耗产生最大的成绩，更多地发挥各个成员的聪明才智，达到事半功倍的效果。相反，人际关系紧张，既消耗了人们宝贵的时间，又使人精神不愉快，处于苦恼之中，影响人们的学习、工作和生活。

（三）促进人的身心健康

我国医学心理学家丁瓒说过："人类心理的适应，最主要的就是对人际关系的适应，所以人类心理的病态主要是由人与人之间关系的失调而来的。"人际关系良好的人，能为别人所接受、理解，也能用信任、友爱、宽容的态度与他人相处。他们不为一时的冲动所驱使，不为暂时的困难而焦虑；虽怒而不失态，虽悲而不自毁，他们的心境始终是豁达、开朗、稳定和乐观的，促进了身心的健康。相反，一个人如果缺少人际交往或人际关系紧张，喜怒哀乐等情感无处交流，日久天长，必然会造成心理上的障碍，影响身心健康，导致心理失调，甚至危害身体。心理学有个感觉剥夺实验就能证明这一点：20 世纪 50 年代初期，加拿大心理学家赫布（Donald Olding Hebb），以把外界的空气、阳光、声音全部隔绝起来为实验条件，一天给 25 美金，吸引许多大学生参加实验。其结果证明，人们忍受不了没有任何刺激的环境。有的大学生仅仅几个小时就忍受不了，凡忍受下来的都出现了幻觉，脱离常态，甚至会产生精神障碍。因此，改善人际关系是身心两方面健康的基本保证。

（四）促进良好个性的形成

人际关系对人的个性改变有很大作用。一个人的个性除了受先天遗传因素的影响外，更重要的是后天环境的影响。人们的交往不仅是认知上的相互沟通、情感上的相互交流，而且也是性格和个性相互影响的过程。在交往中，一方的行为会对另一方起着很大的暗示作用，使个体获得进行全面比较的参照系数，全面了解到自己的为人，并产生追求理想人格的强烈渴望。一个人长期如果生活在友好、信任、相容的人际气氛中，其个性会在这种环境的影响下，在其自身的努力下，变得勇敢、热情、开朗、豁达、积极、主动。相反，一个人长期生活在不良的人际关系中，则会变得冷漠、粗暴、自私、悲观、脆弱，这反过来又促使人际关系更加不和谐。

（五）获得知识

在与人交往的过程中，人们随时可能通过与他人的交流而获取对自己的学习、工作和生活有意义、有价值的知识经验，以他人的长处填补自己的短处，发展和更新已有的知识体系。此外，在交往过程中，人们会不断增强竞争能力、提高交际能力、开发创造能力，使自己的素质得到不断发展和完善。

三、大学生人际交往的特点和类型

（一）大学生人际交往的特点

1.迫切性

青年时期是一生中在交往方面较独特的阶段，有迫切的交友愿望。某大学组织的一次对新生的问卷调查中有一个叫"你现在最迫切的需要是什么"的问题，在知识、友谊、金钱、时间、爱情、能力等多选项中，选择友谊的占83%，仅次于对知识的需要。这说明大学生社会参与强，他们迫切地希望与他人交往，让他人了解并承认自己，得到他人的理解、关心和尊重，并在交往中锻炼自己各方面的能力，为以后进入社会打下基础。

2.平等性

大学生由于生理和心理上的日趋成熟，其自我意识也处于逐渐成熟的过程中，产生了"成人感"，希望在各个方面努力保持其独立的人格。加之大学生知识水平较高，民主思想较浓，平等观念强，因此大学生在人际交往中表现出强烈的平等性追求。

3.多样性

大学生文化水平高，兴趣爱好广泛，知识丰富，热情开朗，朝气蓬勃，思想活跃。这些特点决定了大学生的交往内容十分广泛，交往形式丰富多彩，内容涉及政治、经济、文学、艺术、体育、娱乐等领域。他们可以通过社团、篝火晚会、联谊活动等形式进行交往。

4.易变性

大学生由于心理发展不完善,情绪容易产生波动,做事容易冲动,加之生活领域不断拓宽,因而在交往对象的选择上也相应地表现出易变性。

5.精神交往性

大学生思想活跃,有着丰富的精神世界。大学生一般重义轻利,其人际交往不是以物质关系为前提的,更多的是精神领域内的交流,如交流思想、切磋学问、探索人生、抚慰鼓励等。我国社会心理学工作者对 435 名大学三年级学生做抽样调查,以了解他们的交往目的,其结果是:有利于学习提高的占 66.9%,有利于工作的占 15.2%,便于娱乐的占 16.8%,共同探索人生的占 49.2%,生活上互相照顾的占 28.5%。这说明大学生交往的主要目的是满足精神需要,丰富自己的精神世界,即便是相互赠送礼物或进行物质上的援助,也只是精神交往的一种辅助行为。

6.情感性

大学生的人际交往,不管是学习上的互相帮助、生活上的互相照顾,还是娱乐上的合作都表现出较强的感情联系。而且由于大学生心理发育还没有完全成熟,情感不够稳定,好恶易显于表,好友之间朝亲夕分的事常有发生,因而其人际关系受情感影响而引起的变化也不小,这种情感的波动导致大学生人际关系的不稳定性。有的大学生,特别是女大学生因情感变化太快,很难交上知心朋友。极少数大学生在与异性的交往中只注重感情,超越现实,不顾后果,铸成令自己终身遗憾的大错。

(二)大学生人际交往的类型

大学生的人际交往是建立在特定的外部环境和心理环境的基础上的。按照交往的范围,大学生人际交往的类型可分为三类。第一类是个体与个体之间的关系,如同学关系、朋友关系、师生关系和亲子关系。第二类是个体与群体之间的关系,如个体与家庭、学生与班级、群体与群体等。第三类是血缘关系、地缘关系与业缘关系。

血缘关系指父母与子女的关系、兄弟姐妹之间的关系及由此衍生出的亲戚关系。目前家庭教养方式与大学生人际交往方面的研究得到充分重视，家庭中的人际关系显得相当重要。

地缘关系指因居住在共同的地区而产生的人际关系，如同乡关系、邻里关系等。这种关系因共同的乡土观念、相似生活方式、相同的语言文化带来更多的心理相容性，特别是大学新生初次离家求学，老乡在一定程度上起着心理稳定剂的作用，非正式群体中的老乡始终活跃于校园。

业缘关系是指因共同的事业、爱好而结成的关系，如师生关系、师徒关系等。大学里的师生关系也有别于中学，师生关系是平等的，是以学术为纽带而建立的，看似疏淡实则志同道合。

这里着重介绍大学生之间的交往关系，即同学关系（含异性关系、地缘关系）；大学生同教师的交往关系，即师生关系；大学生与父母的关系，即亲子关系。

1.同学关系

同学关系是学校人际关系的基础内容之一，是大学生人际交往中最普遍的关系，它在大学生的整个人际交往中占有重要位置。学生群体之间和学生个体之间人际关系的好坏，会对学生的身心产生重要影响。究其原因，目前我国大学生入学年龄一般在 18 岁左右，经过 4～5 年的大学学习，他们毕业时一般在 23 岁左右。这一时期正处于青春期后期与成年初期阶段。从心理和生理上分析，这一时期青年的自我意识得到发展并逐渐成熟，他们希望摆脱大人而独立，需要得到他人的尊重和承认。

然而，他们又往往体会到一种与以前阶段不同的种种激动与烦恼，产生特有的孤独感、急躁感。随着性的成熟，他们还会产生不安感和不适感。加之高校特定的环境，又脱离原有熟悉的环境、人际关系和学习方式，由于对大学生活心理准备不足，在突变的环境面前大学生显得很难适应，产生许多矛盾和困惑。因此，这个时期的大学生往往迫切希望与他人交往，以期得到他人的承认、尊重和理解，互相关心、互诉衷肠，获得信息并借助他人提供的经验克服心理障碍，达到精神上的满足与愉悦。

青年期与知心朋友的亲密程度往往超过同父母、老师的关系。大学生在几年同窗生活中能结成浓厚的情谊。这种同学交往不仅存在于学生时代，而且可延伸到毕业以后，成为步入社会交往的纽带。同学交往的内容包括学习知识、获得信息、加强友谊、充实生活和恋爱等。同学交往的范围越来越广。过去，大学生的社交活动大多局限于同班、同乡的小圈子里。现在，随着第二课堂的开辟等，大学生交往不再局限于同班、同乡，只要对其学业有帮助、对其思想有启发、能丰富其情感生活的人，他们都乐于交往。文、理科间的学生加强了往来，跨系、跨院校的活动增多了。大学生交往的形式不拘一格。大学生在新条件下采取新的交往形式，如学术研讨会、各种沙龙、舞会联欢、寒暑假的社会调查等。这些形式的交往丰富了大学生的知识，充实了课余生活，增强了大学生对社会和国情的了解，为大学生以后走上社会打下基础。

同学交往的作用可分积极作用和消极作用两方面。从积极方面看，大学生通过同学间的交往活动形成了积极的心理品质，增强了自信心、自尊心和责任感，促进了专业知识的学习。从消极方面来看，同学交往不当也容易产生消极的群体行为和从众行为，也有的大学生只热衷于人际交往而影响了对专业知识的学习。大学生应努力发挥人际交往的积极作用，避免消极作用的产生。

2.师生关系

师生关系是大学生人际交往的主要关系之一，是学校人际关系的中心。研究表明，良好的师生关系能提高教师的教育效果，有利于学生身心的健康发展；不良的师生关系则易导致教育上的失败。据调查，大学生喜欢的教师具有知识渊博、业务能力强、敢于发表独到见解、热情、平易近人、严格要求并关心学生、办事公正等个性特征。大学生期待得到教师的教育和帮助、关怀和喜爱，并希望在此基础上建立起师生间纯真的感情。但是，大学阶段的师生关系与中、小学不同，大学教师着重培养学生的系统学习能力、自立能力和独立思考能力，双方的交往主要发生在课堂上，课下也多与专业学习有关。相对于同学交往来说，师生交往显得比较淡薄，相互沟通少，学生除生活、学习上需要依靠教师的帮助和指导外，在人际关系上没有更迫切的交往动机。因此，尽管师生关系比较重要，但其在大学生的人际关系中并不占很突出的位置。

3.亲子关系

大学生和父母的交往是一种最亲密、最可靠的交往关系。亲子之间的交往带有浓厚的感情色彩。大学生离开父母独自生活后，在感情生活方面渴望不断得到家庭的温暖，而且目前作为独生子女的大学生日渐增多，他们生活和思想上的独立性很弱，对父母的依赖性强，并把父母的付出看成是理所当然的，往往只讲索取不讲回报。大学生正处于成才的过程中，更需要父母在政治思想、道德品质、人生观及学习等方面的关心和指导。每一个父母都有"望子成龙"的迫切愿望，他们希望在给予子女物质帮助的同时能够给子女思想和精神上的帮助。作为子女的大学生，应敞开心扉，主动与父母交流思想，接受亲人悉心的指导，并学会感恩父母，把亲子关系升华到一个新的境界。

第二节　大学生人际交往的
心理障碍及影响因素

一、大学生人际交往的心理障碍

人际认知反映的是个人对自己人际关系状况的了解程度，它是人际知觉的结果，是人际关系得以形成的理性条件。个体通过知觉了解他人与他人的关系、他人与自己的关系以及他人对自己的反应。个人只有形成了对自己人际关系客观、正确的了解，才能更好地认识自己、调节自己与他人的人际关系。在现实生活中，大学生常见的人际交往心理障碍主要有以下几个方面的表现。

（一）过于理想化

大学生一般缺乏生活经验，缺乏把握事物本质的能力，故他们的人际认知过于理想化，易把理想和可能性当作现实，即对人际交往的期望值较高，用理想化的尺度来衡量现实。大学生在进入大学之前，充满了对自己心中理想大学的憧憬，当然也包括对大学里温馨、和谐的人际关系的憧憬。他们赋予大学人际关系以理想、完美的色彩。这使得他们对校园里人际关系的复杂性和多样性缺乏足够的心理准备。许多大学生认为朋友间应无话不谈，一旦发现对方有什么事没告诉自己，就觉得对方不够朋友，甚至有被欺骗、受伤害之感。大学生人际关系中又确实存在着某些不足，故大学生对人际关系的满意度较低。有资料显示，有大约 70%的大学生不同程度地对自己的人际关系感到不满意，而从具体分析来看，主要是因其理想与现实不吻合而产生的失望。

（二）归因偏差

大学生在认识自己的人际关系，处理自己与人际关系相关的一些事情时，容易产生一定的归因偏差甚至错误。有调查发现，一些女生不敢与异性同学打招呼，就认为是因为自己来自农村、长得不漂亮等；而一些学生将自己交往范围小的原因归为对方考虑地位、家庭背景、利益等因素过多，而不是把原因归为自己没有主动与人交流、自己的兴趣爱好不够广泛等。另一项调查发现，大学生对自己人际关系总体归因偏向于内控性，但对人际关系失败的归因表现出外控倾向；文科学生较理科学生对人际关系的归因更为外控；大四学生在人际交往失败方面的归因与大一、大二的学生存在显著差异，更为外控。正是对自己的认知偏见和对他人的消极认识、评价使许多大学生在自己的人际交往中产生嫉妒、自卑、猜疑、报复等不良心理，极大程度地限制了他们的人际交往，阻碍了他们人际关系的发展，也严重影响着他们的心理健康。

（三）以自我为中心

现在的大学生多数是独生子女，他们在中小学时期往往是表现出色的好学生，已习惯于接受别人的表扬和肯定。许多人进入大学后想问题或处理事情时往往以自我为中心。他们常常认为自己就是"恒星"，别人是"行星"，都应该围着自己转，关心自己，为自己着想。他们往往会过分关注自我，过分注重自我需要的满足，却忽略或否认他人的需要，并以自我需要为中心展开人际交往活动，进而以此作为判断和评价人际关系的标准。他们不大注意了解他人的性格、爱好、生活习惯、思维方式等，对差异缺乏宽容精神；认为好朋友就是和自己观点一致的人、处处维护自己利益的人，只要别人的思想和自己产生分歧，就把这些人视为"异己"，排斥在交际圈之外。调查结果显示，有 26.21%的大学生要求自己的朋友要全心全意地对自己好。如果朋友达不到这一要求，往往会由最初的亲密走到后来的各奔东西。

（四）过分苛求

由于大学生的生理、心理还不够成熟，情绪化色彩重，生活经验也不丰富，他们在认知方面往往还存在着绝对化、概括化的误区，即过分苛求自己和他人，追求完美；经常以一时一事就对自己或他人进行定性，缺乏辩证的弹性思维。在交往过程中，这种不全面的认知首先表现为从自己的心理出发认识和理解问题，缺乏对对方性格和心理的客观了解，从而很容易产生误解和矛盾。

二、大学生人际交往的影响因素

（一）邻近性

俗话说"远亲不如近邻"。这说明时空距离是形成密切的人际关系的一个重要条件。邻近性是指如果其他条件相同，人们在时空上越接近，双方交往和接触的机会就越多，彼此间就越易形成密切的人际关系。大学生由于同时入学，或年龄相当，或住在同一个寝室，或经常在一个教室和图书馆一起学习，或是同乡，因而经常接触，相互交往的次数多，容易具有共同的经验、共同的话题、共同的体会，从而建立起较密切的人际关系。

美国心理学家费斯廷格（Leon Festinger）等人调查研究了一个区域里的友谊模式，他们向 17 座独立的二层楼房里的住户提出询问："在该区社交活动中你最亲近的是哪 3 个人？"结果发现：居民与住得最近的人更亲近，最容易建立起密切的友谊关系。其中有 41%的人选择与隔壁的邻居成为朋友，22%的人选择与隔一个门的邻居成为朋友。由此可见，时空邻近性是形成密切的人际关系的一个非常重要的条件。

（二）相似性

俗话说"物以类聚，人以群分"。人与人若具有相类似的认知与价值观，不但容易获得对方的支持与共鸣，同时也容易预测对方的感情与反应倾向，在交往过程中彼此容易适应，从而建立良好的人际关系。所谓相似性，包括年龄、学历、兴趣、信仰等方面的类似性或者共同性，具有上述某方面相似性的人容易成为朋友，建立起亲密关系，其中特别是态度的相似性。

相似性有助于交往，这是因为：首先，各种相似的因素使人具有较多的共同参与社会活动的机会，因而人们接触较多，容易互相熟悉；其次，相似性可使交往双方产生一种社会增强作用，能满足双方共同的需要；最后，相似性可使人与人之间的意见容易沟通，由于较少有沟通上的障碍，因而可减少误会、曲解和冲突，从而有利于维持良好的人际关系。

（三）互补性

互补性也是形成密切的人际关系的重要因素之一。所谓互补是指人的个性表面的差异，由内在的共同观点或看法来弥补。如果相似性是客观因素，那么互补性可视为主观因素。互补实际上是一种主观的需要或动机。有时两个性格很不相同的人相处很好，并成为好朋友，这就是由于双方都知道自己的长处和短处，都想利用对方的长处来弥补自己的短处，这是一种心理上的需要，基于这种需要，双方可以和睦相处。特别是异性之间，根据互补性原则结为姻缘的相当普遍。常言道，男刚女柔，刚柔结合，既相冲又相容。

当交往的双方能彼此满足对方的心理需求，彼此将产生强烈的吸引力，从而使相互之间的关系更加密切。大学生长期在一起生活、学习和工作，虽然不可避免地会产生这样或那样的矛盾，但是，如果一方所表现出来的行为，正好能满足另一方的心理需求，则彼此间将产生强烈的吸引力，从而使他们之间的人际关系更密切。大学生的心理需求很多，归纳起来主要有安全需求、归属需求、自尊自信需求、成才成就需求。大学生在评价他们之间的友谊时，也往往说"他成绩好，知识面广，可以帮助我、带动我""他人缘好，我们常在一起，我能够在思想、学习等方面获得他的帮助"。这也说明互补性需要是形成密切的人际关系的重要条件。

（四）个性特征

大学生的个体能力、性格、品德等个性特征，是构成人际吸引力的重要因素。心理学家奥尔波特经过研究发现，人际吸引力最重要的成分是人的内在属性，如涵养、幽默、礼貌等；其次是形体的特点，如体魄、服装、仪表等；第三是个人表现出的特殊行为，比如新奇和令人喜欢的动作等；第四是个人的角色地位。

（五）外表特征

爱美之心，人皆有之。一个人的长相、穿着、仪表、容貌、体态，往往是构成人际吸引力的重要因素，特别是在初次交往和第一印象中。外表包括人的外貌、身高、风度等。这些因素也会影响人与人之间的关系。美丽比介绍信更具有推荐力。由于首因效应，外表特征在人际吸引力中占有重要地位，尽管我们都懂得以貌取人是片面的，但是，在人们的交往活动中外表特征有时也会在无形中影响着人与人之间关系的建立与发展。

在戴恩（K. Dion）与同事的一项实验中，给被试者看三个大学生的照片：第一个外貌有吸引力，第二个相貌一般，第三个无吸引力，让被试者在 27 种个性特征上对这 3 个样本做出评价，并要求他们估计这 3 个人未来是否幸福。结果表明，最合人心意的、最幸福的预言都落在外貌有吸引力的人身上。

大学生在评价异性时，通常把一个人的外表美与心灵美结合起来加以考虑。对北京大学 200 多名大学生（含研究生）的调查表明，相当多的男大学生认为"女性美最主要的是自然美加上心灵美"，"不要浓妆艳抹，应着重心灵美，外表是次要的"。他们认为女性应具有的特征是善良、温柔、热爱生活、爱学习、热情、娴静、活泼而不轻浮、富有青春活力等。一般情况下，开始的时候人们往往把对方的个人仪表、外貌视为最重要的。但是，随着双方交往的深入，吸引力将会从外在的仪表美逐渐转向内在的心灵美。

（六）才能与专长

大学生比较崇拜和羡慕有真才实学的人。一般说来，一个人的才能出众或有某方面的专长，对别人来说就是一种吸引力。当然，有时候过于精明强干的人也不一定受人喜欢。社会心理学家阿伦森（Elliot Aronson）的研究结果显示：十全十美的人（实际上不存在），使人感到高不可攀，敬而远之，人们往往不敢与之交往。相反，有小缺点、才能超群者往往更受人们喜爱。一些大学生认为"没有缺点本身就是最大的缺点"，所以个人的才能与专长是指个人在某方面出类拔萃，而不是指十全十美。这也是一个人吸引他人的重要原因，是构成人际吸引力的重要因素。

第三节　大学生人际交往的
原则和策略

一、大学生人际交往的原则

（一）平等原则

在人际交往中，平等待人是建立良好的人际关系的前提。如果没有平等待人的观念，就不可能与人建立密切的人际关系。交往要平等指的是人与人之间的相互交往应该平等，做到一视同仁。同学之间不要因为家庭、经历、特长、经济等方面的差异而对人"另眼相看"，也不要因为学习成绩、社交能力等方面存在差异而看不起别人，更不要因为自己获得了荣誉和拥有良好的社会背景而傲视别人。只有把每个人都看成是和自己同等的人，像求助于别人一样帮助别人，才能与他人形成真正平等互助的正常交往关系。

（二）互利原则

互利原则要求在交往过程中，交往双方都得到好处和利益，心理上获得满足。互利包括三个方面：物质互利、精神互利和物质与精神兼利。大学生交友中的互利虽然也有一定的物质互利，但主要还是精神互利。大学生的生理和心理特点决定了他们希望得到别人的理解和支持，喜欢引人注目，渴望出类拔萃。大学生渴望得到精神互利，与他们本身需求系统中精神需求所占比重较大有关。

大学生在同他人交往的时候，要想从他人那里获得关心、帮助，就必须考虑到他人也有这种需要。这也是互利原则所强调的。因此，建立良好的人际关系要互相关心、互相爱护、互相帮助、互相理解、互相尊重，不能只让别人付出，而自己对别人只讲索取。

（三）信用原则

所谓信用，是指在人与人的交往中，要说真话而不要说假话，要遵守诺言，兑现诺言。信用是忠诚的外在表现，讲信用是相对于他人而言的，没有交往便无所谓信用问题，单独的个人就不存在信用问题。但是，人是离不开交往的，而交往离不开信用。在大学生的人际交往中，取信于人是非常重要的。由于大学生群体的特殊性，他们的信用一般不需要用法律来约束，而主要是依靠道德力量来约束的。大学生在人际交往过程中，只有真诚待人，才有可能与别人建立和保持良好的人际关系。社会经验证明，诚实是与人交往的核心，诚实才能使人放心，才能取得他人的信任。信用是大学生结交知己良朋必不可少的前提。大学生也都喜欢同诚实正派的人交往，这样的交往有一种安全感。

常言道"言必信，行必果"。取信于人的主要方法概括为守信、信任、不轻诺、诚实、树立自信心。人无信而不立，守信是第一步。树立自信心，就是为了获取信用，自信被视为成功的第一要诀。一位研究人际关系的学者说得好："人际关系不好的人大都缺乏自信心。想保持良好的人际关系，必先找回个人的自信心。"大学生在交往过程中，既要自信，又要信任他人，做到互相之间以诚相待。

（四）兼容原则

兼容原则是指人们在交往过程中如果遇到矛盾、冲突要有耐心，能够宽容他人。大学生在人际交往过程中应该学会宽以待人，不计较一些细枝末节，如物质利益的损失、某些性格上的差异、一些语言方面的冒犯等，这样才能在学习、生活和工作中保持融洽的人际关系。

大学生主要过集体生活，他们来自全国各地，每个人的个性、兴趣爱好各不相同。有人外向，有人内向；有人热情，有人深沉；有人大方，有人小气；有人学习成绩优秀，有人文体特长较多。因此，要想使关系融洽，需要每一个大学生尊重他人的习惯、爱好，不把自己的主观意志强加给别人。同时还要充分理解对方的心理，谅解别人的过失，对别人不求全责备。只有这样，同学之间才能避免和消除猜忌、纠纷、傲慢和自卑，形成协调、融洽、和睦的人际关系，使大学生集体成为一个温暖的集体，而这一切都是离不开兼容原则的。

兼容不仅表现在对非原则问题不斤斤计较，而且表现在别人明显亏待了自己的时候也能做到以德报怨。兼容表现在不仅容忍别人的短处，也要容忍别人的长处。当别人不如自己的时候不轻视怠慢，当别人优于自己的时候不嫉贤妒能。当然，兼容也不是软弱无力，恰恰相反，不以牙还牙，抑制狭隘的报复心理本身就是力量和勇气的表现。佛语说得好："以恨还恨，恨依然存在；以爱还恨，恨自然消失。"大学生有文化，知书识礼，应该达到"有理也让人"的心理境界，严于律己，宽以待人。

（五）尊重原则

尊重是由"人人平等"的社会伦理规范所规定的人际交往原则。它包括自尊与尊重他人两个方面。自尊就是在各种场合都要自重、自爱，不做有损于人格尊严的事。尊重他人就是重视他人的人格和价值，承认他人在人际交往中的平等地位。一个不尊重他人，经常损害别人，或把别人当工具"呼之即来，挥之即去"的人，人们是不愿与之交往的。人都有友爱和受人尊重的需要，大学生的自尊心都比较强，他们希望在社会中有一定的地位，受到人们的信赖与尊重，使自己成为社会中平等的一员。

二、大学生人际交往的策略

（一）克服交往的心理障碍

1.摆脱孤独感

孤独感在青年期有其心理上的独特性，大学生随着心理的成熟，越来越发现自我与其他同龄人之间的心理差异，意识到自己与众不同的特点，产生了与他人交往、了解别人内心世界并被其他同龄人接受的需要。如果这种需要得不到满足，就容易感到空虚，产生孤独感。大学生常常产生这样的矛盾心理：一方面觉得自己心中有许多不愿轻易告诉别人的秘密，有一种闭锁心理；另一方面又渴望别人能真正了解自己，能与自己以心换心地沟通思想。当寻觅不到这样的"知音"时，便会陷入惆怅和苦恼之中，加深自己的孤独感。

摆脱孤独感的基本途径就在于改变不恰当的处世态度和生活方式，拓展生活空间，在积极的交往活动中通过沟通建立与他人的心灵联系。一个人在紧张和充实的生活中，是不会感到孤独的。只有在无所事事的时候才会感到寂寞和空虚。因此，在闲暇时间积极参加各种自己感兴趣的活动，积极参加各种社交活动，可使人觉得生活充实而富有乐趣。当感到自己被人所理解、所包容的时候，人们便会抛弃自我封闭的孤独感。

2.正确对待生活

一个人对人生的看法及其处世态度，会在很大程度上影响他的交往态度和方式。人生总是交叉存在着顺利与挫折、成功与失败、幸运与不幸、获得与失去。生活中，许多人由于种种心灵的创伤而把自己封闭起来。事实上，这种自我压抑的方式只能使自己承受痛苦的煎熬，而不能从根本上解决问题。最好的办法就是通过结交良朋知己，敞开自己的心扉。也有人是以清高绝俗的态度来对待人生的，他们不屑与周围的普通人为伍，而只期望结交没有缺点的完人，这实际上是戴着有色眼镜待人接物。如果不与周围的人交往，没有社会交际活动，那只能成为孤家寡人，在精神上不可能愉快，在事业上也很难成功。

正确地对待人生，就意味着以平等的态度同他人往来，学会正确地评价别人的优缺点。对大学生来说，关键是要放下自己的架子，丢掉清高之感，牢牢记住"三人行必有我师"的古训，与任何人真诚交往都是会有所收获的。要善于发现别人身上的闪光点，这样才能找到理想的朋友，建立良好的人际关系。

3.战胜自卑和羞怯

自卑与羞怯，常常使人不敢大方地与人平等交往。虽然个人主观上很想同别人交往，但又不敢大胆地进入社交圈子，唯恐遭到别人的拒绝和嘲笑，当与他人来往时，容易无法抑制地感到脸红心跳、惶恐失措，严重者会患上"社交恐惧症"。

战胜自卑和羞怯，尤其是"社交恐惧症"，关键在于树立起成功交往的信心。充满自信才能在精神上和躯体上都有所放松，从而使人显得坦然自若、沉着镇定。第一次成功的社交经验，将会极大地破除社交的神秘感，增强对自己社交能力的自信，从而逐步走上人际交往的良性循环。

4.克服嫉妒心理

嫉妒心理是当个体的私欲得不到满足时，对造成这种不满足的原因和周围已经得到满足的人产生的一种不服气、不愉快等的情绪体验。在嫉妒心理的支配下，人们会做出嫉妒行为。对于嫉妒，有的人能够克制自己不采取攻击性言行，使之逐渐淡化，甚至能够将它转化为积极的竞争行为。而有的人则不能把握这种情感，并向消极一面转化，产生痛苦、忧伤、攻击性言行，导致人际冲突和交往障碍。

大学生中嫉妒心理是比较普遍的，因此很有必要克服人际交往中的嫉妒情绪，促使其向积极方面转化。这就要求做到：要认清嫉妒的危害性；要正确认识自己，任何人都既有缺点又有优点，重要的是如何取长补短；还要克服私心，提高个人修养。

5.克服猜疑心理

人际关系中的猜疑心理，是由于对人际关系的不正确的认识而引起的。有这种心理的人对别人总是抱有不信任的态度，认为人人都是自私的、虚伪的。他们总是以一种怀疑的眼光看他人，对他人存有戒心，自己不肯讲真话，戴着假面具与人交往。猜疑是交往的大敌，消除疑心最根本的是去掉私心杂念，"心底无私天地宽"。当产生猜疑心的时候，应立刻提醒自己，暗示自己："我不能这么想，这样会把事情弄糟，无助于问题的解决。我应该相信别人。"同时，不妨置换角色，站在对方的立场上处理和思考这个问题。

（二）培养良好的交往风度

良好的交往风度是成功交往的基本条件，因为它决定着你在交往对象心目中的形象，也决定着对方以何种方式做出反应。人的社交风度是其各种心理素质和修养的外部体现，它能反映出你的道德品质、思想感情、性格气质、学识教养、处世态度乃至交往的诚意。

1.精神状态饱满

与人交往，神采奕奕，精力充沛，显得坦荡自信，就能激发对方的交往动机，活跃交往气氛。相反，如果萎靡不振、无精打采，便显得是在敷衍对方，即使你有交往的诚意，对方也会感到兴味索然乃至不快。大学生体力充沛、精力旺盛、思维灵活、反应敏捷，正值发展人际关系的良好时期。

2.待人态度诚恳

不管对待什么交往对象，都应该以平等的态度待人，显得诚恳而坦率，做到一视同仁、不卑不亢。作为大学生，要讲究端庄而不过于矜持，谦逊而不矫饰做作，在待人接物的过程中，充分显示出自己的诚挚之心。

3.仪表礼节洒脱

根据人际吸引原则，一个人仪表端庄，英俊潇洒，能提高个人的交往风度。

大学生应该注意自己的衣着服饰与自己的气质、体型、年龄、身份、场合相符，讲究基本的礼节以及交往时的身体姿态。

4.行为神态得体

人的神态和表情，是沟通思想感情的非语言交往手段，是交往风度的具体表现方式。面部肌肉放松，面带笑容，是一种轻松友好的表示；而面无表情，则旁人不敢亲近。朴素大方、温文尔雅的行为，能正确表达自己的良好愿望；粗俗不雅的动作则使人生厌。分寸得当的交往距离能使彼此都感到舒适坦然，过度亲热和冷淡则容易引起对方误会。

5.言辞谈吐高雅

大学生都是有较高文化修养的人，说话时应注意用词准确通俗，语音语调恰当，说笑话掌握分寸，言语不要拖泥带水，不要喋喋不休。幽默的谈吐使人轻松愉快，增添活跃气氛，但要注意场合和分寸。会说更要会听，常言道"会说的不如会听的""用一秒钟的时间说，用十分钟的时间听"。听人说话也是一门学问，需要讲究艺术，不仅要用耳朵聆听，还要做到眼睛注视对方，并用心思考每一个问题。

人的交往风度和能力是在交际实践过程中逐渐培养和发展起来的。大学生只有勇于在社交中锻炼，才能提高个人交际能力，从而建立良好的人际关系。

（三）提高个人修养

个人修养，主要包括道德品质和文化知识方面的修养，这两者是相辅相成的。加强大学生个人修养十分重要，方法也多种多样。例如，学习先进榜样；阅读进步书籍；继承优秀传统文化以及全人类文明成果；参加实践锻炼，深入社会，了解国情、社情、民情。

（四）把握交往的尺度

任何事物都有一个度，超过或破坏了这个度，就会改变事物的性质，带来不良的后果。因此，在人际交往中要把握好交往的方向、广度、深度、频率、距离等。

1.交往的方向要正确

大学生的思想相对来说比较单纯，不够成熟，因此在交往中同哪些人交往、交往的目的是什么、如何把握方向，就显得尤为重要。俗语说"近朱者赤，近墨者黑"，交什么样的朋友对我们今后的发展影响是非常大的，很多大学生就是因为交友不慎而误入歧途，毁了自己大好的前途。因此，我们在交往中的目的、方向一定要明确。

2.交往的广度要适当

我们每个人都有自己的交际圈，但如果仅限于自己的交际圈，就会陷入狭小的人际圈子不能自拔，形成排他性而失去了许多可交的益友，这是非常遗憾的。因此，我们应该走出交际圈，与更多的人进行交往。但是，我们的交往范围也不是越大越好，如果人数太多、范围太大，就必然会分散自己的精力，影响学习，结果得不偿失。因此，我们交往的广度要适当。

3.交往的深度要适当

在人际交往过程中，如何对待他人、如何选择交往对象、如何确定交往层次，是一个复杂的问题，我们应该认真加以选择，谁该深交、谁该浅交、谁该拒交要做到心中有数，不能混淆。

4.交往的频率、距离要适度

在人际交往中，心理距离因素和频率因素起着十分重要的作用。一般来说，心理距离越近，表明相互之间的感情越深，交往的频率越高；心理距离越远，则表明相互之间的感情越浅，交往的频率越低。但是，接触的次数过多，有时容易发生摩擦和冲突，也可能让人腻烦，使好感下降，因此在人际交往中，我们要适当把握交往的心理距离，即使是再要好的朋友，交往也不是越近、越亲密就越好，如果两个人每天都形影不离，那么相互之间就会缺乏各自应有的一片天空，久而久之便会产生厌烦心理，影响彼此的感情和友谊。

（五）学会交往技巧

1.给人留下良好的第一印象

良好第一印象的建立，首先靠的是外部特征，如长相、面部表情、身体姿态、衣着服饰等。首次相见，双方的注意力特别集中，记忆力也很强，将眼睛和耳朵都朝向对方，捕捉对方身上发出的信息，并依此形成第一印象。因此，在人际交往中，应尽量使自己的仪表符合当时所扮演的角色，即在不同的场合、针对不同的人，应使用不同的表情、姿态、语调，该严肃时严肃，该放松时放松，衣着要干净整洁，这是获得对方好感、留下良好第一印象的有效方法。

2.交谈的技巧

俗语说："一样话，十样说，一句话让人笑，一句话让人跳。"可见，交往中的同一句话由于语气、语调、面部表情等的不同而产生不同的含义。交谈成功与否不仅取决于交谈的内容，而且取决于交谈的方式方法。我们在与别人交谈时应掌握以下一些技巧。

（1）谈话时尽量让对方先说，一来可以显示自己谦逊，二来可以借此机会观察对方。

（2）谈话的过程中，尽可能不要谈论对方的隐私。

（3）几个人一起交谈时，不要把注意力集中在一个人身上，要注意平衡。不要长时间盯着对方或审视对方，让对方感到不舒服。

（4）不要经常打断对方的谈话或抢接对方的话题。

（5）不要口若悬河、滔滔不绝，或者忽视对方的反应。也不要注意力不集中，经常让对方重复谈过的话题，或对对方的谈话表现出不耐烦。

（6）不要单方面突然结束交谈或强行把话题转移到自己感兴趣的方面去；也不要随便解释某种现象、妄下断语或不懂装懂，借以表现自己。

3.倾听的技巧

学会倾听是一项重要的交往艺术，越是善于倾听他人意见的人，人际关系就越融洽，因为倾听本身就等于告诉对方，你是一个值得我倾听你讲话的人，表现出对别人的尊重，无形中就会加深彼此的感情。在倾听对方讲话时应掌握以下技巧。

（1）精神要集中，表情要专注，经常与对方进行目光交流。

（2）要经常赞许性地点头、微笑、做手势，不时用"对""是这样"的话语表示赞同，或者重复一些你认为重要的话，这表示你在注意倾听，鼓励对方把话继续讲下去。

（3）在交谈中如有疑问，可以提出一些富有启发性或有针对性的问题，对方会感到你对他的话很重视，有知己的感觉。

4.非语言交往技巧

美国心理学家梅拉比安（Abbert Mehrabian）曾提出了这样一个公式：信息的全部表达＝7%的语调＋38%的声音＋55%的表情。这充分说明了非语言行为的状态作用。为了增进自己的人际关系，应注意以下非语言交往技巧。

（1）服饰技巧。服饰展示着一个人的形象和风度，因此，在人际交往中，必须注意自己的服饰问题，服饰要整洁、得体，要体现出自己的个性，与自己的身份相符合，形成自己的人格风度。

（2）目光技巧。我们说"眼睛是心灵的窗口"，显示着心灵深处的信息。目光是人际交往中重要的信息来源，心理学家发现，在一般文化背景中，人们相互之间频频地对视是一种亲切交往的表现，但其对象大多限于情侣和亲人之间。如果一般关系的异性敢于长时间地对视，则意味着彼此感情和关系的升级；在相互不太亲密的交往对象之间，直愣愣地盯着对方，往往是一种失礼的行为；而上下打量对方则意味着一种轻蔑和挑衅；躲避别人的目光表示自卑；在对方瞪视之下垂下视线，则表示退让和服从。

（3）体态技巧。体态是一种无声的语言，它通过人的手势、身体的姿态、面部表情等来传递信息，既体现了人的精神魅力，又体现了人的外在魅力，是人的思想感情与文化修养的外在体现。一个人的姿势、眼神和动作，能从多方面反映他的内心世界。在日常生活中，一个人如果表现出热情和兴趣，往往身体会略微倾向交谈者，并伴有微笑、注视等神态表情；微微欠身，表示谦虚有礼；身体后仰，表示傲慢；侧转身表示厌恶和轻蔑；背朝人家表示不屑一顾；慌慌张张地走路，表示有压力或感到不安，动作不自然，表明有心事；交往中两手揪衣襟、抓后脑勺，表示缺乏自信；等等。另外，人的面部表情是人的内心状态的晴雨表，它是一个人情绪、态度和人格的外在表现。

在社交场合，有些体态应避免出现，如拉拉扯扯、指手画脚、将身体靠在别人身上或物体上、当众伸懒腰、挖鼻孔、掏耳朵、打哈欠、大声说笑、点头哈腰、歪头斜视等。这些都是对人不尊重的表现，会直接影响人际交往。

（4）距离技巧。心理学家通过观察和实验发现，人都有一个把自己围住的心理上的空间，一旦这个空间被他人入侵，就会感到不舒服或不安全，甚至愤怒。在人际交往中，人与人之间的距离表达特定的意思。

①亲密带（0～0.5 米）。在这种距离内，人们不仅靠语言，还通过视觉、听觉、触觉、嗅觉来传递信息，每个人都能感受到对方的气息、皮肤的气味。这样的距离往往限于贴心朋友、夫妻和情人之间，其他人如果入侵这个空间，就会引起反应和冲突。

②个人距离带（0.5～1.25 米）。一般的亲密朋友是在 0.5～0.8 米的距离带交往，而普通朋友则在 0.8～1.25 米的距离交往。

③社会带（1.25～3.5 米）。在这种距离内的交往，彼此的关系不再是私人性质的，而是公开的社会交往，如在办公室里一起工作的同事总是保持这种距离进行交往。

④公共带（3.5～7.5 米）。这种距离常常用于非正式交往，人们之间极为生硬的谈话适用于这个距离，如上课、开会等。

在实际交往中，我们需要根据相互之间的关系来调整与人交往的最佳空间距离，从而改善人际关系。

第六章　大学生恋爱心理、性心理及其恋爱能力培养

第一节　大学生的恋爱心理

爱情是一个美丽而神秘的字眼，也是一个古老而常新的话题。自古以来，爱情就为文学家所赞扬，为艺术家所歌颂，为社会学家所探究。爱情是人类独有的情感，象征着纯洁、忠贞、美好和神圣，是男女在内心形成的对对方最真挚的仰慕之情，是男女间最强烈、最稳定、最专一的感情。爱情以人的性生理发育成熟为前提，以人的具有社会内容的思想感情为基础。爱情的获得，需要经历一个由感性到理性，由片面到全面，由肤浅到深入，最后达到相互肯定、相互融合的过程。

一、爱情和恋爱

（一）爱情的含义

爱情是世界上最复杂的情感现象，更是人类历史上一个亘古不变的主题。梁山伯与祝英台、罗密欧与朱丽叶这些爱情故事被世人传颂至今。现在的大学校园里，爱情早已不是一个禁忌的话题，恐怕是大学宿舍里"卧谈"最多的内容。尽管大学生已步入成年，但毕竟没有完全走向社会，所以大学生还是相对

单纯和幼稚的，包括对爱情的看法。那么究竟什么是爱情呢？

爱情本身并没有一个标准的定义，不同的人对爱情可能有不同的看法。瓦西列夫在他的《情爱论》中说："爱情是作为男女关系上的一种特殊的审美感而发展起来的，爱情创造了美，使人对美的领悟能力敏锐起来，促进对世界的艺术化认识。"苏霍姆林斯基说："真正的爱情，意味着不仅是欣赏美，而且要培植美，创造美。"人本主义心理学家罗杰斯说："爱是深深的理解和接受。"马斯洛认为："爱的需要涉及给予和接受爱，我们必须懂得爱，必须能教会爱、创造爱、预测爱。"其实由始至终，爱情本没有一个最终的定义，但自古以来，对爱情的看法存在两种对立的观点，一是唯精神论，一是唯性欲论。

唯精神论认为，爱情是男女精神上的相互依恋，将爱者的情感完全融入对所爱的人的关怀之中，爱情与性欲毫不相干。这种观点的代表人物是柏拉图，他认为爱情分低级的肉体之爱和高级的精神之恋，肉体之爱是卑俗的，心灵之爱是高尚的，是真正的爱情。

唯性欲论认为，性欲是爱情产生的根源，爱情的目的也就是性欲的满足。哲学家罗素提出，人类的性"就好像是饮食，都是本能的需要"，所以对性的满足就是对人的尊重，对性的压抑就会导致性的饥饿，而且愈压抑愈强烈，最后将会疯狂地发作，使性行为变得野蛮，失去文明性。

现代的爱情是两性间的一种特殊的社会精神关系，具有鲜明的时代特征。

（二）爱情的心理实质

沉浸在爱河中的人们为什么会有不同的表现，有的平静似水，有的澎湃激烈，有的亲密无间，有的若即若离，有的天长地久，有的稍纵即逝。爱情为什么会有如此的差异？也许，美国耶鲁大学著名心理学家斯滕伯格（Robert J. Sternberg）的"爱情三因论"能够给我们一些答案。

在对爱情的众多研究中，斯滕伯格教授提出了爱情成分论，认为人类的爱情虽复杂多变，但基本上由三种成分组成。

一是动机成分：动机有内发的性驱力，也包括异性之间因身体、容貌等彼此吸引。

二是情绪成分：由刺激引起的身心激动状态，如喜、怒、哀、惧等。

三是认知成分：对动机成分和情绪成分来说是一种控制因素，是爱情中的理智层面。

"爱情三因论"认为，两性间的爱情形式因人而异，情侣间的亲密关系、热烈程度各不相同，但基本上是由这三种元素支配的。爱情向人类打开了一个色彩世界，每对情侣自己所调出的色泽如何，那要看他们如何处理自己的动机、情绪和认知。

"爱情三因论"对爱情的本质的理解给我们许多启示。一是爱情的动机成分表明爱情有其生理的基础，由性驱力所致，包括身体、容貌。性生理的发育成熟，必然有性的冲动与欲望。爱情以人的生理成熟为基础。二是爱情是人强烈的情绪体验——幸福、快乐、痛苦、悲伤。情绪体验会有变化，有时激情澎湃，像热恋中的人；更多的时候，爱情与亲情、友情的交融，使爱情变得平淡。三是爱情有理性的一面，它不仅仅有情感体验，承诺、责任感更是爱情的重要成分。每个人的三种成分所占的比例各不相同，才使我们看到了多姿多彩的万花筒般的爱情世界。

（三）恋爱的含义

恋爱关系是一种不断成熟、有可能发展成婚姻的浪漫男女关系，两个人在求爱时期都将对方的需要放在自己的需要之上。同时，恋爱过程也是一个通过相处、交往而相互了解、信任、融合的过程。这就要求恋爱中的双方必须有良好的自信心、健康的人格、对对方充分的信任、对爱的激情以及稳定的个人生活状态等。只有拥有了这些条件，你才有资格步入恋爱者的行列，也才有收获一段美好的恋爱关系的可能性。

二、大学生恋爱心理的发展过程

（一）萌芽期

萌芽期一般为大学一年级。经过高考千军万马的角逐，走过升学独木桥，进入大学，从学习压力中解脱出来，大学生思想上都有"喘口气，歇一歇"的想法。同时，他们远离父母，面对着全新的生活环境、全新的人际关系，心里孤独感油然而生，从而渴望得到别人的关心和帮助，与人建立友谊。于是，互相间找朋友，你来我往，慢慢地，男生女生之间的接触就频繁起来了，他们的恋爱心理也就逐渐萌芽。

（二）发展期

发展期一般为大二、大三年级。经过一年左右的大学生活，他们已去掉了中学时代的"尾巴"。知识、能力、体魄、风度、服饰、语言等都发生了一些改变。一年来，他们已对同学有了深入的了解，与同学建立了友谊。而友谊是集中表现为情感依赖的人际关系，它使人发现自我、了解别人，从中体验到深深的情感依恋。异性之间的友谊容易发展为恋爱，友谊可以成为爱情的基石。这样，二、三年级的大学生的恋爱心理呈迅速发展之势。

（三）稳定期

稳定期一般为大学四年级。进入四年级后，大学生变得更加成熟了，看问题也更加透彻了。他们的时间多花在毕业实习、论文、就业等问题上，加之他们害怕毕业之后和恋爱对象分开，所以对爱的思考趋于冷静、理智，恋爱呈现较稳定的态势。

三、大学生恋爱心理的特点

"爱情，是人类开发心灵潜能的学校。明白自己想要什么的人是小学生，懂得对方想要什么的人，是中学生，能使双方无遗憾的是大学生，再使双方都有成就的人，是研究生。"大学生在恋爱在过程中体现出以下特点。

（一）自主性强

大学生基本上都属于成年人，因而在恋爱问题上，具有独立的个性和男女平等的价值观，具体表现在：常以"自我"为中心，设计自己的恋爱模式；重感情，不受家庭背景等因素的影响，也不受传统习俗的局限；在确定恋爱关系前，甚至是在确定恋爱关系之后，一般都不征求双方父母的意见。

（二）非婚姻取向性突出

现在的许多大学生在恋爱时很少考虑双方将来会不会结婚的问题，结婚对他们来说是不需要考虑的问题。在恋爱前，许多大学生也不会认真地思考并选择一个可以白头偕老的异性朋友作为恋爱对象，他们恋爱的理由，仅仅是凭感觉，仅仅是因为喜欢和需要爱，"我喜欢，我恋爱"成为目前大学生恋爱的一个重要的心理特征。

（三）不成熟性与不稳定性

当前大学生的恋爱，呈现出低年级化的特点，人数呈上升趋势。一年级就开始谈恋爱已不是个别现象，有的学生甚至一进校就谈恋爱。这些低年级学生，由于社会阅历浅、思想单纯，很多学生对自己的人生目标和需要，还没有一个很清楚的概念，造成在对待恋爱问题时表现得简单、幼稚和不成熟。在择偶标准上，这些学生往往重外表形象，轻内在素质；在恋爱方式上，往往是看重形式，轻视内容；在恋爱过程中，往往重过程轻结果，重享乐轻责任。

（四）自控能力与抗挫折能力较弱

现在大学生由于生活条件优越，很少经受过生活的挫折，因而在人格特征上表现出自由、任性、缺乏自控力和对挫折的承受能力。这种特点也必然体现在恋爱中。有些大学生一旦陷入热恋之中，往往不善于控制自己的情感，任情感随意放纵，缺乏理性的驾驭能力，对恋爱对象过于依赖，稍有波折就痛苦万分；一旦恋爱受挫，即会情绪失控，无法自拔，从而对学习、生活造成严重影响，严重一点的学生在恋爱受挫后还会走上蓄意报复的犯罪道路甚至做出自杀行为。

四、大学生恋爱心理问题及调适

大学校园里的爱情多种多样，同时，大学生也饱受着爱情的困扰。年轻人的心常常是大雾弥漫，看不清自己感情的港湾，分不清什么是真正的爱情，从而导致一些"虚假恋爱"。因此，对于渴望爱情的大学生来说，学会识别爱情的真伪，是迎接爱情的必要准备。

（一）一见钟情的困扰与调适

一见钟情是大学生恋爱中比较常见的现象。一般来说，男生比女生更易一见钟情。这是因为男生选对象往往更注重女生的外貌、长相等外表特征，只要女方貌美，他就把女方的一切理想化。而女方恋爱则一般比较注重男方的内心世界，选择对象是较为慎重的，但她们若对男方产生了好的印象，也很难轻易改变。总而言之，每个人的性格、理想、情操和道德观念是不同的。"一见"只能了解对方的外在，而要了解对方的内心世界并确定他（她）是不是理想中的爱人并不是一件容易的事。我们并不反对一见钟情式的爱情，问题在于如果你对某一异性产生好的第一印象后，不要仅仅满足于此，一定要保持冷静的头脑，去了解对方的真实形象，要在相互了解中检验和巩固这种"钟情"，使之得到健康的发展。对那些正陷入一见钟情而不能自拔的大学生来说，千万要保持冷静，要用理智去控制你的热情。

（二）单相思的困扰与调适

对于大学生来说，单相思常是初恋的触发点，这一阶段的单相思少有顾忌，并带有很大的盲目性，主要是以感官为基础。大学生可能会为单相思感到害羞，其实同龄人差不多都有可能正在单相思。如果你是处于一种淡淡的、甜甜的单相思中，这是很正常的，并不是一种病。这里需要改变的是被单相思搅得天翻地覆的那种状况。我们要达到的目标并不是完全断绝单相思，而是要把单相思控制在一个适度的范围内。如果你已被单相思折磨得万分痛苦，最合适的做法就是将心事告诉你的密友。当然，如果你有勇气，向意中人明白地表达爱慕之情是摆脱单相思最直接的方法，但如果没有，你就应尽可能地恢复自己的理智与自信。

记得有一位名人曾说过："爱情不是一颗心去敲打另一颗心，而是两颗心共同撞击的火花。"单相思的感情固然真挚、强烈，斩断缠绵的情思固然残酷，但如果任情感执着下去，自己将会受到更大的伤害。因此，对已经陷入单相思的大学生来说必须加强自我保护，只有早日使自己走出单相思的漩涡，才能拥有一个健康的人生。

（三）失恋的困扰与调适

面对失恋的打击，如何调适痛苦的情感是检验一个人道德情操的最好尺度，大学生要做到以下几点。

（1）不能失去理智，要冷静反思，找出原因，完善自我，友好地说一声再见。失恋的痛苦往往来源于不甘心自己的恋情如此短暂，不甘心付出了还是没有结果。你也许感到心灵深处最神圣的东西彻底崩溃了，恍惚间现在的他（她）是那么陌生，那么的遥远。失落、委屈和愤恨，说不出内心是一种什么样的感受。但失恋有时也是一种财富，它能使你认清爱情的另一面，重新认识自己。

（2）失恋不能失志，要自我调节，要转移注意力，化痛苦为动力，一旦失恋，就要迅速走出"爱情故事"的阴影，将恋情尘封，以坦荡的胸怀及时从狭隘的情感中摆脱出来，恋爱失败了，用学习和工作来补偿失恋的痛苦，"失之东隅，收之桑榆"。你可以向知心朋友诉说你的不幸，从中获得安慰，减轻痛苦；你也可以在群体活动中充实精神，寻找乐趣；当然，你也可以向心理咨询中心求助。

自古雄才多磨难。经历了失恋磨难的人，一旦重新站起来，将会显示出更加强大的精神力量。失恋不是失去爱的权利，也不是被爱神永远抛弃。在人生的路途中不乏终身伴侣，在事业的奋斗过程中更不乏志同道合的战友，只有勇敢地扬起生活的风帆，才能够获得更加甜蜜、幸福的爱情。

（四）大学生恋爱中的其他困扰与调适

大学生在恋爱的过程中还会遇到其他一些困扰。

1.自卑

一部分大学生总感到自己缺乏被爱的吸引力，为自己还没有恋人而自卑，认为自己对异性没有吸引力，认为别人瞧不起自己，不敢坦然与异性交往，更怕在异性面前失误，只好用回避与异性接触的办法保护自尊心，并极力掩盖内心深处的痛苦与失落。

首先，有这种心理困境的大学生应从各方面寻找自己的长处，挖掘自己能吸引他人的闪光点，并学着变换思维方式，用自己的优点与别人的缺点进行对比，以增强自信、悦纳自己。其次，学会辩证地思考问题，看到事物的两面性，"迟到的爱"也许会是真爱，早到的爱也许会提前消失；最后，大胆地去与异性同学交往，多参加有异性同学的集体活动或娱乐活动，去了解和观察自己所欣赏的异性同学，同时也了解自己的心理特征，缩短真实自我与理想自我的差距，调节好自己内部期待与外部期待的矛盾，矫正恋爱动机和恋爱价值定向。

2.嫉妒

嫉妒之心人皆有之，热恋中的青年男女当看到自己的恋人与其他异性有来往时，常常觉得很不是滋味，这称为嫉妒，也叫"吃醋"。作为一种具有危险性的不良心理，嫉妒是恋人之间感情升华的严重障碍，并且常常会引发矛盾，甚至导致爱情的破裂。

为了防止嫉妒的产生，相爱双方都要注重自身的修养，不但要允许对方独自与异性同学、朋友正常交往，而且自己也要走出狭隘的天地，扩大自己的交往范围。恋爱双方是相对独立的，如果嫉妒心理已经产生，你就必须学会控制自己的感情，尊重对方的感情。要知道，你的爱人并不是你的私有财产，他（她）有权与他人交往，甚至爱上别人。如果你产生了嫉妒心理，只有一条路，那就是用你的爱挽回你的爱情。除此之外，再没有别的更好的办法。

3.不会拒绝不喜欢的人

正值青春时期的大学生，比任何时候都渴望得到别人的欣赏和喜爱，尤其是来自异性朋友的。在追求自己的异性中，有自己喜欢的，也有自己不喜欢的，面对不喜欢的追求者，你该怎么办呢？

如果他（她）是一位不顾你的反应，让你难堪、让你为难的人，你大可不必给他（她）留面子，你可以坚决拒绝，用强硬的语气警告他（她）。如果面对的是一位有诚意的追求者，你应该尊重对方的人格。爱别人与被人爱，都是一种权利，如果不考虑拒绝的方式，会伤害对方的自尊心，在对方的心灵深处留下难以愈合的创伤。以下提供几种具体的拒绝方式。

（1）明确表示，恰当解释。对那些非拒绝不可的求爱，措辞语气既要诚恳委婉，又要肯定明确，不能使用让对方存有某种希望的语气，不要拖延时间，要讲明这不是对方的错，只是因为自己不能接受，请对方能够理解自己拒绝的苦衷和歉意。

（2）好言相劝，让其发泄。如果有必要，与对方在合适的场合开诚布公地谈一谈，耐心地倾听对方的感受，也向对方道出自己的无奈。

（3）请人协助，书信代言。先找两人共同熟悉的朋友或老师，坦诚相告，并通过他们进行劝慰，使对方尽量摆脱痛苦。用书信委婉拒绝也是一种很好的方式。书信比面谈有着更大的缓冲余地，措辞也更得体。

（4）逐渐疏远，友好拒绝。尽可能多与同性朋友在一起，减少与对方单独相处的机会。对方的电话、来信和约会，尽量寻找借口推脱。逐步减少接触次数，态度逐步冷淡，使对方能够明白你的意思。

在大学期间，同学的友谊是最宝贵的东西，摆脱不喜欢的追求者一定要注意方式、方法，力争做到既达到目的又不影响友谊的发展，对别人负责，也对自己负责。总之在拒绝自己不喜欢的人时，态度必须明确、果断，方法必须灵活、恰当。

4.找不到合适的恋人

人是喜欢比较的。这种心理在恋爱中表现得更为明显。初次恋爱之所以比较容易，就是因为恋爱双方情感单纯，不存在同以往恋人相比较的问题，只要彼此两情相悦，恋爱关系就比较容易确定。多次恋爱以后，情况就没那么简单了。随着恋爱次数的增多，头脑中出现的新旧恋人形象也逐渐增多，新旧恋人的条件比较也相应增多，这在客观上对大学生恋爱造成不利影响。在现实生活中，不少大学生受这种心理的影响，错过了一次又一次的良机。大学生要确立恰当的择偶标准，并且牢牢记住：世界上十全十美的人是不存在的，脱离实际的高标准只能是好事难成，不恰当的比较只能使你更加患得患失，加重心理上的失落感。

5.不能区分爱情与友情

许多在交往中的男女大学生，常常会想起一些问题：我是不是已经在恋爱了？我和（她）有没有进一步发展的可能？我觉得我们只是朋友，但别人怎么说我们是一对呢？诚然，这些问题是不容易回答的。但是有一点可以确定的是，爱情必须以友情为基础，但友情不一定能发展成爱情。友情与爱情的不同之处，可以用一个最简单的对比来说明：友情是一种亲近的关系，而爱情却是一种亲密的关系。由亲近发展至亲密毕竟需要跨越一段距离。

第二节 大学生的性心理

性，与生俱来。我们每个人都是由性塑造的生命，我们每个人都伴随着性发育成熟而长大，性是生命的一个重要组成部分。然而，长期以来，由于传统观念的影响，我国的性教育长期滞后于青少年的身心发展需要。了解和掌握科学的性知识，维护自己的性健康是当代大学生人生发展的重要课题。

一、性及性意识

性是什么？一谈到性，一些大学生会表现得十分敏感或羞怯。在敏感和羞怯的背后，隐藏着一种狭隘的认识，即性是一种单纯的性生理，是男女之间生理上的性关系。这种认识是十分片面的。实际上，从广义上说，性指性别，指男女两性在生物学、心理学和社会学上的特征之和。

所谓性意识，是指对性的理解、体验与态度。性意识是青春期的一种生理张力，更是一种社会意识。实际上，性既是一种生理现象、一种社会现象，同时也是一种心理现象。性包含着丰富的科学内涵。归纳为一句话：性是人的自然属性与社会属性的统一。

性是人的自然属性和社会属性的统一体，这说明性既要受到人发展的生物规律的支配，又要受到人类社会文化发展条件和各种社会需要的制约。两者是有机联系、密不可分的。性的社会属性是人类文明进步发展的本质，人不仅仅是一个自然人，更是一个社会人。

二、大学生性意识的具体表现

大学生对性的问题有兴趣，是青年性心理的正常表现。

（一）对性知识开始感兴趣——性是一种中立理解

现代信息技术的飞速发展和社会文化的不断变迁，使当代大学生学会从网络、影视、书籍、伙伴交流等多种渠道，获得关于性的知识与信息，而且大家会对性的话题毫不掩饰地进行谈论与探讨。也会特别在意身边异性与性相关的信息，有时候还会以开玩笑或调侃的方式表达对性的认识与看法，这也是年轻的男女青年表达性欲求的一种方式。只要尺度合适，不违反道德与法律，其实是完全可以理解的。

（二）对异性的爱慕与追求——一种智慧的拿捏

因为基于现在的社会状况与现实，当代大学生从性发育成熟到恋爱成功直到结婚后有稳定的性生活，差不多需要十年的时间，在这较长的时间里，年轻男女的性欲望和性冲动需要有合适的方式去表达，其中与异性的交往和对异性的爱慕与追求就是一种常用的方式。青年男女会在与异性的交往中了解异性，学会怎么样更好地与异性交往和提升爱人的能力。

（三）性幻想——一种尚需点化的精神权利

学校里的青年男女在十七八岁时，容易出现性幻想，这是一种含有性内容的想象，也是指自编的带有性色彩的"连续故事"。性幻想是在没有异性参与的情况下所进行的自我满足性欲的活动。性幻想过程反映了个体的强烈想实现又不能实现的愿望。在这里性幻想起到了一种补偿的作用，以达到宣泄内心压抑情感、满足心灵的渴求、平息和抚慰心理冲突的作用。因此，性幻想在某种意义上来说是一个安全阀。

性幻想的出现是旁人所无法阻止的，关键是处理好现实与幻想的关系，更现实、更全面地认识人间的情爱，不要沉迷于言情小说及其他影视之中，更不要忘记在现实生活中，凡人的情与爱实际上都有极其现实的一面。要多阅读一些内容深刻的、能反映爱情正能量的文艺作品。另外，也要懂得一些性心理方面的知识，只有这样，才能既防止因发生性幻想而自卑，进而影响身心健康，又防止把幻想与现实混同，做出不恰当的事情来。

（四）性欲望——由性激素引发的正常现象

男女青年在性生理成熟基础上产生的由性激素激发，受性驱动力策动，乞求与异性完成身心结合的一种欲望，亦即企图与异性肉体结合的欲望，称性欲望。这是青年发育中的正常生理现象和心理现象。青年的性欲望是依赖生理因素和心理因素的，性激素是性欲望的生理动因。

就男女差异而言，男性的性欲望一般较女性强。女性在未获得性体验之前，没有像男性那样明显的由性欲望带来的苦恼。但如果有过性体验之后，女性则有可能出现性欲望增强甚至亢进的现象。因此，大学生自觉地控制性欲望是很重要的。

（五）性梦——一种对现实的自然补偿

性梦是指性生理成熟的男女在睡眠中出现与性有关的梦境，可伴有男性遗精、女性性兴奋等现象。这是由人体内性激素积聚以及睡眠中性器官受刺激所引起的，有时也和白天的性刺激有关。偶尔的性梦是性冲动的一种正常发泄方式，是一种正常、健康的心理状态。

同性幻想一样，性梦也是人类性行为的基本形式之一，梦境中的场景及对象与道德品质无关。

（六）性自慰行为

性自慰是指在没有异性参与的情况下，在出现性冲动时用手或器具刺激自身的性器官以引起快感来获得满足的性行为。性自慰在男性中发生的次数多于女性。性自慰在青春期男性中是一种极其普遍的行为。一般来说，性自慰次数较频繁时期在初高中阶段，这时个体的自控能力较弱，其他方面的兴趣还不够广泛，随着心理的日渐成熟，绝大部分人对性自慰都能有所节制。

三、大学生性心理问题及调适

（一）大学生常见的性问题

1.性别认同的困扰

对自己性别的认同是一个人性心理的重要表现。刘达临教授在对全国大学生的调查中发现，有一定比例的学生不喜欢自己的性别。其中，男大学生不喜欢自己性别的占 2.6%，女大学生不喜欢自己性别的占 15.6%，正好是男生的6 倍。另一项关于大学生性心理的调查显示，90%以上的男生对于自己的性别满意度较高，而有超过 25%的女生表示在可能的情况下愿意改变自己的性别。这一结果显然是由"重男轻女"的封建传统观念所致。事实上，无论是对男生还是对女生而言，这种性别自贱的心理都是不正常的，如果这种心理发展到严重的程度，就会对大学生的发展带来不利的影响。

2.对与异性交往的紧张

与异性交往的心理从刚进入青春期时就开始萌发，对异性的兴趣——对与异性交往的渴求——恋爱——结婚，这是一个人必然经历的生理、心理和社会行为的发展变化过程。"少男钟情，少女怀春"，这是青春期性心理的正常表现。大学生渴望与异性交往的愿望非常强烈，从全国大学生的调查情况来看，拥有强烈和异性交往愿望的人占 70.1%。但是由于受传统的"男女授受不亲"

的性别观念的影响，由于缺乏与异性交往的方法，许多人羞于与异性交往，常常拒异性于千里之外，在异性面前表现得非常紧张。在某高校组织的多次大学生的人际交往团体辅导活动中，当老师让彼此陌生的同学自由相识时，每一次都会发现有一些同学只与同性同学相识，不敢或不好意思与异性同学主动交往。人类社会就是异性社会，如果男女生之间"闭关自守""老死不相往来"，就只能造成心灵的扭曲和心理的畸形，至少会使人际关系冷漠和疏远，也会影响个人的长远发展。

3.对性骚扰的恐惧

常见的性骚扰有故意擦撞异性身体的某个部位，故意贴近异性，故意谈性的问题，用色情语言进行挑逗，用暧昧的目光打量别人，强行要求发生性行为，等等。女大学生在一些公共场合，如公交车上，可能会遇到性骚扰。男大学生有时也会遇到性骚扰。由于缺乏自卫观念，一些同学面对性骚扰时常常惊慌失措，恐惧万分，甚至长时间地自责。

4.性行为的偏差

（1）身体过分亲昵

男女大学生交往久了，彼此有一定感情，有时会抑制不住内心的冲动，发生拥抱、接吻或身体接触的行为，这是可以理解的。但是，以身体的亲密代替心理的亲密，甚至以此代替爱情是不恰当的。过多的身体亲昵，会加剧性冲动，有时会使自己的行为失去控制。

（2）婚前性行为

对于婚前性行为，一些大学生认为只要双方愿意就可以发生，有的甚至相识不久就发生性关系，有的在校外租房同居。他们常常不能对自己的性冲动进行理性的控制，不能对性行为的后果负责。在一项有关大学生性行为的调查中，发现有 10.6％的男生和 5.6％的女生承认发生过性行为。与此相关的是，有40.2％的男生和39.4％的女生在产生性冲动时采取了克制或压抑的方式。

在对大学生婚前性行为的态度调查中，半数以上的学生认为婚前性行为是可以接受的。年轻的大学生没有真正意识到自己还在读书，在没有工作、不能独立担负起经济责任和社会责任的情况下，性行为对于自己的现在和将来究竟意味着什么。

有的女生因婚前性行为多次做人工流产，给身心带来无可挽救的创伤；有的人手术后引起炎症，导致输卵管堵塞；过早的性生活和流产还会导致一些妇科疾病发病率大大提高。

（二）大学生性心理的调适

大学生由于对性心理知识的匮乏，可能出现一些性心理问题，此时，应寻找有效的方式进行调节。

1.树立正确的性观念

（1）了解性知识

处于青年期的大学生，应该科学地学习性生理、心理的有关知识，了解性意识发展的规律。

（2）正确看待性自慰

性自慰是性机能发育成熟以后为满足性欲望、缓解性冲动、解除性饥渴和性烦恼的一种有效手段，也是正常性行为的一种方式。

（3）理解性梦

性梦是个体在发育过程中最正常不过的事，青春男女如果没有出现过性梦反倒是个问题。

2.进行有效的调控与合理的宣泄

性冲动是一种生理本能。青年的性冲动并不一定强烈到一定要用性行为来加以解决，通过适当的方法也能得到合理的控制。

（1）性冲动的转移和宣泄

①应接受性冲动的自然性和合理性，越是不能接受，越压抑，性冲动就会表现得越强烈。

②积极参加集体活动，消除心理紧张。

（2）加强异性之间的交往

正常的异性交往，有助于提高性的同一性，减缓性焦虑，将有助于学生身心健康和人格发展，也会为其以后的婚恋生活奠定良好的基础。

（3）合理运用性发泄手段

例如可通过性幻想来满足性需求。

（4）发现问题，及时处理

具体来说，要采取下面一些措施：阅读有关书籍，修正自己错误的认知；找好友交谈，帮助提升自我认知；找专家进行心理咨询，消除心理困扰。

3.拒绝黄色诱惑、预防性病

（1）拒绝黄色诱惑

处于性机能成熟期的大学生，由于心理还不成熟，未形成稳定的性道德观念，加之对性文化的无知，很容易想入非非，面对黄毒渗透的不良网页的包围和诱惑，也显得非常脆弱。因此，正在成长中的大学生要全面、深刻地认识与性有关的问题，系统学习性科学知识，拒绝黄色诱惑，加强人文修养和道德修养，正确对待性问题。

（2）预防性病

性病属于世界范围内的传播疾病，流传较广，对人类的健康造成了巨大的威胁。青少年要洁身自好，不滥交，避免性病的传播。

第三节　大学生恋爱能力的培养

一个人心中有了爱，在理智分析之后，敢于表达，是一种爱的能力。一个人面对别人的施爱，能及时、准确地对爱做出判断，并做出接受、拒绝或继续观察的选择，也是一种爱的能力。

一、树立正确的恋爱观

爱情是美好而甜蜜的，但是不具备爱的能力的人，只能收获爱的苦果，难以尝到爱的甘甜。爱是一种能力，也是一种艺术。爱分散于生活的各个方面，学习和发展爱的能力是贯穿每个人一生的任务，也是让人受益一生的。

当代大学生的性生理发育虽然基本成熟，但他们的性心理发育相对滞后，人生观还不够稳定，学识还不够牢固，社会阅历还相对缺乏，还没有独立的经济基础。大学生迫切需要爱情，但未必懂得爱情，未必能把握住爱情。因此，理性地认识大学生恋爱应具备的条件，具有重要的现实意义。大学生要学会树立正确的恋爱观，才会找到适合自己的爱情，才会在爱情中感受到甜蜜。

（一）尊重对方，不能有所隐瞒

恋爱双方应该尊重对方的情感和人格，平等履行道德义务。恋爱自由是必须遵守的恋爱准则。男女双方首先应尊重对方的情感，不能把自己的意志强加于人。每个人都有爱或被爱的权利，有选择各自爱人的权利。恋爱中更不能有欺骗、隐瞒或其他违背爱情基本要素的行为，自己的家庭情况、个人历史以及经济状况，都应向对方实事求是地说明。

（二）专一忠贞，不能朝三暮四

男女双方一旦建立了恋爱关系，就要经得起时间、空间的考验，经得起困难、挫折的洗礼。如果"脚踏两只船"、搞三角恋，或朝三暮四、喜新厌旧，今天和这个谈情明天和那个说爱，企图玩弄别人的感情。这样只会践踏自己的情感。对爱情的不忠贞，是道德的沦丧和人格的残缺。那些追求贪欲、生活放荡的人，都会受到道德的审判和世人的唾骂；那些忠贞不渝、始终如一的人，则爱情幸福生活美满。

二、保持健康的恋爱行为

（一）恋爱言谈文雅，讲究语言美

交谈中要诚恳、坦率、自然，不要为了显摆自己而装腔作势、矫揉造作，不能出言不逊、污言秽语、举止粗鲁；要相互了解，不要无休止地盘问对方，使对方自尊心受损。否则只会使人厌恶，伤害感情。

（二）恋爱行为举止大方

一般来说，男女双方初次恋爱，在开始时常感到羞涩与紧张。随着交往时间的增加会逐渐变得自然与大方，这个时期要注意行为举止大方。有的大学生做事冲动，过早地做出亲昵的动作，则会使对方反感，影响感情的正常发展。

（三）善于控制性冲动，理智行事

对于恋爱中引起的性冲动，一方面要注意克制和调节，另一方面要注意转移和升华。大学生要参加各种文娱活动，与恋人多谈谈学习，把恋爱行为限制在合理的范围内，使爱情沿着健康的道路发展。

三、培养爱的能力与道德责任感

爱是一种情感，它也是一种能力。人人都需要爱，但不见得我们都会爱。为什么有些人有甜蜜的爱情、幸福的婚姻，为什么有些人要经受爱情的折磨和摧残，这是需要我们思考的。

（一）培养爱的能力

培养爱的能力包括培养爱自己的能力、迎接爱的能力、拒绝爱的能力、发展爱的能力和恋爱中的挫折承受能力。

1.培养爱自己的能力

想要爱别人，首先必须爱自己，连自己都不爱的人，对别人的爱也不是真正的爱。爱自己不同于自私，培养爱自己的能力是为了更好地爱别人。爱自己首先就是要自尊、自信。爱自己就意味着相信自己的基本价值，培育一种健康的自我肯定意识。爱自己也就意味着积极关心自己的每一个方面。只有当你成功地掌握了如何关心自己的需要时，你才明白怎样将同样的关爱给予别人。当你尊重自己的思想和感觉的合理性时，你才能将这种尊重施于他人。当你从心底相信你自身是如何有价值时，你才会发现别人的价值。

2.培养迎接爱的能力

迎接爱的能力包括施爱的能力和接受爱的能力。一个人心中有了爱，在理智分析之后，要敢于表达、善于表达，这是一种爱的能力。一个人面对别人的爱，能及时准确地对爱做出判断，这也是一种爱的能力。大学生要具有迎接爱的能力，就应懂得什么是爱，有健康的恋爱价值观，知道自己喜欢什么，需要什么，适合什么；就应对自己、对他人保持敏感和热情，主动关心他人，热爱他人，当别人向你表达爱时，能及时准确地对爱的信息做出判断，坦然地做出选择；能承受求爱遭拒绝或拒绝求爱所引起的心理困扰。

3.培养拒绝爱的能力

自己不愿或不值得接受的爱应有勇气加以拒绝。拒绝爱要注意两个方面：一是在并不希望获得对方的爱情时，要果断、勇敢地说"不"，因为爱情来不得半点勉强和将就。如果优柔寡断或屈服于对方的穷追不舍，发展下去对双方都是不利的。二是要掌握恰当的拒绝方式。不顾情面、处理方法简单轻率，甚至恶语相加，都会使对方的感情和自尊心受到伤害，这些做法是很不妥当的。

4.培养发展爱的能力

培养发展爱的能力，首先，要塑造自己完整与统一的人格，培养无私的品格和奉献精神。弗洛姆（Erich Fromm）说："人必须竭尽全力促成自己完善的人格，形成创造性的心理倾向，否则他追求爱的种种努力注定要付之东流。"其次，要不断地学习、创造，美国著名诗人惠特曼（Walt Whitman）说："爱，不是一种单纯的行为，是我们生活中的一种气候，一种需要我们终身学习、发现和不断前进的活动。"再次，要培养善于处理矛盾、化解矛盾的能力，为以后的爱情和婚姻家庭生活打下基础。

5.培养恋爱中的挫折承受能力

大学生在恋爱中受多种因素的制约，因而在追求爱情的过程中遇到各种挫折是在所难免的。前面所提到的单相思、失恋等恋爱心理挫折对大学生的心理承受能力是一种考验。如果大学生承受能力较强，就能较好地应对挫折，否则就有可能造成不良后果。因此，培养恋爱中的挫折承受能力对大学生的心理健康是非常重要的。

总之，当爱情受挫后，大学生要用理智来驾驭感情，通过分析原因、总结经验教训，寻找解决问题的方法和途径，在新的追求中实现自己的价值。

（二）培养爱的道德责任感

这是保证大学生恋爱朝健康方向发展的保障和动力。爱的道德责任感要求恋爱中的双方必须尊重彼此的生活方式和生活态度，不要求对方做其不愿意做的事情，理解、信任、宽容对方，不与第三者产生恋爱关系，等等。爱的道德责任感要求恋爱中的双方彼此对自己的行为负责，对对方的身心健康负责。总之，爱的道德责任感要求恋爱双方要努力做到周恩来同志所提出的"八互"："互爱、互敬、互勉、互助、互信、互谅、互让、互慰。"

第七章　职业认知与探索

第一节　职业与专业

一、职业概述

职业的产生与发展是社会劳动分工的必然结果，也是人类文明进步的标志。也就是说，职业是人们在社会中所从事的有稳定、合法收入的活动，既是人们为社会做贡献、实现人生价值的舞台，也是人们谋生的手段。

（一）职业的含义

现实中，人们往往要走向一定的工作岗位。但对于"职业"一词，人们却有着不同的理解。有人把职业等同于工作，也有人把职业视为获取收入的手段，还有人认为职业代表了身份和地位。那么，职业的含义究竟是什么呢？

作为一种社会现象，职业是社会分工的产物。从字面上看，"职业"一词由"职"和"业"两个字组成，"职"有社会责任、权利与义务的含义，而"业"是指以某种特殊的技能从事某种工作、完成某项事业。"职业"表示行业性专业活动，意味着某种责任、义务和权益。所以，所谓职业，是指参与社会分工，利用专门的知识和技能，为社会创造物质和精神财富，获得合理的报酬，作为物质生活来源并满足精神发展需要的工作。

职业包含以下四方面的含义：

（1）人与社会的关系。从事某种职业，就意味参与了社会分工。

（2）知识技能与创造的关系。利用知识技能创造物质和精神财富，由此引入职业的概念。

（3）创造财富与获得报酬的关系。只有为社会创造物质和精神财富，才有资格获得合理的报酬。

（4）工作和生活的关系。人们通过工作获得合理的报酬，满足其物质、精神生活的需求。

同时，不同学者从不同的角度出发，对职业的概念有不同的论述。

美国社会学家塞尔兹（Seldes）认为，职业是一个人为了不断地获得收入而连续从事的具有市场价值的特殊活动，这种活动决定着从事它的那个人的社会地位。

美国教育家杜威（John Dewey）从实用主义哲学观点出发，认为职业是人们可以从中得到利益的一种活动。

日本职业问题专家保谷六郎认为，职业是有劳动能力的人，为了生活所得而发挥个人能力，向社会做贡献而连续从事的活动。

我国学者姚裕群认为，职业是一个中性的概念。从社会的角度而言，职业是指人们为了谋生和发展而从事的相对稳定、有收入的、有专门类别的社会劳动。从个人的角度而言，职业则是指个人扮演的一系列工作角色。

在现实生活中，人们与职业活动联系紧密，职业活动几乎贯穿人的一生。人们在生命的早期阶段接受教育与培训，为将来的职业活动做准备。人们从青年时期走入职场，到老年离开工作岗位，即使退休以后，有的人仍然参与职业活动。因此，职业活动是每个人社会生活的重要组成部分。

在社会生活中，每一个有劳动能力的人都要从事一定的生产劳动或工作，用以维持生计，承担社会义务，促进社会发展。人的社会生活和工作领域是非常广阔的，职业门类极其繁多，但每个社会成员只能在某个领域从事某种具体工作，以其有限的生命在有限的空间内占有一席位置，这就是他的职业。从社会生产的角度来看，职业是社会分工的结果，一定的社会分工或社会角色的持续实现，就形成了职业。

（二）职业的特征

职业的特征包括社会性和时代性、专业性和规范性、经济性和稳定性、知识性和技能性、多样性和层次性五个方面。

1.社会性和时代性

职业是生产力发展和社会化分工的结果，它的形成和内容都离不开社会。受社会政治、经济、文化等因素的影响，人们的职业选择还与社会制度和社会政策有关。随着时代的发展和社会的进步，旧的职业不断被淘汰，新的职业不断产生，职业在不断发生变化。相同的职业在不同时期会有不同的内容和形式。从不同时期出现的不同热门职业可以看出，职业具有鲜明的时代特点，特定时期的人们对不同职业的热衷程度不一。

2.专业性和规范性

一个人要从事某种职业，就必须具备职业化的知识、能力并遵从特定的职业道德要求，如医生要有一定的医疗专业知识、技能和救死扶伤的精神，教师要具有足够的学科教学能力和教书育人的职业操守等。随着社会的发展、科技的进步，劳动的专业化程度越来越高，职业的专业性越来越强。职业主体所从事的职业活动必须符合国家的法律规定和社会伦理道德准则。

职业分为正当职业和不正当职业两种。不正当职业包括有组织的走私、贩毒、贩黄以及非法传销活动等。这些职业要么不符合国家的法律规定，要么有悖于社会伦理道德的准则要求，特别需要提醒的是，非法传销活动作为不正当职业，对大学生影响很大，应予以警惕。

3.经济性和稳定性

人们从事某一职业的重要目的是获得一定的报酬，维持自己和家庭的生存和发展。职业的形式和内容在一定的时期内是相对固定的，这也保证了劳动者能通过连续从事这一职业获得稳定的收入。在职业范畴里，经济性和稳定性是不可分割的。

4.知识性和技能性

不同职业要求不同的知识和技能，有的知识和技能比较简单，容易掌握，不需要专门的学习和培训，就可以在社会生活中通过经验的总结和常识的积累来获得，如农耕文明就是先民对天文、气象、水利等知识和耕作方面技巧的积累和总结，但对于大型仪器的操作，则需要经过专门培训。现代社会，职业分工越来越细，各种新职业层出不穷，职业的知识含量越来越高，技术越来越复杂，需要从业者经过专门的学习和培训，具备专业的知识和技能，才能胜任特定工作。即便是农业生产，随着现代农业的发展，也呈现出越来越专业的态势。

5.多样性和层次性

职业的多样性非常明显，职业领域的范围十分广泛，涉及人类生产、生活的方方面面，而且职业的分化还在继续，职业的种类在不断增加。同时，这些不同的职业对劳动者的素质和条件有着多样化的要求。职业的层次性包括各类职业间的层次和各个职业类型内部的层次。虽然一直强调职业没有高低贵贱之分，但不可否认的是，收入水平的高低、工作任务的轻重、社会地位的高低确实使职业呈现出层次性特征，影响着人们对职业的看法。

（三）职业的作用

选择职业是人生大事，因为职业决定了一个人的未来。职业对每个劳动者有以下三个方面的作用：

1.职业是人们得以生存的手段

职业生活是人生的重要部分，人们必须通过参加社会劳动来获取生存所需的生活资料，人类的生存与发展都是基于劳动创造实现的。没有社会中每个人的劳动创造，就没有个人的发展和社会的进步。在现实生活中，人们劳动是为了获取一定的报酬。人们通过参加一定岗位的劳动，获取劳动报酬，满足谋生的需要，积累个人财富。

2.职业是塑造个性和实现自我价值的舞台

每种职业都有其独特的劳动成果，对从业者生理和心理等都有特定的要求。参加职业活动，不断地让一个自然人变成一名职业者，逐步形成并不断发展完善自我。随着从业时间的增加，从业者的智力、体力都有了长足发展与提高，从而满足其自我价值实现的需要。

3.职业是实现社会价值的重要途径

现代社会的劳动者有着十分明显的分工。一个人只能从事某种具体的劳动，不可能同时从事直接生产其所需的全部生活资料的各种劳动。劳动者只有通过各自劳动成果的交换，才能满足各自的需要。这种平等交换劳动成果的过程，既体现了劳动者为他人服务的程度，又可衡量劳动者对国家和社会所做贡献的大小。职业的本质是劳动力与生产资料的结合，它体现着人与人之间的社会关系。所以说，职业劳动在为个人获得谋生的生活资料的同时，也为社会创造了财富。

二、职业的分类与职业发展

职业的分类是以工作性质的同一性为基础原则，对社会职业进行的系统划分与归类。所谓工作性质，就是一种职业区别于另一种职业的根本属性，一般通过职业活动的对象、从业方式等的不同来体现。职业分类的目的是要将社会上纷繁复杂、数以万计的现行工作类型，划分成类系有别、规范统一、井然有序的层次或类别。对从事工作性质的同一性的技术解释，要视具体的职业类别而定。而职业分类体系则通过职业代码、职业名称、职业定义、职业所包括的主要内容等，描述出每一种职业类别的内涵与外延。

（一）职业的分类

1.按产业和行业分类

产业是指生产具有同类性质产品的生产单位所构成的生产群体，或有同类社会经济职能的社会经济单位所组成的群体。产业是国民经济活动最基本的类型，1985 年，国家统计局根据联合国的划分标准，把我国的产业分为第一产业、第二产业和第三产业。

行业是指从事相同性质的所有单位的集合。采用经济活动的同性质原则划分国民经济行业，即每一个行业类别都按照同一种经济活动的性质划分，而不是依据编制、会计制度或部门管理等划分。我国于 1984 年颁布《国民经济行业分类和代码》，把我国国民经济分为 13 个门类；1994 年、2002 年、2011 年和 2017 年，国民经济行业分类国家标准历经四次修订，并更名为《国民经济行业分类》。

2.按职业分类

1999 年我国正式颁布第一部《中华人民共和国职业分类大典》（以下简称《大典》）。《大典》参照国际标准职业分类，从我国实际出发，按照工作性质同一性的基本原则，对中国社会职业进行了科学划分和归类，全面客观地反映了我国社会职业结构状况。《大典》客观反映国家经济、社会、科技等领域的发展和结构变化，为国民经济信息统计和人口普查规范化提供依据，是劳动力科学化、规范化、现代化管理的基础，同时为职业教育与培训和就业服务提供条件，是完善国家职业资格证书制度的重要基础工作。

进入 21 世纪，随着经济社会的发展、科技的进步和产业结构的调整升级，我国的社会职业构成发生了很大变化，一些传统职业开始衰落甚至消失，新的职业不断涌现并发展起来。针对这一情况，我国启动《大典》修订工作，分别于 2015 年和 2022 年修订了《大典》。

在 2022 年版《大典》修订中，为全面、客观、准确地反映当前社会职业发展实际状况，将近年来新增职业信息纳入了《大典》，对部分原有职业信息描述进行了更新，并取消了已消亡的部分职业，反映了数字经济发展的需要，顺应了碳达峰、碳中和的趋势，契合了创新、协调、绿色、开放、共享的新发展理念，满足了人民美好生活的需要。据统计，2022 年版《大典》包括大类 8 个、中类 79 个、小类 449 个、细类（职业）1636 个。与 2015 年版《大典》相比，增加了法律事务及辅助人员等 4 个中类，数字技术工程技术人员等 15 个小类，碳汇计量评估师等 155 个职业（含 2015 年版《大典》颁布后发布的新职业）。

（二）职业的发展

职业的发展是一个历史的过程，许多职业与人们的日常生活息息相关。职业的发展能直接反映社会的发展与进步。改革开放前，我国生产力水平低，80%的人口从事农业劳动；改革开放后，多种相关扶持政策出台，商业和服务业迅速发展起来，城镇各种生产、运输、设备制造和操作人员大批转岗，从事农、林、牧、渔等职业的人数减少了一半；而餐馆服务人员、旅游及健身场所服务人员、社区服务人员和从事各种商业贸易的人数急剧增加。

1.传统职业渐行渐远

近年来，随着经济生活的变化，过去的很多技术、手艺已经不再需要，于是，靠这些行业谋生的人纷纷转行，另谋他业。不知不觉中，一些传统职业萎缩、消失，逐渐退出历史舞台。据统计，我国现有的传统职业，与 30 年前相比减少了近 3 000 种。例如，磨刀剪等一些传统职业逐渐淡出市场，一些家用产品维修业也面临整合与消亡。

2.新兴职业不断涌现

20 世纪 80 年代以后，随着社会的发展，涌现出大批新职业，主要集中在高新技术产业和服务业。从分布情况来看，典型的新职业分布在基因和转基因工程、遗传工程、细胞工程、纳米材料生产及航空航天材料生产等领域。而新职业分布最广的是在社会服务领域。从我国近年来公布的新职业来看，创意设计类的职业较多。另外，信息顾问、社会服务、科技类、保健类等职业也在不断增加。从最近几年诞生的新职业不难发现，新职业带着鲜明的市场经济色彩，在经济高质量发展、产业结构转型升级的关键时期，新职业明确体现了职业结构的变化。例如，色彩搭配师这种新兴职业，就是专门为顾客进行服饰颜色的搭配。

3.新兴职业的特征

（1）专业知识与操作技能相辅相成，灰领职业异军突起

灰领原指负责维修电器、机械等的技术工人，这些工人常穿着灰色工作服出现，此类职业也随之得名。灰领是"具有较高知识层次、较强创新能力、掌握熟练的心智技能的新兴技能人才"。如今，灰领的范畴扩大，包括电子工程师、软件开发工程师、装饰设计工程师、绘图工程师、喷涂电镀工程师等。

相较于白领和蓝领，灰领职业人员既要有良好的理论素养，又要有动手实践能力，是复合型、实用型人才。动画绘制员、汽车模型工、汽车加气站操作工、包装设计师、数字视频策划制作师等，都是现代制造业新兴的灰领人才。有着比蓝领人员更多专业知识和更佳操作技能的灰领人才，将成为体现职业未来发展特征的专业人才，是以后青年求职的主要方向。

（2）迅速发展的高科技产业、创意产业已经成为催生新职业的主要领域

电路版图设计师就是高科技催生的新职业的代表。集成电路版图设计职业伴随着 IC（集成电路）产业的发展而产生。由于对从业人员的专业知识和技能要求较高，IC 版图设计师是 IC 行业紧缺的技术人才之一。

创意产业则出现了包装设计师、工艺美术设计师、广告设计员、模具设计师、时装设计师、会展设计师、景观设计师、花艺环境设计师、机械产品设计师等新职业。房地产行业的快速发展，使人们对家庭装修、室内设计的要求日益个性化、多样化，对家具设计提出了更高的要求，家具设计师是创意设计类新职业的代表。

（3）职业分类越来越细

随着社会需求的增加和技术的发展，产业细分导致社会分工细化，职业分类也已远非"三百六十行"所能概括。比如，银行职员这个职业有了更进一步

的划分，更加专业化，出现了资金交易员、资金结算员、清算人员等一些过去没有的岗位；随着策划风潮兴起，仅策划师就有商务策划师、会展策划师、房地产策划师等；养宠物的人越来越多，与宠物有关的新职业也随之增多，仅专业维护的职业就有宠物健康护理员、宠物医师等；挖掘机驾驶员以前一直被混淆在普通驾驶员当中，现在单列出来，代表了社会对该职业的重视。

（4）市场特征越来越明显

与市场经济一同成长起来的各类中介服务业，带动了一大批此前不曾有的职业的出现，如技术经纪人、人才中介服务员，这些中介职业正成为现代信息社会人们交流沟通的桥梁。专家预计，这些随着市场经济应运而生的职业，必将随着市场经济的发展更具生命力。

（5）新需求催生新职业

一些地方出现了一种新的职业——陪购师，即跟随客户出入商场，协助挑选适合客户的衣服，并负责讲价和拎包，工资按小时计算，服务比较灵活，可随客户到任何一个城市。还有些地方出现了"职业跳车人"，其主要职责是帮助出租车行政管理部门做暗访，每天的工作就是"打的"，看出租车驾驶员是否有不文明或者不合法的经营行为。某地还出现了"信用管家"，主要职责是进行信用调查、评估和管理咨询等服务。在危机公关行业趋热的情况下，原本就稀少的专业危机公关人才显得越发珍贵，危机公关顾问在国内悄然兴起。

新职业往往折射出经济和社会变迁的轨迹。新职业的种类可谓五花八门，比如汽车陪驾师、私人形象顾问、商业谈判服务师、楼房模型制作员、外国人家庭生活顾问、宠物心理医生、宠物营养师等。

（6）技工职业备受重视

随着办公室岗位竞争的白热化，加上技工岗位就业环境的日渐改善、技术含量的提升，以及薪资、福利待遇的进一步提高，白领与蓝领之间的差距缩小，技工类职业重回人们的视线。技工类岗位本身的职业稳定性相对较高，有利于个人的长期发展。因此，在新职业中，一些城市发展新兴领域的技工类职业也被纳入其中，如锁具修理工、汽车模型工、微水电利用工、激光头制造工、霓虹灯制作员、城市轨道接触网检修工、陶瓷工艺师、糖果工艺师、集成电路测试员等技工人才。

新职业的不断涌现，体现了我国社会的变化和进步，深刻地反映了我国劳务市场的需求或导向作用。改革开放使我国发生了巨变，这种变化势必体现在职业的发展中。新职业的诞生和发展，不仅记录了职场发展的轨迹，而且在更宏观的背景下折射出时代风云和社会变迁。

（三）未来职业的发展趋势

1.国内外职业发展的新趋势

（1）职业周期缩短，职业本身的变化也在加速

许多旧的职业在消失，新的职业不断涌现，更新的速度不断加快。劳动者就业选择权越来越得到承认和落实，就业实现自主化。

（2）不同类别的职位数量比例不断变化

第三产业中的职位数量不断增加，社会经济组织数量增加、形式多样，劳动关系、劳动内容、劳动形式也更加多样化和灵活化。

（3）对从业人员的知识、经验、技能、能力的要求越来越全面

职业综合化趋势明显。职业对就业者的要求不断提高，随着技术进步和知识更新的速度加快，人们需要不断进行"职场充电"，补充工作岗位对新知识、新技能的要求，防止人才"折旧和贬值"。

（4）职业岗位对专业技术水平的要求也越来越高

科技的快速发展使专业分工越来越细、越来越专，职业劳动的知识含量大幅增加，要求从业人员具有相当高的知识水平。体力劳动比重下降，脑力劳动比重增加，出现体力劳动脑力化、知识智能化的特点。

（5）职场竞争加剧，职业危机加剧

员工在一个企业"从一而终"的现象将再难出现。从业人员一生中更换多个岗位、多家单位已成常态，职业流动性增强。

（6）就业全球化

经济全球化是大势所趋，发达国家的职业管理模式、职业种类、职业劳动技能、工具、手段大量渗入我国，外商独资企业、合资企业大量出现，并提供许多国际规范的职业岗位。出国就业有更广阔的发展前景，就业岗位与国际接轨。

2.职业的发展形式

经济的全球化和科学技术的发展不断改变整个世界的面貌，改变人们的工作和生活方式，并对职业的发展产生了巨大影响，很多职业的工作方式也在改变。多样的经济形式、快速发展的科技，给人们带来了多样的工作方式和生活模式。

（1）全职工作

这是传统的工作观念，指在一个或大或小、稳定的单位里为同一雇主连续工作，每周工作 40 小时或以上的永久性、全职性工作，周末和节假日休息，有稳定的收入。工作稳定、有保障，一般情况下，不会失业，安全感较强，并享有各种奖金、福利、保险，甚至住房。

（2）兼职工作

指一个人同时做两个或两个以上独立的工作。工作环境具有多样性、灵活性和变化性，但是需要不断更新技能。

（3）自由职业者

一种个人的经营模式，不属于某个固定的组织，可以自由决定工作时间和服务对象，根据工作成果来获得报酬。工作自由、开放，风险性相对较大，从业者需要有良好的心理安全感、自我管理能力和自信心。

（4）自我创业

自己或雇用其他人经营企业，具有高风险、高回报的特点。

三、职业素养与职业道德

（一）职业素养及其培养

职业素养受到越来越多现代企业的重视，现代企业在招聘应届毕业生时更加关注毕业生的职业素养。职业道德、职业态度等方面的综合素质成为企业考量一个毕业生的重要方面。

1.职业素养的含义

职业素养是指职业内在的规范和要求，是在从业过程中表现出来的综合品质，包括职业道德、职业技能、职业行为、职业作风和职业意识等方面。

一般来讲，职业素养至少包含两个重要因素：敬业精神及好的态度。敬业精神就是在工作中将自己作为公司的一部分，不管做什么工作都要做到最好，发挥实力，对于一些细小的错误能够及时地更正。敬业不仅仅是吃苦耐劳，更重要的是"用心"去做好公司分配的每一份工作。态度是职业素养的核心，好的态度，如负责的、积极的、自信的、建设性的、欣赏的、乐于助人的，是成功的关键。

2.职业素养的特征

（1）职业性

不同的职业对职业素养的要求有所不同，如对建筑工人的职业素养要求不同于教师。

（2）稳定性

一个人的职业素养是在长期职业活动中形成的，会保持相对的稳定性，例如一名教师经过几年的教学实践，逐渐形成相对稳定的教师职业素养，随着个人的发展，这种职业素养可能继续提升。

（3）内在性

职业人在长期的职业活动中，经过自己的学习、认识和亲身体验，知道怎样做是对的，怎样做是不对的，这样有意识地内化、积淀和升华心理品质，就是职业素养的内在性。我们经常听说，把这件事交给某人去做很放心。为什么放心？就是因为其内在职业素养好。

（4）整体性

整体性是职业人的知识、能力和其他个性品质在职业活动中的全面表现。我们说某人职业素养好，不仅指其职业道德、专业素养好，还包括职业技能熟练等。

（5）发展性

一个人的职业素养是通过教育、社会实践和社会影响逐步形成的。随着社会的发展，对从业者素养的要求越来越高，为了更好地适应、满足时代发展和科技进步的需要，应不断地提高自己的职业素养。

3.培养职业素养的重要性

职业素养的提高不仅能够帮助大学生提高就业竞争力，还能帮助他们适应职业发展的要求，提高胜任工作的能力。

目前用人单位的选择余地越来越大，学历之外的职业素养受到用人单位的特别关注。多数用人单位在招聘员工时，更多考虑的是为本单位输入所需要的人才，实现合理配置。求职者的职业素养成为用人单位一个重要的录用标准。从个人发展的角度来看，只有具备了良好的职业素养，才能在职场上开辟出属于自己的天地。如果个人缺乏良好的职业素养，就很难取得突出的工作成绩，更谈不上建功立业。从用人单位角度来看，唯有具备较高职业素养的人员才能实现求得生存与长足发展的目的，具备较高职业素养的员工可以帮助单位树立形象、节省成本、提高效率，从而提高单位在市场中的竞争力。从国家的角度来看，国民职业素养直接影响国家经济的发展。因此，大学生只有具备良好的职业素养，才能成为一个受欢迎的职业人。

4.大学生职业素养的自我培养

作为职业素养培养主体的大学生，在大学期间应该学会自我培养。

（1）培养职业意识

吉尔森（Ryan Jergensen）说："一个人花在影响自己未来命运的工作选择上的精力，比花在购买穿了一年就会扔掉的衣服上的心思要少得多，这是一件多么奇怪的事情，尤其是当他未来的幸福和富足要全部依赖于这份工作时。"很多学生在跨进大学校门之时就认为已经完成学习任务，可以在大学里尽情地"享受"了。这正是他们在就业时感到压力的根源。清华大学的樊富珉教授认为，中国有 69%～80%的大学生对未来职业没有规划、就业时容易感到压力。某调查机构完成的一项在校大学生心理健康状况调查显示，75%的大学生认为压力主要来源于社会就业；50%的大学生对自己毕业后的发展前途感到迷茫，没有目标；41.7%的大学生表示目前没考虑太多；只有 8.3%的人对自己的未来有明确的目标并且充满信心。培养职业意识就是要对自己的未来有规划。因此，大学期间，每个大学生应明确"我是一个什么样的人？我将来想做什么？我能做什么？环境能支持我做什么？"着重认识自己的个性特征（气质、性格和能力）及个性倾向（兴趣、动机、需要、价值观等），据此来确定自己的个性是否与理想的职业相符；对自己的优势和不足有一个比较客观的认识，结合环境（如市场需要、社会资源等）确定自己的发展方向和行业选择范围，明确职业发展目标。

（2）配合学校的培养任务，完成知识、技能等显性职业素养的培养

职业行为和职业技能等显性职业素养比较容易通过教育和培训获得。学校的教学及各专业的培养方案是针对社会需要和专业需要所制定的，旨在使学生获得系统化的基础知识及专业知识，加强学生对专业的认知和知识的运用，并使学生获得学习能力、养成学习习惯。因此，大学生应该积极配合学校的培养计划，认真完成学习任务，尽可能利用学校的教育资源，包括图书馆等资源，获得知识和技能，作为将来职业需要的储备。

（3）有意识地培养职业道德、职业态度、职业作风等方面的隐性素养

隐性职业素养是大学生职业素养的核心内容，其体现在很多方面，如独立性、责任心、敬业精神、团队意识、职业操守等，一些大学生在这些方面存在

不足。记者调查发现，缺乏独立性、爱抢风头、不愿下基层吃苦等表现对大学生的发展不利。大学生应该有意识地在学习和生活中主动培养独立性、学会分享、勇于承担责任，不要把错误和责任归咎于他人。自己摔倒了不能怪路不好，要先检讨自己，承认自己的错误和不足。

大学生应该加强自我修养，在思想、情操、意志、体魄等方面进行锻炼。同时，还要培养良好的心理素质，提高应对压力和挫折的能力，善于从逆境中寻找转机。

（二）提高职业道德

职业道德，是指从事一定职业的人在职业生活中应当遵循的具有职业特征的道德要求和行为准则。随着现代化社会的发展和专业化程度的提高，就业市场的竞争日趋激烈，整个社会对从业人员的职业素养要求越来越高。在当前的社会发展进程中，人才的不断增加与市场的高质量要求，使就业形势愈加严峻、就业压力不断增加，包括大学生在内的每一个社会成员，都应该遵守以爱岗敬业、诚实守信、办事公道、服务群众、奉献社会为主要内容的职业道德。

职业道德对于当前的大学生来说，是确保其将来作为职业人在自身岗位上不断认识自己、超越自己并创造自身价值的重要因素。它对大学生以后在工作岗位上的表现有最直接的影响。良好的职业道德能够为社会营造稳定有序的工作氛围，有效调节整个社会职业活动中的各种矛盾，让就业关系更加融洽；同时，良好的职业道德也有利于促进就业环境更加完善，使人才各尽所用。

要想提高职业道德，大学生应从以下几点发力。

1.遵纪守法、廉洁自律

遵纪守法是公民的基本义务。遵守纪律听起来是个老生常谈的话题，但是并不是每个大学生都能做到，比如有人无故旷课、考试作弊等。廉洁自律是做好工作的前提，每一个单位都有相应的规章制度来要求员工遵纪守法、廉洁自律。大学生要学法、知法、懂法、守法，逐渐把法纪约束内化为自觉行为，由他律转化为自律，不断提高自己的思想品质，加强自我修养，倡导"自律"精神，把遵纪守法、廉洁自律作为自身的行为准则。

2.爱岗敬业

爱岗敬业指的是忠于职守的事业精神，这是职业道德的基础。爱岗就是热爱自己的工作岗位，热爱本职工作。敬业就是要用一种恭敬严肃的态度对待自己的工作。

爱岗敬业是人类社会最普遍的奉献精神，它看似平凡，实则伟大。任何一份职业，任何一个工作岗位，都是一个人赖以生存和发展的基础保障。同时，一个工作岗位的存在，往往也是人类社会存在和发展的需要。所以，爱岗敬业不仅是个人生存和发展的需要，也是社会存在和发展的需要。

敬业需要我们用尽职尽责的态度对待工作，只有先尊重自己的工作，才能唤起他人对这个行业的尊敬，才能使自己所从事的工作展现出它应有的光彩。你所热爱的本职工作，会带来一份只有你才能体会到的幸福和荣誉。

3.诚实守信

诚实守信是中华民族的传统美德，是人与人之间相处的道德规范，更是当代大学生必须具备的品质。

在体制转轨和社会转型时期，大学生的道德取向呈现多元化趋势，对传统的职业道德观念造成一定冲击。人们的职业忠诚度出现滑坡，表现出较大的职业浮躁情绪，反映在实际工作中，就表现为较为明显的急功近利行为。近年来，大学毕业生出现了频繁跳槽、盲目"裸辞"的现象，许多用人单位对大学毕业生的职业忠诚度和个人信誉产生了较大怀疑，影响了其录用、重用大学生的热情，这种现象反过来又进一步影响了大学生爱岗敬业的热情。如此恶性循环，最终增加了大学生就业的难度。一个不遵守职业道德、不信守职业承诺的人，无论其职业技能多高，都不可能成为高素质的职业人。

4.办事公道

办事公道是很多行业、岗位人员必须遵守的职业道德，其含义是以国家法律法规、纪律、规章以及公共道德准则为标准，秉公办事，公平、公正地处理问题。

5.热心服务

一些用人单位反映，大学生眼高手低，理论脱离实际，不愿从基层做起，缺乏吃苦耐劳精神，比较爱面子，害怕从事底层的工作被朋友、亲戚看不起，人际沟通能力差。大学生无论学什么专业，以后从事什么职业，都要树立服务意识，端正服务态度，掌握好服务本领，保证服务质量，兢兢业业做好服务工作。

6.奉献社会

奉献社会就是要求从业人员在自己的工作岗位上树立起奉献社会的职业理想，并通过兢兢业业地工作，履行对社会、他人的义务，自觉为社会和他人做贡献，尽到力所能及的责任。当社会利益与局部利益、个人利益发生冲突时，每一个从业人员都要把社会利益放在首位。

奉献社会是一种人生境界。奉献社会不仅要有明确的信念，还要有所行动。奉献社会是职业道德的出发点和归宿。

因此，无论从事什么职业，都要树立正确的义利观，正确处理公利与私利的关系。当"义"与"利"发生矛盾时，要有顾全大局、乐于奉献的精神，真正把国家、集体和人民的利益放在首位。要杜绝斤斤计较、只讲索取不讲奉献、只讲权利不讲义务、只讲金钱不讲道德的思想观念。

四、专业知识与职业发展

专业是学科和职业之间的桥梁，它按照学科进行划分，对应着一定的职业群。专业也是职业发展的基础，它为若干相近的职业群提供必要的基础知识和基本技能。

（一）专业的分类

从专业选择与转换角度看，可将专业分为理工类专业、文史类专业、文理兼收类专业三大类。

理工类专业，主要包括实用技术类、公安学类、职业技术教育类、数学类、物理类、化学类、生物学类、天文学类、地质学类等几十类专业。

文史类专业，主要包括哲学类、法学类、马克思主义理论类、社会学、政治学、教学类、中国语言文学类、历史学类、图书档案学类等。

文理兼收类专业，主要包括经济学类、体育学类、外国语言文学类、艺术类、中医学类、药学类、管理科学与工程类、工商管理类、公共管理类、新闻传播学类等。

（二）了解自己的专业

1.了解与专业相关的职业

了解与专业相关的职业，要做调查研究，可以从导师、专业课老师、班主任、辅导员那里获得帮助，因为他们掌握着比较前沿的知识和信息；可以通过人才市场调查，去招聘现场调查研究；可以从已经就业的毕业生那里寻求答案；也可以从政府、社会组织发布的行业动态中获取信息。只有尽可能清楚地了解专业的学科特征，了解学科门类中其他相关专业的基本情况，了解本专业人才培养规格的主要特征，才能全面了解专业，确定自己的职业方向。

2.了解学科特点及专业人才培养方向

首先，要清楚所修专业属于哪一学科门类；其次，要对学科的基本特色有所了解，对其相近学科和本学科的前沿知识和发展动向有所了解。在对学科的内涵及其发展的广度和深度进行了解的基础上，有效把握所学专业在学科中的位置和发展空间。

3.了解专业与个人职业发展的关系

要根据对自身性格、兴趣、爱好、能力、知识、职业倾向等的认识和了解，明确自己首选的职业与专业的关系，确定个人的职业发展方向。职业发展需要的知识和技能很多，学生应该清楚自身通过专业学习所获得的知识和技能中哪些是对职业发展有用的，哪些用处较少。

（三）专业与职业的关系

1.一对一的关系

这种情况最为简单。一个专业方向对应一个职业目标，此类职业的技术含量相对比较高，也比较单一。这类专业和职业一般适合于专业技术人员。

2.一对多的关系

这类专业一般存在于普通高校中，人们常说的宽口径、厚基础就是指这类专业。一个专业可以对应一个职业群，职业群一般由基本操作技能相通，工作内容、社会作用以及从业者所应该具备的素质接近的若干个职位构成。职业群横向划分，是相同的职业存在于不同的产业或行业之中，如人力资源专业所对应的职业群广泛分布于国民经济的各个产业和行业之中。纵向划分，是同一职业存在于同一行业若干个不同的岗位及其可能晋升的职务上。

3.多对一的关系

有时，多种专业都可以发展到某一种职业的形式。这类职业一般属于管理型人格的职业，如高校教师、科研人员、新闻记者、编辑人员、营销主管、企业管理人员等。对于某一职业比如新闻记者，它可以接收经济学、新闻、中文、哲学、历史等专业的学生。

第二节　职业与职位

一、职位与职位分类

（一）职位

职位一般是指承担一系列工作职权和职责的特定任职者所对应的在某个特定组织中的角色位置。它是一个组织的基本构成单位，职位与任职者常常——对应。

职位通常被认为由两个方面的要素构成：职务和责任。职务指任职者应当完成的任务或为某一明确的目的而从事的工作行为。责任是指承担该职位的从业者必须做什么或不能做什么的规范。

在采用现代人力资源管理理念的组织中，职位一般有四个明显的管理特征：①以事为中心来确定；②人数有较为严格的限定；③可以按不同的标准加以分类，并划分为若干等级（即职级）；④一般不随人员的转移而转移，同一职位在不同的时期可以由不同的人来担任。

职位在管理中必须由以下几个要素共同组成：①职位名称；②职务内容（包括工作性质、职务复杂程度以及管辖、协调职务的范围）；③责任程度；④任职条件（包括学历、资格、经历、能力、专长、个人品质和身体状况诸要素）。

（二）职位分类

职位分类通常是指根据职位的工作性质、责任、难易程度和所需资格条件等进行分类，划分为若干种类和等级，以便对从事不同性质工作的人，用不同的要求和方法治理，对同类同级人员用统一的标准治理，以实现人事治理的科学化，做到"适才适所"，劳动报酬公平合理等。职位分类是现代人事分类的一种类型。

1.职位分类制度

职位分类与品位分类相对。职位分类是以"事"为中心的分类，侧重职位的职务、职责与职权。在组织里面，最常用的职位分类便是部门分类和等级分类，如人事部司理，就涵盖了两方面的分类。

职位分类制度主要体现在两个方面：一是划分职位类型，二是职位设置。可以说，《中华人民共和国公务员法》规定的分类制度是一种以职位分类为主、职位分类和品位分类相结合的分类制度。

2.职位分类的作用

职位分类在企业人力资源管理过程中是一项基础性工作，因而具有重要的作用。具体表现在以下几方面：

（1）它是按劳取酬的依据。员工的报酬取决于其工作性质、难易程度及责任大小。职位分类将员工工作进行了明确的区分，起到了将职位、资格与报酬相统一的作用，因而奠定了按劳取酬的基础。

（2）有利于绩效考核。职位分类的前提是对每一职位工作标准与要求的具体、明确的规定。以此为准则可以对员工从事的工作及任务完成情况进行测量和评估，激励员工不断提高工作质量和工作效率。

（3）有利于控制成本费用。职位分类对企业内部各部门所需职位数量及工作总量都有准确的统计，并有相应的工作报酬方面的规定。这就使企业在控制劳动成本与人员使用上有了衡量的标准，从而极大地提高了成本控制的准确性，使成本核算具有科学性。

（4）有利于增强培训效果。职业教育与岗位培训的成效，取决于对不同职位的不同业务要求。职位分类使任职资格和对工作任务的要求具体化，据此进行有针对性的培训，因切合实际需要，可收到良好效果。换而言之，职位分类使培训目标、内容与方法明确化。

（5）有利于人力资源的优化配置。依据职位分类及其职位标准对员工进行考核，可以发现员工在专业特长、综合素质等方面的优劣与潜能，进而实行动态调整，即发现人才和使用人才，达到员工各扬所长、人尽其才的目的。从总体上看，实现企业员工的优化配置，可最大限度地提高人力资本和使用价值。

3.职位分类的特征

从职位分类的含义中可以看出，职位分类具有以下几个特征：

（1）职位分类是以"事"为中心的分类，即"因事择人"。

（2）职位分类所依据的根本要素是职位的工作性质、难易程度、责任大小及所需资格条件。

（3）职位分类并不是硬性规定何类职位应办什么事，而是对各个职位所干的事进行客观分析与评价，由此确定职位在职位分类布局中所处的位置，从而达到分类治理的目的。

（4）职位分类不是固定不变的，而是随着职位工作的变化而变化，但不因工作人员的变动而变动。

（5）职位分类本身不是目的，只是人事治理的一种科学方法。

4.职位分类的优点

职位分类的优点主要表现在：①因事设人，避免了因人设事、滥竽充数的现象；②可以使考试和考核标准更客观，有利于事得其人、人尽其才；③便于实行公平合理的工资制度，制定科学的工作人员培训规划；④可以做到职责分明，避免不必要的推诿纠纷，提高组织机构的科学化、系统化水平，使组织机构处于合理高效的状态；⑤有一套严格的法规文件；⑥以工作决定报酬，实行同工同酬；⑦为考试录用、考核奖惩、升迁等各项管理提供客观依据。

5.职位分类的缺点

职位分类的缺点主要表现在：①在适用范围上，职位分类适用于专业性较强的工作和职位，而对高级行政职位、秘密性职位、临时性职位和通用性较强的职位，则不太适用；②实施职位分类的程序烦琐复杂，需要动用大量的人力、物力并需要有履历的专家参与，否则难以实现科学、正确的分类；③职位分类重事不重人，强调"职位面前人人平等"，因此严格限制了每个职位的工作数量、质量、责任，严格规定了人员的升迁调转途径，有碍于人的全面发展和人才流动，个人积极性不易得到充分发挥；④职位分类在考核方面过于注重公开化和量化指标，使人感到烦琐、死板。

二、职业成熟度与职位获取

（一）职位获取的概念

职位获取是一个综合衡量个体职位搜索过程有效性以及个体在这个过程中的表现的一个指标，它代表了个体在参与就业竞争的过程中所获得的结果，这种结果衡量了求职市场体量、就业市场容量、个体就业竞争力、职位搜索行为等多方面因素的综合作用。其中，内因（个体就业竞争力）是导致个体职位获取情况分化的关键因素。

当今社会，经济、科技快速发展，这也使高校毕业生有更丰富多样的职业选择，而在一个健康发展的社会中，对于绝大部分求职者而言，找到一份工作是不难的，难的是找到一份自己想要的工作。虽然在我国扩大就业的战略背景下，从整体的数据层面上来看，近几年大学生的就业率有所提高，但与此同时，大学生起薪不断走低、非正规就业比例上升、就业后工作稳定性下降等问题也越来越凸显，单纯的就业率已不能全面反映大学生的就业现状。因而，对于职位获取的定义不应只局限于个体是否得到了一份工作，而应将个体所获取的工作的质量也包含在内。

衡量获取的职位的质量可以从该职位的客观指标出发（如工作性质、企业声望、起始薪资、组织文化、发展潜力等），也可以从个体的主观指标出发。选择可量化的主观指标来衡量个体所获取的职位的质量，可以使不同地域、不同专业、不同层次高校学生职位质量的横向比较成为可能。对于所获得职位质量的主观衡量一般可以从两个角度出发：职位满意度和预期职位匹配度。职位满意度是指员工在综合职位本身及其有关方面以后心理上感知的满意的程度。

预期职位匹配度是指个体所获得的职位与其预期获得的职位间的匹配程度。

（二）职业成熟度与职位获取的联系

个体的职业成熟度会显著增加个体成功获得职位的概率，对提高个体的预期职位匹配度也有明显的促进作用。

个体的职业成熟度越高，对个人现阶段所处的能力水平和心理状态有更清楚的认识，对职业发展的规划就越明确，对职业的选择和预期可能更贴合个人的人格特质和素质水平，也更具有现实意义。并且，职业成熟度越高，个体的求职意向越强，也越愿意为未来求职和职业发展付出更多的努力，所以职业成熟度越高的个体在职业目标和职位准备上都明显优于职业成熟度低的个体。

另外，高职业成熟度的个体在求职过程中的卷入度通常更高，能够搜集到更多与自己的目标职业相关的行业和职业信息，对于求职市场也会有更深入的了解，在求职过程中也会展现更高的职业自信，这也大大提高了个体在获取个人所期望的岗位时的成功率。

再者，高职业成熟度的个体在进行职业决策时通常更独立。虽然在国内整体的文化环境下，这一类群体的职业决定也会受到亲友看法的影响，但高职业成熟度的个体通常更清楚地了解哪些职业价值对自己来说是更重要的，也更有可能挖掘到隐于现有职业机会背后的职业发展潜力，不容易陷入盲目参照、攀比的职业决策困境，因而能够做出更成熟的职业决策，这也有助于提高个体成功获得职位、获得符合个人预期的职位的可能性。

（三）职业成熟度对职位获取和预期职位匹配度的影响

自 1955 年萨柏（Donald E. Super）提出职业成熟度的概念以来，已经有很多学者围绕职业成熟度展开了各种各样的研究。并且，随着就业压力的增大，越来越多的学者开始关注职业成熟度这一研究主题。其中，职业成熟度对个体职业发展相关结果的影响正是学者比较关注的一个课题。一方面，研究表明，随着我国高校毕业生就业市场的逐步成熟，毕业生的就业竞争力更多地体现在个体的知识、能力等综合素质上。另一方面，由于大学生就业实现机制与就业质量决定机制的差异，相同的人力资本因素对于大学生的求职结果和就业质量的影响可能也存在差异。因此，这里主要从职位获取和预期职位匹配度两个方面出发，探究个体职业成熟度对个体就业竞争力的影响。

1.职业成熟度对职位获取的影响

职业成熟度是影响个体就业成功的一个关键因素。国内外关于个体职业成熟度与个体求职过程的研究表明，除去外部的就业环境因素，个体求职的难易程度还与个体的自我认知与定位、对职业世界的了解程度、求职技巧上的差异、求职过程中情绪的感知与心态的调整等因素有关。

现实情况表明，大学生在求职过程中更热衷于在大中型城市、大中型企业以及高收入行业中寻求就业机会，这种就业选择的集中性增加了大学生的就业压力和难度。在求职这样一个竞争激烈的双向选择过程中，准确的自我认知和明确的自我定位无疑会加大求职者获得成功的概率。相较于低职业成熟度的个体而言，高职业成熟度的个体对于自身所处的状态和就业竞争力的综合水平有更准确和实际的评价，因而更有可能找到适合自己的工作，不至于因眼高手低而错过许多切合自身现有能力和水平的工作机会。

一个职业成熟度高的个体通常被认为是一个在自己的职业选择上有坚定的态度，并且已经拥有一定的知识和技能储备以帮助自己做出合适的职业决策的个体。他们会更积极地进行求职前的准备，以尽可能地向目标职位的要求靠拢，也更愿意主动地寻求和发展更多的职业或职场资源。一般来说，个体的职业成熟度越高，个体的求职意向就越强烈，对职业的规划与执行能力越强，求职行为也越多，而有效的求职行为可以帮助个体避免求职的盲目性，缩短求职周期，提高成功就业的可能性。

相较而言，职业成熟度较低的个体在职业前瞻性上则逊于职业成熟度高的个体，在职位搜索过程中也不会像后者那样积极、有效，因为他们很容易对自己的职业选择产生怀疑，进而影响他们在职位获取上的成功率。此外，研究表明，大学生在求职和就业过程中的努力程度对于大学生的就业竞争力有着显著影响，职业成熟度较低的个体在求职过程中的努力程度往往不及职业成熟度高的个体，这也在很大程度上削弱了他们在求职市场上的竞争力。黄炽森（Chi-SumWong）等学者在对 1 200 余名香港高中及以下学历的年轻人进行两阶段实证研究后指出，职业成熟度高对于个体职位获取的成功有明显的促进作用。

2.职业成熟度对预期职位匹配度的影响

职业预期是个体对就业的态度倾向，描述了个体对就职的企业、行业类型、工作地点等多个方面的综合设想，是个体职业规划的重要组成部分，而职业成熟度与个体的职业规划能力息息相关，因此个体的职业成熟度极有可能对个体的预期职位匹配度产生影响。

在求职的过程中，人与职位匹配无疑是个体考虑接受一份工作的关键因素。一般来说，职业成熟度高的个体能更早、更清晰地确定自己的职业兴趣，拥有更明确的职业目标，对于职位的预期也会有更明确、更符合个体实际的定位。已有的研究表明，拥有更高职业成熟度的个体在承担与职业相关的任务时表现得更自信，更容易从职业教育中收获有用的信息，拥有更明确的职业选择，也更容易实现主观上的职业成功。

相较于低职业成熟度的个体，高职业成熟度的个体在职位搜索的整个过程中表现出了更强的适应性，比如更愿意依据实际情况适当调整目标或者调整求职策略。他们能更有效地发现并发挥相关资源的作用，在搜索与自己的职业目标更契合的职位时，有更灵活的搜索策略，也更愿意花时间为这样的机会做充足的准备，也就更有可能获得一个与自己的期望相符的职位。

此外，已有研究表明，职业成熟度较低的个体，其职业规划能力和职业执行能力一般不高，在个人认知和决策上的正确性也普遍较低。这使得他们对未来发展方向感到迷茫、对社会需求存在认知错位，从而使他们在根本不清楚自己究竟想要获得怎样的职位时，就跟风随大流，盲目地做出了职业选择，而这也有可能导致较低的预期职位匹配度。

三、职业生涯开发导向的职位分析与设计

(一)组织与职位、员工的匹配

1.组织与职位的匹配

多个互相联系的职位所组成的组织结构,是实现组织战略的平台,可以说,职位是实现组织目标的载体。组织战略目标要靠多个功能模块共同协作来实现。功能模块对应一系列职能,对之进行层层分解,就会得到部门、团队和具体职位的职责,通过这个过程可以实现组织与职位的匹配:需要什么样的职位是由组织的价值链决定的。企业组织创造价值的链条是一个环环相扣的职位系列。关键环节构成了组织的核心竞争力,组织要营造核心竞争力就要设计好关键职位,这样才会完成目标职能,进而实现组织战略。组织依据发展战略进行组织结构设计,设置不同职位来实施组织的各项职能,这是组织与职位的匹配过程。

2.组织与员工的匹配

组织与员工的匹配是一个间接过程,要通过员工与具体职位的匹配来实现。实现各个职位的职能要靠与这个职位相匹配的能力、知识、技能和个性等特质,而员工是这些特质的载体。因此,为各个职位寻找合适的员工,把员工放在组织内合适的职位上才是关键。要实现人、职匹配,就需要组织进行详细的职位分析,编制出规范的职位说明书,明晰各个职位的任职资格和职能要素。管理者依据岗位描述和任职资格在组织内外寻找合适的员工来填充相应的职位。

(二)职位分析与设计对员工职业发展的牵引机制

职位分析与设计是对组织内部人力资源进行规划、梳理的过程,是人力资源的一项核心基础职能,它的主要成果是形成职位说明书。职位说明书一般包

括工作描述与任职资格两项内容。它向员工清晰地表述组织和职位对员工的行为和绩效的期望，对员工的职业发展有很强的导向和促进作用。

（1）职位分析与设计对企业战略的落地与组织的优化具有十分重要的意义。通过职位分析，人们可以明确职位设置的目的，找到该职位为组织创造价值的点，从而支持企业的战略目标与部门目标，实现组织战略传递；可以明确界定职位的职责与权限，消除职位之间在职责上的相互重叠或者职责真空，使组织的每一项工作都能够得到落实；可以根据职位的职责来确定或者调整组织的授权与权利分配体系，从而在职位层面上实现权责一致。

（2）职位分析与设计规定了职位的任职资格。员工可以对照目标职位的要求，有针对性地参加培训、自我改进，以提高自己的业务水平，发展内职业生涯。

（3）职位说明书明确了职位的上下级关系，能使任职员工明确自己在组织内所处的位置，给员工指明了外职业生涯的发展方向，清楚以后的职业发展路径；职位说明书中关于职位的描述，使员工明晰了自己的职责、业务范围和完成工作所需的规范化行为，可以帮助员工更好地做好自己的本职工作。

（4）职位说明书阐明了某职位的主要职责和评价标准、工作责任的大小和重要性，帮助组织建立了良好的绩效考核标准体系，以这个标准为基础建立起的薪酬管理、选拔晋升等机制，可以给员工积极正面的引导，督促员工沿着组织内的职业发展通道发展自己。

（三）开展职业生涯开发导向的职位分析应注意的问题

1.实现员工、职位和组织的完美匹配

职位分析必须以企业战略为导向，与组织的变革相适应，与提升流程的速度与效率相配合，以此来推动职位描述与任职资格要求的适应。达到职尽其用的目的，也就是体现出职位对组织战略的支撑作用；职位分析必须以工作为基础，以此来推动职位设计的科学化，强化任职者的职业意识与职业规范。要才

适其职，让员工才能的发挥与职位的要求相符合。同时，职位分析又必须充分考虑任职者的个人能力与工作风格，在强调工作岗位内在客观要求的基础上，适当体现职位对人的适应，处理好职位与人的矛盾。也就是要人尽其才，鼓励员工充分发挥自身才智，实现员工与职位的动态协调与有机融合。通过以上分析可以看出，职位分析的目的就是实现"人与才""才与职""职与用"三者的有机结合，从而实现员工、职位与组织的完美匹配。在实现组织战略的同时推动组织内员工的职业发展。

2.注意职位分析与其他职业开发活动的衔接

企业管理工作是一个整体，职位分析可顺利展开的前提条件是：有关组织结构已确定，并具有相对稳定性；在组织结构基础上，工作流程及部门责任已确定；每个部门应有的工作职位也已明确。在进行职位分析前，首先要进行组织机构调整及部门责任和部门职位的确定。职位分析的成果应该作为后续职业发展活动的基础，编制职位说明书等文档时，应充分考虑其准确性和连贯性，为后续活动留好"接口"。在完成职位分析之后，不要将形成的各种标准化文档束之高阁，而是应按照组织的整体制度设计，充分发挥其基础性作用。

3.重视对职位说明书的动态管理

一方面，为了保持组织与管理的联系，企业内部的职位设置及与此相对应的职位说明书必须保持相对稳定；另一方面，职位说明书又并非一成不变，而是需要根据企业的战略、组织、业务与管理的变化适时进行调整，需要在稳定的基础上，建立对职位说明书进行动态管理的机制与制度。

四、创新职位设计

职位是组织中承担操作或管理活动的最小单元，也是员工承担组织职责的载体和职业发展的平台。职位设计，亦称职务设计或岗位设计。它强调将任务划分成若干最简单、最基本的操作要素，然后仅将其中的某一操作分派给单个人去重复进行。一方面，专业化的分工创造了种类众多的职位，使企业可以根据不同职位的技能要求有选择地配备工作人员，并使任职人员在简单的重复劳动中大幅度地提高生产效率；另一方面，专业化的分工迫使员工日复一日地从事某一种单调、乏味、枯燥的工作，影响了员工的工作满足感和积极性。

为了员工的职业发展，可以采用职务扩大化、职务丰富化的方式对职位进行再设计，这样可以使员工体验到工作本身的意义，使工作内在地具有一种激励力量。

职务扩大化，是指在水平方向上扩大工作的广度和范围，使每一职位或岗位所负责的工作任务多样化。职务丰富化，则是从垂直方向上拓展工作的深度。通过授予下级人员计划和控制方面的自主权来充实其工作内容。

第三节　职业与社会

一、社会概述

（一）社会及其基本构成要素

社会，本意是指特定土地上人的集合，也泛指由于共同物质条件而互相联系起来的人群。社会是共同生活的人们通过各种各样社会关系联合起来的集合，其中形成社会最主要的社会关系包括家庭关系、共同文化以及传统习俗。微观上，社会强调同伴的意味，并且延伸到为了共同利益而形成的自愿联盟。宏观上，社会就是由长期合作的社会成员通过发展组织关系形成的团体，并形成了机构、国家等组织形式。

社会构成要素是指构成一个社会的基本单位和调节社会生活的基本形式。

就现代社会构成要素而言，家庭、邻里、学校、社团、社区都是构成社会的基本单位。借助社会构成的这些基本单位调整人们之间的关系、人们的活动、人们在社会中的行为，保证社会生活的安定，实现个体的行动与社会的一致，从而达到社会的整合。

在经济全球化背景下，随着社会的日益进步，根据各个社会构成单位所调节的社会关系范围的不同，社会构成要素通常又分为经济的、政治的、思想的、教育的、文化的等。在经济构成要素中，所有制的形式、社会分工等占主导地位。政治构成要素是国家、军队、法庭、政党等。属于思想方面的构成要素有报刊、电视及其他传播媒介。属于教育方面的构成要素有家庭、学校等。文化领域中的构成要素包括科学、哲学、艺术等。社会构成各要素借助互动和共同行为实现整体的协调和一致。社会构成要素的性质是由物质生产方式和要素之间的相互关系来决定的。

作为人类历史之现实前提之一的"现实的个人"，绝不是先有活动后有关系，"现实的个人"的"交往"与"他们的活动"是互相规定、互为前提的。一切要素的组合都是以人（即活动）为中介的，归根到底是人的组合。就社会关系来说，它涵盖三个层面：个人与个人的关系、个人与组织的关系和组织与组织的关系。其中的"组织"主要指国家权力组织和与之相对应的社会组织，故而可将社会关系视为一个结构，它集中表现为个人、社会与国家三者间的关系。

（二）社会结构与社会关系

1.社会结构

社会结构是一个在社会学中广泛应用的术语，但是很少有明确的定义，最早的使用应该在 20 世纪初汉语社会科学的形成时期。在当前的汉语社会科学中，这个模糊的概念仍然被广泛使用。广义地讲，它可以指经济、政治、社会各个领域的结构状况；狭义地讲，在社会学中主要是指社会阶层结构。但是，在欧美社会理论语境中，社会结构常常还在更加抽象的层次上使用，用来指独立于有主动性的人并对人有制约的外部整体环境，经常与"能动性"对立使用。一定意义上，这种对立类似于"社会与个人"的对立。社会结构最重要的组成部分是地位、角色、群体和制度。社会结构的内容实际上是社会的主体——人及其生存活动——社会活动和社会关系的存在方式，一般表现为：人口结构、人群组合结构、人的活动位置结构（在社会中所从属的集团阶层）、人的生存地域空间结构、生活方式结构等。

2.社会关系

社会关系是社会中人与人之间关系的总称。马克思指出，人的本质是一切社会关系的总和。此意即为社会关系源于人，因为有了人类，人与人之间便产生了各种复杂的关系，这些关系就统称为社会关系。从关系的双方来讲，社会关系包括个人之间的关系、个人与集体之间的关系、个人与国家之间的关系，一般还包括集体与集体之间的关系、集体与国家之间的关系。这里集体的范畴，小到民间组织，大到国家政党。这里的国家实质上是一方领土之社会，即个人与国家之间的关系就是个人与社会之间的关系，而个人与世界的关系就是个人与全社会之间的关系。从关系的领域来看，社会关系的涉及面众多，主要的关系有经济关系、政治关系、法律关系。经济关系即生产关系。此外，宗教、军事等也是社会关系体现的重要领域。

就社会关系来说，它涵盖三个层面：个人与个人的关系、个人与组织的关系和组织与组织的关系。其中的"组织"主要指国家权力组织和与其相对应的社会组织，故而可将社会关系视为一个结构，它集中表现为个人、社会与国家三者间的关系。

随着人类改造自然、改造社会的实践活动日益深入和扩展，复杂多样、多种层次的社会关系得以形成。马克思主义哲学科学地揭示了各种社会关系之间的从属关系，并将社会关系分为物质关系和思想关系两种基本的类别。物质关系是人们在生产活动中形成的、不以人的意志为转移的必然联系，思想关系是通过人们的意识形成的关系，它是物质关系的反映。

还可以从其他角度对社会关系进行分类：

（1）根据社会关系的主体和范围，可以将社会关系划分为个人之间的关系，群体、民族之间的关系，国内和国际关系等。

（2）根据社会关系的领域不同，可以将社会关系划分为经济关系、政治关系、法律关系、伦理道德关系、宗教关系等。

（3）根据社会关系包含的矛盾性质的不同，可以将社会关系划分为对抗性关系和非对抗性关系。对抗性关系是涉及双方利益根本对立、往往要靠强制手段来维系或解决的矛盾关系，通常指剥削阶级与被剥削阶级之间的关系、敌我之间的关系。非对抗性关系是双方根本利益一致，可以通过批评、说服、调整的方法去解决的矛盾关系，通常指人民内部的关系。

二、个人与社会

（一）个人社会化

1.个人社会化的含义

所谓个人社会化，是指社会对个人的文化教化和个人对社会能动选择与调适的统一过程。刚刚出生的人并不具有社会属性，只是生物意义上的人。他必须在与周围人和社会的接触、交往中，通过不断学习各种知识、技能和规范，来发展自己的社会属性，具备适应社会生活、承担一定社会角色的能力。由"生物人"向"社会人"转化的这个过程，便是个人社会化。大学生从校园走向社会，就是逐步实现个人的文化教化和个人对社会能动选择与调适的统一过程。

2.个人社会化的特点

个人社会化具有两个突出特点：

一是强制性。个人在教化过程中，常常缺乏主动性和自觉性，需要靠社会的强制性教化来达到社会化目的。例如，对儿童的教育、对违法犯罪者的改造等，都表现得非常明显。

二是能动性。个人在社会化的过程中学习什么、接受什么，都有一定的选择性，甚至会有自己的发现和创造，对来自社会方面的影响并不只是一味地被动接受，而是具有一定的能动性。

3.个人社会化的基本内容

个人社会化的基本内容可概括为四个方面：

一是技能社会化。个人只有通过社会才能生存和发展，因而首先必须通过多种形式的社会化过程获得参与社会生活的基本技能，包括日常生活技能、职业技能等。大学生走向社会后的个人社会化基本内容，就属于这个领域。

二是政治社会化。即个人逐渐学习和接受被现有政治制度采用和确定的政治信念、思想体系、社会制度和政治态度的过程，其目的是将个人培养和训练成为有政治意识和为特定社会发展发挥作用的社会成员。在我国社会主义条件下，政治社会化的目的就是培养担当民族复兴大任的时代新人。

三是行为社会化。任何社会都有一套必要的社会规范，以维持社会的秩序和稳定，个人要想做一名合格的社会成员，必须遵循一定的社会规范，包括法律、纪律、道德、风俗等方面的规范。规范行为是从小灌输和培养形成的。

四是性别角色社会化。男女差异除不同的生理特征外，还表现为不同的社会特征，如不同的服饰、发型、行为方式、职业等。这些性别特征不是天生注定的，而是在不同文化环境中经过性别角色社会化形成的。

4.个人社会化的主要形式

个人社会化的内容广泛，其形式也是多种多样的。按社会化的过程不同划分，有基本社会化和继续社会化；按社会化的程度不同划分，有理想社会化和再社会化；按社会化的具体目的不同划分，有预期社会化和发展社会化；按社会化的方向性不同划分，有正向社会化和负向社会化。

（1）基本社会化和继续社会化

基本社会化是人的生命早期的社会化过程，也称一级社会化。它包括幼儿期、儿童期和青年期等阶段。基本社会化的任务主要有两个方面：一是生理性成熟，二是社会性成年。

继续社会化是人在成年以后的社会化，也称二级社会化。它主要包括中年社会化和老年社会化两个阶段。

基本社会化的完成，并不意味着个人社会化的结束，还要继续社会化，这是因为：第一，社会是不断变化发展的，任何个人的现有知识、才能都难以适应未来社会的要求；第二，现代社会中，科学技术飞速发展，个人如不注意扩充和更新知识，就可能被社会淘汰；第三，基本社会化时期的教育范围有较大局限性；第四，成年人在生活中能更主动地选择和学习知识，开拓自己。

（2）理想社会化和再社会化

理想社会化是完全按照社会需要和遵循固定程序来对个人进行正常教化的过程。事实上，由于个人或社会各种因素的影响，一些人难以实现理想的社会化，因而需要再社会化。

再社会化又称重新社会化，是使个人改变以前的知识结构、价值标准和行为规范，建立起新的、符合社会要求和新的形势需要的知识结构、价值标准和行为规范的过程。它包括主动再社会化和强制性再社会化两种基本类型。

（3）预期社会化和发展社会化

预期社会化是一个人为适应特定角色需要而进行的知识准备过程，如学校教育、岗前培训等；大学生完成了接受高等教育的过程，就是完成了预期社会化的过程。

发展社会化是继续社会化的特殊表现，是一种为适应生活的变化、承担起新的角色而主动学习与调适的过程，如成人教育等。对于大学生而言，为适应社会或岗位需要而不断进行的继续学习，就属于发展社会化的范畴。

（4）正向社会化和负向社会化

正向社会化是指上代人对下代人的文化传递和教化的过程。

负向社会化是指年轻一代用新知识、新观念影响前辈的过程。

传统社会的个人社会化主要是正向社会化，现代社会，老一代开始较多地受到年轻一代的影响，负向社会化变得相当普遍。

5.大学生社会化的实现阶段

掌握和遵从社会规范，是个人社会化的标准之一，也是取得社会成员资格的条件之一。

大学生需要经过三个连续阶段来实现社会化：一是在学校教育条件下，学习知识、技能、规范；二是在学校教育条件和社会教育条件共同作用下，适应社会的现实物质生活条件、精神生活条件和价值观念、社会规范、社会行为及各种社会关系；三是在社会生产条件下，确立在复杂的社会关系网络中自身的落脚点，从而取得社会成员的资格。

贯通这三个阶段，促成大学生社会化，最有效的途径就是学校有目的、有计划地组织大学生介入社会生活中去。这种"有目的、有计划地"介入社会，要求高校在学校教育条件下，适当地、合理地、因地制宜地将教育的外延在一定限度内向三大实践渗透或延伸。大学生有组织地介入社会，参与社会的生产实践、社会工作、科学实验，能够更好地发展自己、造就自己，发展自己的个性，健全自己的人格，调适自己的价值观念。

（二）社会规范与社会角色

大学生走向社会后，要想真正适应社会，还必须对社会规范与社会角色进行全面理解，并具备对社会规范与社会角色所呈现的不同状态的有效把握，这样才能在社会的各个领域站稳脚跟，获得发展。

1.社会规范

（1）社会规范的含义

社会规范指人们社会行为的规矩，是社会活动的准则，其以文明礼仪、道德规范为核心。它是人们为了社会共同生活的需要，在社会互动过程中衍生出来，相习成风，约定俗成，或者由人们共同制定并明确施行的，其本质是对社会关系的反映，也是社会关系的具体化。

社会规范是人们为了共同社会生活的需要，在生产活动与生活活动中共同创造出来的，在各个领域都存在的一种社会现象。它是社会用来约束和指导人们行为，调整人们在生产和生活中的相互关系，要求人们普遍遵守的共同的价值标准和行为准则。社会规范的本质是对社会关系的反映，也是社会关系具体化的直接表达。它包括习俗、礼仪、道德、制度、法律，从而起着综合治理与维持社会秩序的作用。但是，在每一个社会和社会的每一个历史时期，社会规范的内容、形式、社会控制模式都不尽相同。社会的发展变化必然引起社会规范的变化，社会规范的变化必然影响着个人、社会和国家的前途与命运。

（2）社会规范的分类

社会规范可分为成文的和不成文的两类。风俗习惯、部分道德规范、宗教规范是不成文的；法令、条例、规章、重要的教规是成文的。风俗、道德、法律、宗教等是社会规范的各种具体形式。

风俗习惯是出现最早、最普遍的一种社会规范。自发形成的行为规范被众多人长期遵循，便成风俗。故风俗一般都是传统的、长期存在的。它的作用是在没有外部压力的情况下实现的，主要通过模仿转化为人们的习惯行为。

道德规范是比风俗习惯高一层次的社会规范。人们对那些与社会共同生活关系较为重要的事物与行为，给予是非、善恶、公正或偏私的评价，加以褒贬，由此形成道德标准。道德具有一定的普遍性和连续性。一个国家、地区或民族，有着若干共同的道德标准，这些标准不因社会形态的变化而中断，一般是可以继承的。在阶级社会，既有全民族的道德，也有阶级的道德。阶级的道德规范将随着社会的变迁和阶级的变化而变化。道德规范是一种内化了的行为规则，道德行为是自觉采取的。违反道德的行为，要受到社会舆论和良心的谴责。

法律规范是阶级社会特有的现象，是一种具有强制性的行为规范。它由国家制定或认可，并由国家机构保证实施。法律规范肯定了占统治地位的社会关系，体现了统治阶级的意志，但是它又是以全民的形式出现的。某些法律规范在不同程度上反映了社会全体成员的共同愿望，因此法律规范也具有普遍性和继承性。

宗教规范是神化了的社会行为规范。它采取了超自然、超人间的神秘形式，具有极强的自制性，在一定社会中起着调整人们行为规范的作用。

　　2.社会角色

　　（1）社会角色的含义

　　社会角色是指与人们的某种社会地位、身份相一致的一整套权利、义务的规范与行为模式，它是人们对具有特定身份的人的行为期望，是社会群体或组织的基础。具体说来，它包括以下四方面含义：角色是社会地位的外在表现；角色是人们的一整套权利、义务的规范和行为模式；角色是人们对于处在特定地位上的人们行为的期待；角色是社会群体或社会组织的基础。

　　（2）社会角色的要素

　　每一个人都在社会上充当着一定的社会角色。大学生走向社会后，将在自己的工作岗位上获得或行使属于自己的角色权利、角色义务，遵守着角色规范。

　　①角色权利。角色权利是角色扮演者所享有的权利和利益。角色权利是指角色扮演者履行角色义务时所具有的支配他人或使用所需的物质条件的权利。角色权益是指角色扮演者在履行角色义务后应当得到的物质和精神报酬，如工资、奖金、福利、实物等物质报酬，表扬、荣誉、称号等精神报酬。

　　②角色义务。角色义务是角色扮演者应尽的社会责任。角色义务包括角色扮演者"必须做什么"和"不能做什么"两个方面。

　　③角色规范。角色规范是指角色扮演者在享受权利和履行义务过程中必须遵循的行为规范或准则。角色规范包括不同的形式：从范围上可以分为一般规范和特殊规范；从具体要求上可以分为正向规范（即扮演者可以做、应当做和需要做的行为规范）和反向规范（扮演者不能做、不应当做的各项行为规定）；从表现形式上可以分为成文规范（法律、法规、制度、纪律等）和不成文规范（风俗习惯等）。

　　（3）社会角色的类型

　　①从人们获得角色的方式上区分：先赋角色与自致角色。先赋角色，也称归属角色，指建立在血缘、遗传等先天的或生理的因素基础上的社会角色。自致角色，也称自获角色或成就角色，指主要通过个人的活动与努力而获得的社

会角色。自致角色的取得是个人活动的结果。

②根据人们承担社会角色时的心理状态区分：自觉的角色与不自觉的角色。所谓自觉的角色，是指人们在承担某种角色时，明确意识到了自己正担负着一定的权利、义务，意识到了周围的人都是自己所扮演的角色的观众，因而努力用自己的行动去感染周围的观众。其与以下因素有关：首先，一个人在刚刚充当某一角色时，往往容易表现为自觉的角色；其次，在他人在场或他人对此角色提出了明确希望的条件下，容易出现自觉的角色；再次，特定的环境与任务常容易使人表现出自觉的角色；最后，经常的自我提醒也是形成自觉角色的重要条件。所谓不自觉的角色，指人们在承担某一角色时，并没有意识到自己正在充当这一角色，而只是按习惯性行为去做。

③从社会角色规范化的程度上区分：规定性角色与开放性角色。所谓规定性角色，是指有比较严格和明确规定的角色，即对此角色应当做什么，不应当做什么都有明确规定。所谓开放性角色，是指那些没有严格、明确规定的社会角色，这类角色的承担者可以根据自己对角色的理解和社会对角色的期望进行活动。

④从社会角色的追求目标上区分：功利性角色与表现性角色。所谓功利性角色，是指那些以追求效益和实际利益为目标的社会角色。所谓表现性角色，是指不是以获得经济上的效益或报酬为目的，而是以表现社会制度、社会行为规范、价值观念、思想道德等为目的的社会角色。

三、社会交往与人际关系

（一）社会交往

社会交往能力是大学生走向社会后必须熟练掌握和运用的技能。社会交往能力的高低关系到大学生能否在工作中得到上级领导、同事及工作交往所涉及领域人员的认可，关系到自己能否在工作中得到发展、取得成功。

1.社会交往的含义

社会交往，简称"社交"，是指在一定的历史条件下，人与人之间相互往来，进行物质、精神交流的社会活动。可以从不同的角度，把社会交往分为个人交往与群体交往，直接交往与间接交往，竞争、合作、冲突、调适等。

社会交往是从动态角度分析社会现象的基本概念。这一概念是从马克思的交往理论中提取出来的。社会交往指的是人们在生产及其他社会活动中发生的相互联系、交流和交换。马克思主义经典作家用社会交往概念论述了历史唯物主义的理论。在西方社会学理论中，社会相互作用或社会互动是概括人们之间有目的的相互影响的概念，这些概念是同人们的社会行动的概念相联系的，即西方社会学家要解释人们之间相互影响的意义与机制，分析这一过程所包含的社会意义。因此，西方社会学家往往在微观上使用社会相互作用的概念。

2.社会交往的功能

社会交往具有多种功能，其中谈得较多的是能沟通信息、提炼信息，以使人们获得更多、更新的知识。

当今时代是一个"知识爆炸"的信息时代。据统计，如今，全世界每年出版图书达 70 万种，期刊 15 万种，其他各种文献资料 400 万件，总的出版信息量约 4 000 亿字符。面对浩如烟海的信息，一个人即使一天 24 小时不休息，努力研究到 80 岁，也难以看完他所接触的专业领域的文献资料的千分之一。有人做过这样的统计：现在许多科技人员的专业信息，只有 20%~50% 是通过文字材料得来的；有 30% 的信息，来自文字以外的渠道，如从和朋友、同行的聚会、聚餐、聊天、讨论中获取。

其实，利用聚会、聚餐的形式切磋学问，进行学术交流，在历史上不乏先例。我国古代的许多大诗人、大作家，在酒宴上乘兴赋诗，在游乐中推敲文章，就是很好的例证。历代许多名篇佳作，都产生于文人聚会之时。"独学无友，则孤陋而寡闻。"古代的学者，早就深知闭目塞听是学习的一大障碍。

在社会生活中，交流与沟通是人们相互联系的重要形式。有人估计，人们除了 8 小时的睡眠，其余的 16 小时中约有 10～11 小时都在进行信息的交流，包括听、说、读、写等，以达到交流思想、互通情报的目的。在一个开放的社会，信息不灵比什么都可怕。现代人不能没有信息，就像不能没有空气一样。信息的获得，就需要通过交往这个渠道，或者是直接的，或者是间接的。

交往不仅是沟通信息的重要渠道，而且是信息的过滤器，或者叫做信息的加工厂。一个人向外界接收信息，不能良莠不分，一律储存起来，而是要通过比较鉴别，进行选择取舍、过滤加工。而要比较鉴别，仅靠一个人关在房子里冥思苦想是不行的。"二论相订，是非乃见"，只有在交谈辩说中，才能发现各种信息的真面目。知识经过提炼，就会更加纯正；信息经过加工处理，其价值才会提高。

交往不仅有助于丰富人们的文化知识，还有助于丰富人们的阅历和社会知识，有益于开阔眼界、增长见识。在交往中，随着人情的练达、交往能力的提高，人的办事能力以及其他方面的才干都会得到提高。从这种意义上说，人际交往，就是人们实现社会化的一条必由之路。对于年轻人来说，尤其如此。一位高明的外交家，不论进入何种陌生的环境，面临何种不常见的人际关系，都能迅速"见貌辨色"，对于此时此地、此情此境都能做出准确周密的估计，然后采取恰如其分的行动，此外还能做到言语得体，举止适度，彬彬有礼，恰到好处。外交家的这套本领并非天生就具备的，主要是在长期的职业活动中，在频繁的社会交往活动中练就的。如果断绝了一切社会交往，人就会丧失起码的社会生活能力。

交往的又一个功能是使人的感情需要得到满足。心理学家的试验表明，即使是无忧之人，如果把他一个人关在屋子里，久了，他也会产生恐惧感；相反，群体生活会使人感到充实、愉快，交往活动可以使人的苦闷忧愁得到合理的宣泄和排解，通过心理调适达到心理平衡，从而保持身心健康。

就一个群体而言，群体内部成员之间的交往活动基于两方面的需要，相应的，也就具有两个方面的功能。一个是出于满足双方的交往需要和感情需要，这类交往的功能在于营造友好气氛，增进彼此的感情；二是以提供信息、方向或指示为目标的，其功能在于帮助人们完成共同的任务，实现共同的目标。当然，就社会这个大群体而言，交往的功能也大体与之相似，只是其交往的社会性功能的表现形式要更加广泛一些。

首先，社会交往是形成各种社会关系的黏合剂。社会交往是联系个人与个人、个人与群体、群体与群体的纽带，正是通过它，才形成了人类社会多层次的立体网络系统。

其次，社会交往是文化发展的催化剂。文化发展，离不开国家之间、民族之间的文化交流，历史证明，交往的扩大，是社会经济、文化发展不可缺少的条件。一个民族如果长期处于对外隔绝的封闭状态，就不可能进入世界先进民族的行列。横向的交往是，纵向的交往亦是，人类文化要发展，就需要世世代代的积累、继承，也离不开代代之间、师生之间的交往，如果这种交往能形成一种最佳结构，将会更有益于文化的发展。

再次，社会交往是推动国家建设事业发展的强大动力。对于我国来说，为了现代化建设，必须打破闭关锁国的局面，对外实行开放政策，同世界各国建立多方面的、广泛的交往联系，引进国外的资金设备和先进的科学技术，"拿来"一切对我们有用的东西。在国内，在经济和其他各个领域，也需要加强信息沟通和交往联系，使社会生产力得到解放，使经济生活和整个社会生活充满生机和活力。

最后，社会交往是协调人们的行为，保持社会生活平衡、控制社会生活节奏和秩序的调节器。在社会生活中，人们通过人际交往传递社会信息，并且遵从社会公约和行为规范，循章办事，避免相互间的干扰和矛盾冲突，促使人们之间的行为保持协调一致，从而使社会生活的正常秩序得到维持，全社会的共同目标得以实现。如果沟通阻塞，社会成员之间就会发生隔阂、误会、矛盾和纠纷，形成一种不和的社会氛围，其结果必然影响社会的安定团结。

交往的社会功能是多方面的。交往的扩大，是社会文明发展的重要参照指标。对于现代人来说，交往已经成为他们的迫切需要。因为社会交往在现代社会已是促进人的全面发展的重要条件之一。

3.社会交往的途径

（1）发挥教育工作者的引导作用

营造大学生良好的人际环境，教育工作者的引导作用尤为重要。学生管理工作者及任课教师表现出的思想观念、价值取向与工作作风对学生的心理行为具有潜在的激励、熏陶和规范作用，潜移默化地影响大学生人际交往的观念和方法。教育工作者正确的价值观念、鲜明的是非观念会对人格正在完善的大学生的道德风貌产生有益的影响，有助于大学生形成良好的交往风尚，使人际环境得到净化；他们经常为学生做耐心、细致的思想工作，能够对学生正确地进行人际交往起指导作用，并有助于解决学生人际交往中遇到的困惑，从而使大学生人际环境得以协调发展；他们民主、公正、务实、高效的工作作风能够规范学生的交往行为，帮助大学生抵制落后的交往倾向，建立起正常有序、健康文明的人际环境。

（2）建立科学的评价体系

建立科学的评价体系，是优化大学生交往环境的关键因素。在选拔学生干部、评优评奖、入党等方面应坚持实事求是的原则，以硬性条件或量化方式为标准开展工作，建立健全公平竞争机制，形成客观的、合理的、科学的评价体系，从而抵制人情交往、功利交往现象的产生，以防私德泛滥带来的消极影响，大力弘扬公德意识，营造出透明开放的交往环境。

（3）加强学风建设

学习是学生的"本分"和"职责"，优良的学风是大学生顺利又高质量地完成学业的有力保障。应引导大学生把发展学业作为主要的目标追求，远离烦琐的、形式上的人际交往活动，把主要精力投入勤奋学习、刻苦钻研之中，并鼓励他们营造具有浓郁学术氛围的社团环境，大力开展健康、有益的学术交流活动。由此，人际交往环境自然呈现健康、向上的局面。

（4）提高大学生思想道德修养

大学生的思想道德修养水准主要通过人际交往表现出来，思想道德修养的缺失，容易产生人际关系冲突，破坏人际交往环境的正常秩序，因而提高大学生思想道德修养是优化人际交往环境的根本途径。良好的思想道德修养，激励大学生形成诚实守信、坦诚相待的交往品质，帮助大学生摆脱自我中心主义，发展平等、尊重、理解、互助的新型人际关系，进而促进团结友善、宽松自由、和谐美好的人际交往环境的形成。构建这种良好的人际交往环境，不仅有助于减少大学生人际交往障碍，拓宽他们人际交往的渠道，而且对大学生的身心健康与学业发展有着极为有益的影响。以山东某大学对大学生进行思想道德修养教育与培养为例。该大学长期利用沂蒙精神对大学生进行红色革命传统教育，使大学生全面了解和领会沂蒙精神所包含的"党群同心、军民情深、水乳交融、生死与共"的深刻内涵，致力于培养具有沂蒙精神特质和国际视野的应用型人才。这种人才培养模式，得到了广大学生的普遍认同。

（二）人际关系

1.人际关系的含义

人际关系就是人们在生产或生活中所建立的一种社会关系，属于社会学的范畴。是指人与人交往关系的总称，也被称为"人际交往"，包括亲属关系、朋友关系、学友（同学）关系、师生关系、雇佣关系、战友关系、同事关系等。人是社会动物，每个个体均有其独特之思想、背景、态度、个性、行为模式及价值观，然而人际关系对每个人的情绪、生活、工作有很大的影响，甚至对组织气氛、组织沟通、组织运作、组织效率及个人与组织之关系均有极大的影响。如何搞好人际关系也是一门学问。

2.人际关系的作用

（1）人际交往是人身心健康的需要

我国著名的医学、心理学专家丁瓒教授曾指出，人类的心理适应，最主要的就是对人际关系的适应。现代心理学研究表明，人类的心理病态和极端行为大多由人际关系失调所致。

这是因为：

①与他人发生冲突会使个体心灵蒙上阴影，导致精神紧张、抑郁，不仅可致心理障碍，而且会刺激下丘脑，使内分泌功能紊乱，进一步引起一系列复杂的生理变化。许多身心疾病，如冠心病、甲状腺功能亢进、偏头痛、癌症，都与长期不良情绪和心理遭受强烈的刺激有关。

②每个人都有快乐和忧愁，快乐与朋友分享会更快乐，忧愁向朋友倾诉就会减轻，倾诉的过程就是减轻心理压力、缓解心理紧张的过程。如果缺乏必要的交往就会导致心理负荷过重。大量的研究证实，离群索居会使人产生孤独和忧虑，可导致心理问题。

③愉快、广泛和深刻的心理交往有助于个性发展与健康。心理学家研究发现，如果一个人长期缺乏与别人的积极交往，缺乏稳定而良好的人际关系，就会产生明显的性格缺陷。同时，心理学家也从各个不同角度做过大量的研究。研究发现，健康的个性总是与健康的人际交往相伴随的。心理健康水平越高，与别人交往越积极，越符合社会的期望，与别人的关系也越深刻。心理学家专门研究了身体、智力和心理健康水平都很优秀的航天员、大中学生，得出了一个共同的结论，即心理健康水平高的人同别人的交往都很好。他们有着一系列有利于积极交往和建立良好人际关系的个性特点，如友好、可靠、替别人着想、敦厚、诚挚、信任别人等。这些研究还发现，那些心理健康水平高的人，往往来自人际关系良好的幸福家庭，这从侧面佐证了人际关系状况影响个性发展和健康。

（2）人际交往是人获得安全感的需要

人作为有机体同样要遵循生存第一的法则，没有人会怀疑自我保存是人的最根本的原发性需要。因此，人都需要安全感。社会心理学家所做的大量研究表明，与人交往是获得安全感的最有效途径。当人们面临危险的情境并感到恐惧时，与别人在一起可以直接而有效地减少恐惧感，使人们感到安宁与舒适。有人研究过战场上与部队失散的士兵的心理，发现最令散兵恐惧的不是战场上的炮火硝烟，而是同战友失去联系的孤独。一旦一个散兵遇到自己的战友，哪怕其完全失去了战斗力，也会感到莫大的安慰，其独自一人时的高度恐惧感也会大大减轻甚至消失。

人不仅有生物性的安全感需要，还有社会性的安全感需要。当人置身于自己不能把握或控制的社会情境中时，也同样会缺乏安全感。心理学家研究发现，同生物安全感的建立相似，获得社会安全感的最有效途径也是与人交往，并由此建立稳定的人际关系。不过与生物安全感不同，一个人要获得充分的社会安全感，仅有别人的陪伴或表面交往还不够，社会安全感的本质是人与人之间的情感联系。只有通过交往，同别人建立了可靠的人际关系之后，人们的社会安全感才能确立。

（3）人际交往是人确立自我价值感的需要

人是一种理性的动物。从一个人有自我意识的那天起，他就开始用一定的价值观来进行自我评判。当自我价值得到确立时，人在主观上就会产生一种自信、自尊和自我稳定的感受。这就是所谓自我价值感。人的自我价值感一旦确立，生活就会富有意义。相反，如果一个人的自我价值感得不到确立，他就缺乏正常的自信、自尊和自我稳定感。此时，人就会自卑、自贬、自我厌恶、自我拒绝、自暴自弃。自我价值感完全丧失，人生就不再有意义，人就只能走上自毁、自绝的道路。

人的自我意识的保持和自我价值感的确立是通过社会比较过程来实现的。一个人只有将自身置于社会背景之中，通过将自己与别人进行比较才能确立自己的价值。所以，人需要了解别人，也需要通过别人来了解自己。因此，需要同别人进行交往，需要同别人建立并保持一定的人际关系。一个人必须不断地通过社会比较获得充分信息，使自己相信自己是有价值的，如此才能保持稳定的自我价值评判。人是不能忍受自己的价值得不到肯定的。因此，自我不稳定感会引起人的高度焦虑，并促使人去与他人进行交流，进行有意无意的社会比较，以便获得有关自我状况的社会反馈，了解自我，使自己的行为具有明确的方向，并使自我价值感重新得到确立。

对于社会比较现象的揭示和社会比较规律的发现，是社会心理学家近年来的杰出贡献。大量的科学研究揭示，人们对于自己的能力、性格与心理状态的评价，以及对人、对事、对物所持有的看法，常常是不确定的。人们要想在这些方面作出明确的判断，必须通过将自身的状况与他人的状况进行比较，找到一个参照系，并确定了自己在这一参照系中的位置之后，才能形成明确的自我评价。

（4）人际交往是人发展的需要

人际交往是个人社会化的起点和必经之路。社会化即个人学习社会知识、生存技能和文化，从而取得社会生活的资格，开始发展自己的过程。如果没有与其他个体的合作，个人是无法完成这个过程的。人只要活着，不管你是愿意还是不愿意，都必须与人进行交往。人一生的成长、发展、成功，无不与同他人的交往相联系。从人际关系中得到信息、机遇就可能助你走上一条成功之路。现代科学技术的发展使我们越来越依靠群体的力量，人与人之间的情感沟通和智力交往使某些工作出现质的飞跃，这种"群体效应"已越来越成为各项工作的推动力。这种效应的出现主要是在人际互动和交往中实现的。在交往过程中，互相学习，共同提高，可产生 $1+1>2$ 的智力共振。

（5）人际交往是人生幸福的需要

在日常生活中，有些人往往认为，人的幸福是建立在金钱、成功、名誉和地位的基础之上的。实际上，对于人生的幸福来说，所有这些方面远不如健康的交往和良好的人际关系重要。交往和人际关系在人们生活中的地位无法为金钱、成功、名誉和地位所取代。心理学家通过研究发现了一个奇特的现象：20世纪 30 年代以来，人们的收入一直呈上升趋势，但是对生活感到幸福的人的占比并没有增加，而是稳定在原来的水平。这说明金钱并不能简单地决定人的幸福感。

西方心理学家克林格（Eric Klinger）做了一个广泛的调查，结果发现，良好的人际关系对于生活的幸福具有首要意义。当人们被问到"什么使你的生活富有意义"的时候，几乎所有的人都回答，亲密的人际关系是首要的；自己的生活是否幸福取决于自己同生活中其他人的关系是否良好；如果同配偶、恋人、孩子、父母亲、朋友及同事关系良好，有深刻的情感联系，就会感到生活幸福且富有意义。反之，则会感到生活缺乏目标、没有动力。在这些被调查者的回答中，人际关系的重要性远远超过成功、名誉和地位，甚至超过了西方人最为尊重的宗教信仰。法国社会学家指出，社会关系的丧失是自杀的主要原因。

3.良好人际关系的建立

社会心理学的调查研究表明，良好的人际关系是一个人心理正常发展，个性保持健康和生活具有幸福感的重要条件之一。古语云："天时不如地利，地利不如人和。"对于远离家乡外出求学的大学生来说，无论在什么情况下，都应注重"人和"这个重要因素。美国著名成人教育家卡耐基（Dale Carnegie）经过大量的研究发现："一个人事业上的成功，只有百分之二十是由于他的专业技术，另外的百分之八十要靠人际关系、处世技巧。"此话也许说得过于绝对，但从另一侧面说明了良好的人际关系对成就事业的重要性。

所以，大学生学会建立良好人际关系的方法，掌握其途径，无论是对在校建立起一个良好的学习环境，还是对毕业后建立一个良好的工作环境，都是十分必要的。建立良好的人际关系的具体方法很多，但在日常生活中最为重要、又可以有效地为每一个人所运用的主要有以下几种：

（1）建立良好的第一印象

人际关系是在人们的交往中产生的。交往伊始，谁不想给对方留下一份美好的印象呢？同样，谁不想与留下好印象的人继续往来，以此作为深入交往的基础呢？我们在与别人发生最初交往时，应该怎样表现才能使自己给别人留下良好的第一印象呢？

答案是要注意仪表美。人的仪表，包括相貌、穿着、仪态、风度等，这些都是影响人际交往的因素。衣着整洁、大方，自然会给人一种亲近感；相反，过分修饰，油头粉面，浓妆艳抹，则会给人一种不合宜的印象。

当然，要给别人留下良好的第一印象，还有其他因素，如讲信用，守时间，讲文明，懂礼貌，等等。

（2）主动交往

在现实生活中，许多人尽管与人交往的欲望很强烈，但仍然不得不常常忍受孤独的折磨，他们的友人很少，甚至没有友人，因为他们在社交上总是采取消极的、被动的方式，总是等待别人首先来接纳他们。因此，虽然他们同样处于一个人来人往、熙熙攘攘的世界，却仍然无法摆脱心灵的孤寂。要知道，别人是不会无缘无故对我们感兴趣的。我们要想建立一个丰富的人际关系世界，就必须做交往的始动者，处于主动地位；我们应少担心，多尝试。当你主动与陌生人打招呼、攀谈时，当你在舞会上想去邀请舞伴时，你会发现你的努力是有效的。当你的成功经验越来越多，自信心也会越来越充分，人际关系处境也会越来越好。

（3）关心帮助别人

患难识知己，逆境见真情。当一个人遇到坎坷，碰到困难，遭到失败时，往往对人情世态最为敏感，最需要关怀和帮助，这时哪怕是一个笑脸、一个体贴的眼神、一句温暖的话语，都能让人感到安慰，感到振奋。因此，当别人遇到困难、陷入困境时，如果对别人漠不关心、麻木不仁，怕招引麻烦，交往很可能就会中止。如果此时能伸出援助之手，帮助困难者，安慰失意者，那么很快就会赢得别人的好感，与其建立起良好的人际关系。

四、学生职业社会化

（一）学生职业社会化的概念

学生在学校教育环境中，内化职业价值观念，接受职业道德规范，形成职业意识、职业态度，获得职业知识、职业技能，成为具有主体意识与创新精神、能够胜任职场工作的合格职业人的过程，称为学生职业社会化。良好的学生职业社会化可以帮助他们实现由学生角色到职业人角色的有效转换，实现由学校到职场的顺畅位移，促进其未来的职业发展。

对于上述概念，我们可以从如下几方面加以理解：

第一，人的职业社会化是一个长期的过程，而学生职业社会化就是其中基本的、重要的阶段。与人的社会化一样，职业社会化也是一个长期的过程，绝非一蹴而就的。职业意识、职业习惯与职业技能的养成既是一个从低级到高级、从简单到复杂、从单一到综合逐步发展的过程，也是一个从感性到理性再从理性到感性循环往复、不断上升的过程。人的职业社会化贯穿于人的学生时代及整个职业期。学生时代的职业社会化是人的职业社会化的初期，继续职业社会化是在此基础之上的深化与发展。

第二，学生职业社会化的最终目标是使学生成为符合社会及职业岗位要求的、合格的职业人。这里的职业人就是具有鲜明职业特征，能够作为独立的社会成员参与到社会的物质文明与精神文明生产过程中的社会人。在具有各种高度专门化职业的现代社会，人只有置身于某个职业组织，从事某种职业劳动，才能获得完整的人格。无论是国家元首、政府首脑，还是普通的工人、农民，他们都是职业工作者，他们的思想意识、道德观念、价值取向和行为规范都与其职业有着千丝万缕的联系。

第三，学生职业社会化离不开特定的社会条件与文化环境。这里所说的社会条件与文化环境既包括家庭、学校、同辈群体、职业场所等社会化的主体条件，也包括一定的物质文化、精神文化、制度文化等客体条件。正如人的意识永远都不会凭空产生一样，人们对于职业的理解与认知总是在一定的职业文化环境中潜移默化地形成的。现代信息社会，职业活动媒介除了有形的机器设备，还包括大量的无形的信息环境，职业活动空间变得独立而封闭，给人以"潜移默化、耳濡目染"影响的环境越来越远离我们的生活，也变得越来越抽象和陌生。所以，学校教育环境中特别设计的、关于"职业"的教育就变得越来越重要，越来越不可或缺。

第四，学生职业社会化的主要内容是培养学生的职业角色意识与职业活动能力，如职业态度、职业价值观、职业道德规范等职业意识的形成，职业与职业生活方式的选择，职业知识与技能的获得等。在职业社会化过程中，人不仅要学习职业工作所需要的专业知识，掌握专门的操作技术与技能，还必须建立对职业工作意义与价值的理解与认同，培养高度的责任心和良好的职业习惯，成为一个现代职业人。

（二）重视大学生职业社会化

大学生职业社会化是指个体通过学习和实践，从而获得与职业有关的知识、技能、行为规范和价值观念的过程。大学生职业社会化的主要内容有：①认知的学习，包括知识、技能、技巧和能力的培养；②职业规范的内化，指了解和掌握社会对一般工作的期望、限制和要求，并能够有效地体现在日后的职业实践中。

无论是在大学当学生，还是日后从事具体的职业活动，都是生活的社会化程度不断提高的结果和要求。在人类生活的早期阶段，人们的生产能力有限，不可能出现大量的生活剩余品，这样，每个人从事力所能及的劳动不但是必要的，而且是必须的。后来，随着人们生产能力的不断提高，生活剩余品逐渐增多，这为一部分人从生产中分离出来而从事非生产性活动奠定了基础。需要指出的是，这种分离绝不是随心所欲的，它不仅说明人类的生产能力有了一定提高，还表明人们的思想和观念已经萌动着对单一生产活动的突破。神职人员、教师和学生的出现正是得益于人的这样一种思想和观念的萌动。极少的一部分人从生产性的活动中分离出来意味着要承担一部分责任。譬如，神职人员必须依靠自己有效的实际行动使大家的思想在物质以外的生活中有所寄托。由此看来，任何分工都不是孤立存在的，它们是社会整体生活的有机组成部分。

大学生活也是这样。学习是人类文明得以传承的必要手段，大学生肩负着提升和创新人类生存状态的使命。因此，提高文化素质，掌握相应的职业知识和技能，了解职业的行为规范，培植进步的职业价值观念是大学生的责任和义务。为了能够有效地服务社会，大学生应有意识地了解和掌握社会对一般工作的期望、限制和要求，并在以后的职业生涯中有效运用。

第八章　职业生涯规划与择业

第一节　职业生涯规划概述

一、职业生涯规划的概念

一般而言，职业生涯规划是一个人尽其可能地规划未来生涯发展的历程，在考虑个人的智力、兴趣、价值观，以及阻力、助力的前提下，做好妥善的安排，并借此调整、摆正自己的位置，以期能适得其所。

从定义可以看出，职业生涯规划是一个人主动的、有意识的行为。"尽其可能地规划未来"的意义在于：对于我们所能做到的，要全力以赴；至于生命中诸多个人无法掌握的因素，如台风、地震等，我们必须冷静面对。简单地说，职业生涯规划就是找到引领自己坚定前进的方向。

可以将大学生职业生涯规划定义为：大学生在大学生活阶段通过对自身和外部环境的了解，为自己确立职业方向、职业目标，选择职业道路，确定教育计划（特别是大学阶段的学习计划）、发展计划，为实现职业生涯目标而确定行动时间和行动方案。

二、职业生涯规划的起源与发展

职业指导是以 1908 年美国的帕森斯（Frank Parsons）在波士顿开设职业咨询所为开端的。之后，作为职业指导的创立者，帕森斯于 1909 年撰写《职业选择》一书。在这本书中，他系统地论述了有关职业咨询的理论与实践方法，并且在世界范围内第一次运用了"职业指导"（vocational guidance）这一专门学术用语。此后，在帕森斯的理论和实践的影响下，职业指导开始在美国各地蔓延开来，职业指导的概念不断扩大和发展，从人们在不同历史时期和不同运用领域所习惯的称呼方式（职业指导、生涯教育、职业咨询、职业发展、职业规划、生活规划……）可见一斑。今天，这门有着百年发展史的学问正以"职业生涯规划"的崭新姿态被越来越广泛地传播和运用。

20 世纪 70 年代以后，一些资本主义国家先后陷入周期性经济危机，萧条的产业现状迫使它们对战后为适应高速发展的经济而制定的教育政策开始作反省、修正。当时在一些资本主义国家的教育界，一般普通教育与职业教育的分流已成定局。但是，由于一般教育过于强调以教养主义为中心，偏离社会的倾向十分严重，为此，美国联邦政府教育局在 20 世纪 70 年代初提出了在青年学生中推行生涯教育的教育改革构想。

生涯教育也叫生计教育，就是将普通教育与职业教育一体化，让学生在接受学校一般知识教育的同时，为了毕业后能顺利地步入职业社会而进行的综合性的职业生涯教育。生涯教育的本质意味着职业指导不只是对青年学生提供就业指导与服务，还提倡一种新的教育方式，尤其是强调对在校学生抓紧进行社会实践体验的学习活动。美国学者赫尔（E. L. Herr）曾这样解释生涯教育的概念：它是美国教育改革运动的一部分，是援助个人获得选择、形成自己的职业生活，进而选择、形成自己的生活模式所必需的生活技术，以及自身与劳动的知识和态度这样一个综合性的教育程序。美国联邦政府教育局的这一教育思想，很快引起一些经济发达国家职业指导工作者的重视，作为研究本国职业规划与生涯教育的参照或资料。

三、职业生涯规划的类型

职业生涯规划按照时间维度进行划分，可分为短期规划、中期规划、长期规划和人生规划。短期规划是指 2 年以内的职业生涯规划。规划目的主要是确定近期目标，制订近期应完成的任务计划。中期规划是指 2～5 年的职业生涯规划，是最常用的一种职业生涯规划。长期规划是指 5～10 年的职业生涯规划，目的主要是设定较长远目标。人生规划是指对整个职业生涯的规划，时间跨度可达 40 年，其规划的目的是确定整个人生的发展目标。

结合大学生职业生涯规划的特点以及一般职业生涯规划的时间维度划分方法，可以把大学生的职业生涯规划大致分为两种类型。

（一）大学生职业生涯的近期规划

近期规划是规划时间年限与大学生涯年限基本符合的大学生职业生涯规划，即一般职业生涯规划中的短期规划和中期规划，这种规划一般在 5 年以内。

大学时期正处于职业准备和选择阶段，职业生涯探索阶段的主要目的，就是通过选择、尝试与磨合，找到最适合自己的职业。大学生职业生涯的近期规划，就是大学生根据这个阶段的主要特点和任务要求，在确立总体目标之后，以实现就业为阶段目标，对自己的大学生涯制订相应的行动计划和实施方略。

近期规划的特点主要是以大学学制为阶段进行目标分解和策略实施，其最根本的是为了实现总体目标而在学业上做好准备、顺利毕业并从事目标职业。近期规划的侧重点以就读期间的职业学习和职业准备为主要内容，规划期限基本至大学生涯结束。

对于大学生而言，近期规划更具针对性，也更具可操作性。通过近期规划，大学生可以在认识自我、了解职业的基础上，从自身的条件和社会的需求出发，确定职业发展方向，明确职业目标，制订大学期间的学习、培训、实践计划，不断挑战自我、超越自我，为将来迈出校门、走向社会做好准备，为总体目标的实现打下良好的基础。由于规划的时间跨度不长，因此近期规划也比较容易评估与修正。同时，由于近期规划能与大学阶段的学习和生活紧密联系，因此大学生在规划自己的职业生涯时可采用这种目的和策略极为明确可行的规划类型。

（二）大学生职业生涯的远期规划

远期规划时间年限在 5 年以上，即一般分类中的长期规划和人生规划。

对职业生涯进行远期规划，能够使大学生明晰各个阶段的职业目标，保持整个职业生涯发展的连贯性和持续性，使总体目标更容易循序渐进地达成和实现，进而产生最大的职业动力。大学生如果有条件，应该进行这种远期的职业生涯规划，激励自己为达到各个阶段的目标而不懈努力。

不过，时间跨度较长的职业生涯规划要求对自我、对职业有比较充分的认识，同时对社会形势和客观环境有敏锐的观察力和超前的预测能力，需要花费较长的时间对职业目标和职业要求进行深入的研究、调查、论证，并制定比较切实可行的完整性实施方略。同时，由于远期规划的时间跨度较长，实施过程中会受到个人和环境不断变化的影响，因此规划目标的实现难度非常大。大学生尚处于职业生涯的探索阶段，对社会、对职业的了解都相对有限，因此远期规划可以先以简略的职业理想和职业目标为主，具体的远期规划要建立在近期规划的基础之上，根据职业发展的实际情况进行调整和修改。

四、职业生涯规划的特性

（1）可行性。规划要有事实依据，目标不能是美好幻想或不切实际的梦想，而应是经过努力能够实现的，否则将会延误职业生涯发展良机。

（2）适时性。规划是预测未来的行动，确定将来的目标，因此各项主要活动，何时实施、何时完成，都应有时间和时序上的妥善安排，以作为检查行动的依据。

（3）适应性。规划未来的职业生涯目标，涉及多种可变因素，因此规划应有弹性，以增加其适应性。

（4）连续性。规划要考虑到生涯发展的整个历程，人生每个发展阶段应能持续连贯性衔接。

（5）清晰性。保证目标与措施的清晰、明确，可以按部就班地具体实施计划以达到目标。

（6）长远性。规划应该从大方向着眼，尽可能确立远期目标。

（7）挑战性。如果目标在原地踏步不前，就失去了原本的意义，也就无法激励自己前进，因此目标应是"跳一跳能够得着"的，应富有一定的挑战性。

（8）动态性。职业生涯规划不是一成不变的，而是一个动态变化的过程。内、外部环境的变迁，个人条件的变化，都会对职业生涯规划产生影响，职业生涯规划需要根据环境和条件的变化而不断地进行调整。

五、职业生涯规划的作用及意义

每个有追求的人都会考虑：我打算怎样过我的人生？正如歌德所说，人生重要的在于确立一个伟大的目标，并有决心实现它，一个人如果不知道自己要往哪里去，他就哪里也去不了。要实现目标，首先就得确立目标，职业生涯规划是大学生确立目标和找到实现目标方法的步骤，是减少遗憾、使自己的人生过得成功和有意义的必然要求。

（一）职业生涯规划的作用

1.树立远大目标

《论语·为政》有云：“吾十有五而志于学，三十而立，四十而不惑，五十而知天命，六十而耳顺，七十而从心所欲，不逾矩。”这句话是孔子对自己一生各阶段的总结，同时也是中国本土化生涯发展理念的高度概括，对大学生的职业生涯规划具有重要的指导作用。人无志不立，十有五而志于学是孔子最终成为圣人，到七十岁时能做到“从心所欲，不逾矩”的首要原因。十几岁正是人读书学习的大好时期，知识的积淀能使我们站得更高、看得更远。在掌握基础知识、培养基本生存技能的前提下，人生目标也在此阶段初步形成。通过职业生涯规划的学习、探索和思考，人们能尽早明确人生发展的大方向或目标，并愿意为之付出长久的努力。这样，即使成不了圣人，也不至于成为“剩人”。正如古训所讲的“志当存高远”，目标对人生具有巨大的导向作用，可以说，有什么样的目标就会有什么样的人生。

2.合理掌握时间

《认知盈余》的作者舍基（Clay Shirky）说，全美国人一年花在看电视上的时间大约为 2 000 亿小时！如果我们将每个人的自由时间看成一个集合体，一种认知盈余，那么，这种盈余会有多大？我们已经忘记了我们的自由时间始终属于我们自己，我们可以凭自己的意愿来消费它们、创造它们和分享它们，可以通过积累将平庸变成卓越。在我们没有仔细规划自己的时间以前，我们的时间是“公共资源”，任何人、任何事都可以随意占用，而我们却没有感觉。我们不是时间的主人，我们的时间是为别人服务的或在毫无价值地流逝着。因此，在当前这个后物欲的互联网时代，在拥有更多自由的大学阶段，大学生也要反思自己时间的主人是谁。

3.发展个人潜能

《大学》开篇有云："大学之道，在明明德，在亲民，在止于至善。知止而后有定；定而后能静；静而后能安；安而后能虑；虑而后能得。物有本末，事有终始。知所先后，则近道矣。"这句话的核心就是知止而定，有了目标才能够思想坚定，思想坚定才能有所思考，有所收获。正如古语所讲"人定胜天"，通常理解就是人一定会胜天，其实这种解释未必正确。人"定"，这个"定"就是"坚定、安定"的意思。人有目标、有规划，才能内心坚定，内心坚定了才能宁静致远，处理好人与自然、人与人之间的关系。可以说大学生正处于人生的探索期，大学里不仅要学知识，锻炼技能，更要注重学术的交流和精神上的交往，在主体性基础上思索未来，寻求人生的奋斗目标并向着目标努力提升自己，最终达到自我实现。

（二）大学生进行职业生涯规划的意义

职业生涯规划不仅具有重要的理论价值，而且具有很强的现实意义。大学生进行职业生涯规划的现实意义体现在以下几个方面。

1.帮助大学生充分认识自我

很多大学生能够充分了解自己的个性、兴趣和能力，但很少有人能够清楚地知道自己喜欢的职业和不喜欢的职业。通过职业生涯规划，大学生能够正确合理地认识自己，对自己进行评估，从而选择自己喜欢并适合自己的职业。

2.进一步提高大学生的竞争力

当今社会，在市场经济条件下，各种竞争日益激烈，要想在竞争中占据有利的位置，就需要找到一个适合自己发展的平台。这就需要大学生对自己的职业生涯进行规划，对自己有明确的职业定位。

3.激励大学生合理安排大学学业

大学生的学业规划应该以就业为导向，也就是说，你选择什么样的职业，就应该有一种与之相适应的学业规划，每个人的学业规划都不是完全相同的，多多少少会存在一些差异。

4.合理配置就业市场中的各种人才

大学生的盲目就业会扰乱人才市场秩序。职业生涯规划可以把毕业生导向人职匹配的良性择业道路上，为人才市场的供求理顺秩序，从而给社会发展带来勃勃生机。

六、职业生涯规划的步骤与方法

（一）职业生涯规划的步骤

要做好职业生涯规划就必须按照职业生涯规划的流程，认真做好每个环节。职业生涯规划的实施步骤概括起来主要有以下几个方面。

1.自我评估

要选择适合自己的职业，必须对自己有一个全面、客观和深入的评估。自我评估包括对个人的需求、能力、兴趣、性格、气质等的分析，以确定什么职业比较适合自己和自己具备哪些能力，从而认识自己的优势和劣势。

2.环境评估

每个人都处于一定的社会环境之中，或多或少与各种组织有着这样那样的联系。因此，职业生涯规划也就离不开对这些环境因素的了解、分析和评估。所谓环境评估，一是分析和评估自己职业发展的宏观环境及其发展变化趋势，二是分析和评估各种环境因素对自己职业生涯发展的影响。环境评估的主要目的是通过对环境特点及其发展趋势的分析，评估自己职业生涯发展的机会，包括自己与环境的关系、自己在这个环境中的地位、环境对自己提出的要求以及环境对自己有利的条件与不利的影响等。只有充分了解这些情况，才能做到在复杂的环境中趋利避害，使自己的职业生涯规划具有实际意义。

3.目标确立

首先要根据个人专业、性格、气质和价值观以及社会的发展趋势确定自己的长期目标和人生目标，然后把长期目标和人生目标细化，根据个人的经历和所处的组织环境制定相应的中期目标和短期目标。大学生可通过自我评估、职业生涯机会的评估，认识自己、分析环境，在此基础上对自己的职业做出选择。也就是在选择职业时，要充分考虑自身的特点，即自己的性格、兴趣和特长，要充分考虑环境因素对自己的影响，使自己的性格、兴趣、特长与职业相吻合。这一点对即将步入社会初选职业的大学生非常重要。

4.选择路线

选择路线就是选择职业生涯发展路线，是指一个人在选定职业类型之后，为了实现职业目标和职业理想所选择的路径。每个人都有适合自身发展的路径，但每个人都彼此不同，谁也不能完全复制别人的成功之路。每个人的现实状况与理想目标之间都存在多种可供选择的路径，可以选择不同的行业，选定了行业还可以选择不同的企业，选定了企业还能选择不同的职位等。不同的职业发展路径，可能导致到达目标的时间不同，进而导致今后可能达到的目标高度不同。一个好的职业发展路线，能够使人较快地实现目标，更大程度上实现人生价值。

5.制订计划

在选择了职业生涯路线后，行动便成了关键的环节。如果没有可以达成目标的行动，目标就难以实现，更谈不上事业的成功。但要行动，必须有行动的计划和措施。

行动计划和措施一般包括工作、训练、教育、轮岗等方面的措施。比如在工作方面，你计划采取什么措施，如何提高你的工作效率？在业务素质方面，你计划学习哪些知识，掌握哪些技能，如何提高你的业务能力？在潜能开发方面，采取什么措施开发你的潜能？所有这些方面，都必须有具体的计划与措施，并且这些计划要特别具体，便于定时检查。

6.评估与修订

在职业规划确定之后可根据实际需要在小范围内进行调整，使其更加符合现实情况和自己的实际情况，促使职业生涯顺利发展。

职业生涯规划的科学性是基于对被设计者自身及其所处外部环境的科学分析。随着时间的推移，当个体自身条件和外部环境发生变化时，就需要及时修正所设定的发展路径，甚至调整职业目标。因此，职业生涯规划不是一劳永逸的，它在个体的职业发展过程中需要不断调整和完善。成功的职业生涯规划需要时时审视内、外部环境的变化，不断对自己的设计进行评估和修订，并调整自己前进的步伐，这样才能适应社会和环境的发展变化，真正做到与时俱进。

（二）职业生涯规划的方法

1.5W 归零思考法

5W 归零思考法是一种简单易行的职业生涯规划方法。从问自己是谁开始，然后一路问下去，共有五个问题，每个问题的前面都有一个英文字母 W。

（1）Who am I?（我是谁？）

（2）What will I do?（我想做什么？）

（3）What can I do?（我能做什么？）

（4）What does the situation allow me to do?（环境允许我做什么？）

（5）What is the plan of my career and life?（我的职业与生活规划是什么？）

回答了上述五个问题，找到它们的共同点，就有了自己的职业生涯规划。

2.三角模式法

美国伊利诺伊大学的斯威恩（R. Swain）教授为帮助大学生对自己的生涯做出良好的规划，提出了职业生涯规划的三角模式，他认为职业生涯目标的决策来自三个方面的依据："自我""环境"和"教育与职业"。职业生涯规划的过程就是通过价值观、个人兴趣、个人风格的自我评估，结合来自家庭和环境等社会背景的助力或阻力的分析，再根据在教育和职业的实践、考察中树立起来的榜样，逐渐发展对自己职业生涯的认同，最终建立起自己的职业生涯目标。

3.PPDF 法

PPDF 的英文全称是 personal performance development file，即个人职业表现发展档案，也可译成个人职业生涯发展道路。发达国家的很多企业都使用 PPDF 来将自己的员工形成一种合力，提升团队凝聚力，使他们为了自己企业的目标去努力实现自我价值，实现双赢。

PPDF 是两本完整的手册。员工将 PPDF 的所有项目都填好后，一本交给自己的直接领导，一本自己留下。员工要告诉领导自己想在什么时间内、以什么方式来达到自己的目标。领导会同员工一起研究、分析其中的每一项，给员工指出哪一个目标设计得太远，应该再近一点儿；哪一个目标设计得太近，可以将它往远处推一推。他也可能告诉员工，应该在什么时候和培训学校联系；他也可能会亲自为员工设计一个更适合员工的方案。总之，不管怎样，员工将单独地和自己相信的领导一同探讨自己该如何发展、奋斗。

第二节　大学生择业的心理压力来源
与职业生涯准备

一、大学生的择业心理压力来源

（一）自我认知偏颇

自我认知不仅包括大学毕业生对自身实际情况的认知，也包括其对就业观念的认知与了解。现阶段大学毕业生存在较多的偏颇认知，这些认知包括自我认知的相对不准确和对职业缺乏清晰的了解等。这种情况下会出现两种截然不同的心理表现：自卑和自负。

自卑心理是大学生就业过程中常见的心理现象，表现为过低估计自己的知识和能力水平，缺乏自信，过于拘谨，从而导致在就业选择的过程中畏首畏尾，不敢尝试和挑战，错失就业机会。自负与自卑相反，具体表现为对自身评价过高，缺乏客观认识，同时对就业竞争环境和现实待遇了解不够，进而导致对自己未来的工作期望过高，追求超越自身实力的工作，同时带有一种傲慢的心理，对繁重的工作持抗拒态度，认为自己没有被重用，即我们通常所说的"眼高手低""高不成低不就"。在这样的心态下，毕业生很容易进入"毕业等于待业"的状态，进而陷入迷茫和自我矛盾。

（二）人际交往能力较弱

良好的人际交往能力对于大学生来说，不仅有助于身心发展和各方面能力的锻炼，还有助于在就业时占据主动。但是部分大学生在学校期间生活封闭，缺乏与人沟通的经验，在毕业时人际交往能力仍旧较弱。这导致在求职就业过程中，这些学生会表现出紧张、畏惧、害怕的心理。

实际调查也发现，用人单位在对大学生的评价中，诸多问题都围绕社会适应与人际交往能力展开，而大学生一般表现为：在面试中或与陌生人的交流中，由于过分紧张而不能很好地发挥自己的优势；进入单位不知如何与同事、上司相处，人际交往压力大。此外，由于缺少必要的社会实践，大学毕业生的抗挫折能力相对较弱，很容易被挫折击垮；求职过程中由于与人交流不顺利，部分毕业生陷入了自卑的心理泥潭中。因此，积极培养人际交往能力对于求职至关重要，拥有良好的人际关系与人际交往能力的大学生，在面对就业选择时拥有更为自信的心理状态。

（三）受家庭因素影响

家庭是个人接受社会化教育的第一所学校，家庭的经济条件、父母对子女受教育程度的重视以及父母亲友的职业，都会对大学生的职业理想和职业目标产生直接影响。中国自古就具有浓厚的家庭观念，一些毕业生认为择业应该尊重父母的意愿，以报答父母的养育之恩。但父母对子女职业的期望受到他们自身成长年代与价值观的影响，未必契合当今时代现状，也未必与子女的看法一致。许多父母基于自身的价值观，倾向于让孩子选择更加稳定、体面的工作，有时甚至认为体制内的工作是最好的。这种选择往往忽视了子女自身的整体素质和喜好，没有考虑子女是否喜欢与热爱以及是否适合。还有一些父母对子女的期望过高，给予子女过多的建议甚至干预，会使子女被一层无形的压力笼罩。这容易引发子女强烈的内心焦虑与冲突，小则危害身心，大则影响其未来职业发展。

因此，作为家长首先应该对当今时代有所了解，不要局限在自身的旧有经验与观念中；其次，在对子女提出建议的过程中，应充分考虑子女自身的兴趣和素质，听取子女对自身未来职业的看法，而不是完全按照自身意愿来决定子女的就业选择；最后，给予子女自主选择的空间，增强其选择职业的自主性和主观能动性。子女也应在求职问题上积极和父母沟通交流，遇到矛盾应理性探讨而非一味顺从或盲目排斥。

二、大学期间的职业生涯准备

（一）培养理性的消费意识

学会正确规划自己的开销，培养理性的消费意识对大学生来说非常必要，也是为其今后步入社会、独立生活所做的关键准备。当今社会，网购等消费方式十分普遍，商品经济蓬勃发展，同时大学生刚刚离开父母的视线，拥有了一定的经济自主权，面对琳琅满目的商品，很容易受到享乐主义等思潮的影响，产生错误的消费观。周伟在其博士论文中调查了当代大学生消费观存在的问题，通过分类总结提出了攀比炫耀的奢侈消费观、爱慕虚荣的符号消费观、友情至上的"慷慨"消费观、"真爱至上"的恋爱消费观、随心所欲的盲目消费观、好逸恶劳的享乐消费观六大错误消费观。而当种种错误的消费观遇到了网络贷款、诈骗等不良方式时，就可能酿成悲剧。

大学生可以从以下几个方面来培养理性的消费意识：

第一，养成"量入为出"的适度消费习惯。具有理性消费观的大学生基本知道父母每个月给了自己多少钱，自己又花了多少钱、花在了哪里。一些学生由于没有有意识地记录自己的花费，对自己的钱花去了哪儿完全没有概念。而这完全可以通过养成简单的记账习惯来培养消费意识。在了解了自身经济的"入"和"出"之后，就应理性控制，合理斟酌，在最需要的地方花该花的钱，量入为出、适度消费。

第二，拒绝过度的虚荣心带来的非理性消费。大学生的自我意识尚未完全成形，迫切需要建立对自身的认同感，而此时社会上一些商家鼓吹的奢侈、虚荣的消费风潮很容易对大学生产生影响，让一些学生有一种"只要穿上名牌就会找到真正的自己"的错觉，甚至购买许多超过自身和家庭经济承受能力的昂贵产品。在意外表，喜欢打扮自己是年轻人的天性与权利，但过分追求外在，其实也反映了其内在的空虚与迷茫。衣着服饰再华丽昂贵，也比不上健康的身体和富有魅力的心灵。还有一些学生由于内心害怕孤独，渴望友谊和爱情，所以在聚会和恋爱中"打肿脸充胖子"，装作大方有钱的样子，实际却给自己带来焦虑和压力。而且谎言一旦开始、形象一旦确立，就难以打破，部分学生只好继续硬撑维持形象。这需要我们认识到，真正的朋友和恋人一定会喜欢真正的你，而只因你的大方趋之若鹜，当你贫穷时就离你而去的人绝不能算是朋友，我们本就该远离。因此，如果你不能接受、面对真实的自己，也就无法得到别人真正的喜爱。

第三，增进人生阅历，学习理财知识，培养成熟的消费心理。一些非理性的消费行为与大学生涉世不深、劳动经验不足有关。若能利用大学的空闲时间做一些兼职增加劳动体验，就会对金钱的来之不易有更深的体会。此外，主动了解社会环境，学习理财知识不仅对大学期间的消费有益，更是对工作后合理支配收入的重要铺垫。只要不故步自封，随着社会经验的增加，大学生的消费心理自然会变得日趋成熟。

（二）把握社会形势，了解社会要求

大学生不可能超越社会的需求而进行职业选择，所谓"双向选择"归根到底还要在一定范围内进行选择。因而，大学生在择业过程及今后的职业生活中，要赢得主动、掌握自己命运，就必须了解社会，采取积极的态度，依据社会提供的条件来锻炼自己的能力。

如果说大学生的择业态度可归结为"我希望做什么样的工作"的问题，那么社会需求则是客观条件"可提供什么样的工作"的问题。由于社会的变化，某个专业或某一类型的毕业生可能会在一段时期内受到冷落。这就要求大学生能够做到冷静地看待各种社会条件，端正择业心态，树立积极适应的态度，从而避免由于过高的择业要求与抱负而遭受严重的挫折。

同时，把握社会规范，了解社会要求，形成被人们认可的社会化行为，提高融入集体的能力也是至关重要的。许多大学生初进校门时对自身的评价仍以自我为中心，要么过高要么过低，与他人及社会评价不统一。这样的情况若持续到毕业就业阶段，很容易导致这些学生无法融入集体，从而产生孤独感和不安情绪。

（三）培养专业能力，拓展一技之长

对于大学毕业生来说，自身的知识能力水平是就业的决定因素。即使部分学生在大学初始对自身专业不满意，或者在学习期间感到迷茫，但也不应放弃，因为任何一个专业的学习都包括了对自身的主动学习能力、分析能力、团队合作能力等基本能力的锻炼。如果大学期间在专业学习上自暴自弃，往往也很难在新的方向上找到目标和动力，很容易陷入麻木度日的迷茫状态。

除专业能力之外，若能在文艺、体育、电脑操作、领导管理等方面培养一技之长，也将对以后的求职有帮助。例如，当今许多小学初中都在积极开展各式各样的课外拓展活动，如乐器、陶艺等，一些学生可能在求职时就因平时出于兴趣学会的一技之长打动了用人单位，在竞争对手中脱颖而出。抛开对求职的实际作用，拥有一些兴趣爱好对于帮助个人成长、陶冶情操也是十分重要的。除了培养具体技能，阅读经典书籍也是非常必要的。经典读物能对人的思想进行熏陶，可以帮助大学生在风云变幻的现代社会把握自我，不因外界的纷扰而迷失方向。

第三节　大学生择业的心理调适

一、大学生求职过程中常见的心理问题

（一）焦虑心理

就业时许多大学生既希望谋求到理想的职业，又担心被用人单位拒之门外，还担心自己因在择业上的失误而遗憾终身，从而对未来的职场生活感到迷茫。因此，在就业过程中出现的焦虑心理，主要表现为焦急、紧张、恐惧、不安、忧虑及某些生理反应。轻度的焦虑是正常的，适度的焦虑可以使人产生一种压力，提高其主动参与竞争的能力。过度的焦虑可能造成人精神上的烦躁不安、忧心忡忡、紧张不宁、意志消沉，行动上的反应迟钝、手忙脚乱、无所适从等。

（二）依赖心理

接受了大学教育的高校毕业生，他们的一些行为、言谈都表现出争取独立、不愿为父母所左右的一面。但一些毕业生在求职过程中仍过分依赖自己的亲人、朋友，尤其是父母。这些人不是积极主动、千方百计地"推销"自己，而是一味地等着家人、亲戚、朋友给自己找路子，或者坐等学校帮忙落实工作，这样便会失去许多就业机会。

（三）自卑心理

在竞争激烈的求职市场上，一些求职者可能因为自己的学历、技能、身高、长相、家庭背景等不如他人，产生强烈的自卑感，进而转化为自卑心理。毕业生在求职过程中的自卑心理往往表现为面对竞争对手，总认为自己不如别人，对自己缺乏自信，过分退缩等。

（四）自负心理

有些毕业生或因就读知名大学，或因自己的家庭背景优越，或因自己在某一方面有比较突出的才华，而在内心深处产生一种鄙视一切、高人一等的自负心理。在这种心理的支配下，其往往对自己的估价过高，对单位挑三拣四，导致与不少用人单位失之交臂，结果是错过机遇，难以落实就业。

（五）攀比心理

一些毕业生在选择单位时，不考虑自己的主客观条件，不深入了解单位发展情况，而是盲目与身边同学攀比，表现为攀比工作地点、攀比收入和待遇、攀比工作单位和行业、攀比工作和生活环境等。受攀比心理的影响，毕业生要么暂不就业，等待好单位来临，要么朝三暮四，频频跳槽。

（六）从众心理

毕业生对用人单位没有理性分析，而是盲目认为只要单位给予的报酬多，所处的地理环境优越，条件较好就行。特别是在招聘会上，看到应聘的人多，就跟着去应聘，表现得非常盲目。在从众心理影响下，毕业生求职时没有很好地对自己的兴趣、爱好、特长进行分析，不管自己是否适合这样的工作岗位，不管所谋职位是否有利于自己的发展，随大流找一个单位，到最后要么毁约，要么出现把就业的压力转变为从业的压力。

（七）嫉妒心理

一些大学生因自身综合素质和能力不足，或因时机把握不准而找不到理想工作，见其他同学找的工作比自己好，就心理不平衡，怨天尤人，抱怨自己没有关系、没有背景，抱怨自己所学专业不好等。特别是看到在校期间不如自己的同学找到比较理想的工作，就产生嫉妒心理。甚至有些人为不让同学超过自己，采取背后拆台等不良手段。嫉妒心理会使人把朋友当对头，导致朋友关系恶化，甚至会使班级人心涣散，人际关系紧张，本人也会感到内心痛苦和烦恼，影响求职的顺利进行。

二、心理调适的基础

大学生在进行职业生涯管理中应注重情绪管理，积极进行心理调适。

（一）争取做到客观、准确地认识自己

客观、准确地认识自己可以从以下几点入手。

1.通过自我剖析认识自己

要经常对自己的心理、行为进行剖析，使自我评价逐步接近客观实际。自负者要经常进行自我批评，通过不懈努力，弥补自身不足；自卑者要看到自己的长处，增强自信心。

2.通过比较认识自己

有比较才有鉴别，事实上，人们往往是通过与别人的比较来认识自己的。一是与同学比较来认识自己，不仅比学习成绩，更应比实际操作能力。通过比较，人们能认识自己的长处和不足，认清自己在相比较的人群中所处的位置，以便扬长避短。二是通过别人对自己的态度来认识自己，当然，别人的态度不一定能全面评价一个人，但大多数人的态度总是说明某些问题的。如果一个人的自我评价与其获得的各种评价基本一致，说明自我认识比较客观，如果不一致，则说明缺乏自知之明。

3.通过咨询和心理测验了解自己

可以向就业指导教师、心理咨询师和辅导员咨询或测验，也可以征求同学、家长和熟悉自己的人的意见。长期和自己学习、生活在一起的人对自己的言行看在眼里，印象很深，对自己的评价会更公正、更客观。毕业生在就业过程中要了解自己的个性心理，明确自己的专业发展方向。不仅要知道自己喜欢什么样的工作、需要什么样的职业，还要知道自己目前的能力能做什么样的工作，什么样的工作更适合自己。只有了解自己的优势所在，了解自己能力的大小、自己的能力在哪方面表现得更突出，才有可能求职成功，并保证在今后的工作中做到扬长避短，取得较大的成就。

（二）培养自信心

1.相信自己的能力

每个人都有相当大的潜力。当一个人面对求职忧心忡忡、担心失败的时候，多半不是真的不行，而是缺乏自信心。自己条件可能并不过硬，但别人也不见得比自己强。每个人都有自己的优势，都有可能在求职竞争中占据主动地位。

2.积累自信的资本

自信要有扎实的基础、良好的素质作资本，以雄厚的实力作后盾。如果具备了真才实学，自然就会对自己的选择充满信心。

（三）提高承受挫折的能力

1.用挫折鞭策自己

古今中外不少仁人志士是从坎坷与挫折中走过来的。一时受挫并不说明永远失败，挫折是一种鞭策，它对失败者并不是淘汰和鄙视，相反能促使失败者振作起来。面对挫折，正确的态度应该是勇对挫折，智对挫折，成为战胜挫折的强者，把挫折看作锻炼意志、提高能力的机会。

2.调整期望值

能否就业，个人的才能、机遇等因素固然重要，但求职期望值的高低也将起一定作用。求职期望值过高，其结果不是因超越现实而败北，就是侥幸就业后因自身能力不足，而无法胜任工作。如果在求职过程中遭受挫折，就应放下包袱，从主观、客观两方面仔细寻找失败的原因，实事求是地剖析自己的长处和不足，通过别的途径来达到目标，或者降低就业起点，只要持之以恒，就一定会实现自己的理想。

（四）具体的调适方法

1.克服盲目从众心理的方法

在现实生活中，事业有成者通常都有很强的独立思考能力，他们独具慧眼，能发现一般人不能发现的问题，捕捉到更多的成才机遇。在毕业生求职问题上，从众心理表现为愿意到城市、事业单位去工作，不太愿意到基层、乡镇去工作。其实，到大城市、事业单位工作并不一定是每个毕业生最佳的选择，应从社会需要、自身条件以及以后发展等方面综合考虑，科学地选择自己的职业。

2.克服盲目攀比心理的方法

在求职过程中，这山望着那山高，见异思迁，过多地把注意力集中在他人的就业取向上，自己的既定目标受到他人的干扰，这无异于与他人共走独木桥，很难成功。因此，一旦选准职业后就不要盲目攀比。

3.克服自卑与自负心理的方法

有的学生总觉得求职人群中高手如林，条件比自己优越的比比皆是，于是自甘落后，听天由命，形成了自卑心理。要摆脱自卑心理应注意三点：首先，要善于发掘自己的长处，相信别人能做的事，自己经过努力也能做到；其次，要大胆地表现自己，多做一些力所能及的事，任何成功都会增强自信心；再次，要不断完善自己，勤能补拙，知道自己某方面不足，通过勤奋努力，填补这方面的缺陷。在市场经济条件下，只有鼓起勇气积极地参与求职竞争，才有出路。有的毕业生对自己估计过高，自以为高人一等，非常傲慢，对用人单位横挑鼻子竖挑眼，最终一事无成。这类学生应重新认识自己，降低求职的期望值。

4.克服贪慕虚荣心理的方法

虚荣心强的人，求职时往往把注意力集中到大城市，以及社会知名度高、经济效益好的单位。这类学生在求职中失败，往往是由于不从自己的优势出发，不考虑自身的竞争力，不顾及自己的专业、特长、爱好，他们求职是为了让别人羡慕，而不是发挥自己的优势。

5.克服嫉妒心理的方法

在求职过程中，当发现比自己某些方面略胜一筹的人时，应采取积极的态度，变嫉妒羡慕为动力，奋起直追，通过不懈努力，缩小差距。克服嫉妒心理，主要靠加强自我修养，提高道德水平，其中最重要的是做到两点：一是真诚待人；二是学会互助互爱。如果察觉到自己有嫉妒心，就要通过自我意识的控制、调节，及时把这种不良意识排除在自我人格之外。

6.克服消极依赖心理的方法

作为大学生，应该意识到现实社会是一个竞争激烈的社会，是一个需要自己积极参与的社会。充分认识到自己是求职的主体，要发挥自身的积极主动性，树立起强烈的主体意识。

除了上述方法，还可以采用个性化的心理调适方法，如松弛法、转移法、自我宣泄法、自我安慰法等，来排除不良情绪。

对大学生来说，在就业过程中出现一些不良的心理倾向是正常的，只要能正确对待，有效地调适和引导，不断完善自身的心理素质，树立正确的就业观念，始终保持积极向上的精神状态和良好的心态，就能在求职中克服不良心理影响，实现就业目标。

第九章　职业决策

第一节　职业决策概述

一、职业决策的内涵

职业决策是决策者结合自身的性格、兴趣、价值与能力，在对职业环境充分认识的基础上，仔细考虑各种可供选择的职业前景，进行的职业目标决定，以及为实现目标而制定的最佳个人行动方案。职业决策不仅是制订一个阶段性的目标，还应是一连串的、可贯穿整个职业发展生涯的远景展望。如果职业决策目标缺乏远见，没有后续职业决策支撑点，就易使人失去奋斗意志，不利于个人长远发展。因此，职业目标应是可实现的，并可持续发展。职业决策不是结果，而是一个复杂的认知过程。

二、职业决策中的风险与责任

做决策难，难在"不确定性"，任何决策都有风险。决策可分为确定型决策、风险型决策与不确定型决策。

（一）确定型决策

即掌握了足够信息，可以确定如何选择，并清楚选择所带来的后果。如驾车到某地，导航建议两条路线，距离相差不大：A 路线拥堵，需 40 分钟；B 路线畅通，只要 20 分钟。在不考虑其他因素的情况下，相信大部分人都会选择 B 路线。

（二）风险型决策

即面临多种选择，每种选择的后果尚不能完全确定，但通过已掌握的部分信息，能对可能产生的后果做出预测。

例如，大三学生方雨决定考研，正在选择学校，选项有 3 个。由于对 3 个大学的录取比例、历年分数线、试题难度等信息不够了解，因此如果贸然做决定，就存在风险。

（三）不确定型决策

即既不清楚做何选择，也不了解选择的结果。例如，大三学生杜陵每每被问到毕业打算，总是很迷茫，她既不知道所学专业适合哪些岗位，也不清楚自己是该就业还是报考研究生。

在我们实际生活和工作中，确定型决策是很少见的，大部分属于风险型决策和不确定型决策。我们之所以要做职业生涯规划，就是要尽可能搜集各种信息，通过理性分析，减少风险。实际上，我们不可能搜集到全部信息。大部分决策都会存在一定的不确定性和风险。作为决策者，我们必须意识到这一点，并勇于承担决策带来的后果。

由于害怕承担风险与责任，很多大学生将选择权交给父母、听天由命或者随波逐流。这样的行为是对自己不负责任的表现。要知道，未来是自己的，不是父母、同学、朋友的。今天的决定，往往会决定未来的模样。大学生一定要把未来掌握在自己手中。决策尽管不可能完美无缺，但如果不敢于尝试，美好的未来只能存在于想象中。

三、决策模式类型

生活中我们常常面临各种各样的选择，决策不可避免。决策有难易之分，这取决于选择的重要性。选择去哪儿工作要比选择买哪个笔记本电脑困难得多。一般来说，决策模式可分为以下 7 种。

（一）冲动型

大部分情况下，这种决策方式是对困难与问题的回避，不愿意花时间和精力应对，希望速战速决。这种决策方式风险大，易后悔。例如，一些毕业生希望尽快落实单位，一旦得到就业机会就匆匆签约，缺乏周全思考，如果后续有更好的机会，往往追悔莫及。

（二）依赖型

依赖型决策的人一般来说缺乏主观能动性，常将选择权交给别人。不愿意思考，忽略自身的独特性，容易做出不适合自己的选择。例如，一些大学生看到别的同学报考研究生，也会盲目地把考研当作自己的目标。

（三）拖延型

拖延型决策的人习惯将问题推迟处理，不愿直面问题，认为船到桥头自然直。例如，一些高年级同学被问起毕业打算时，由于茫然无措，常常自然回答："不知道，等到毕业再考虑吧。"

（四）痛苦挣扎型

痛苦挣扎型决策的人通常有选择困难症。即便搜集了很多信息，也很难拿定主意。例如，一些毕业生会被"是跟 A 公司签约还是 B 公司签约"这样的问题困扰。

（五）宿命型

宿命型决策的人往往缺乏自信心，无法承担因选择而产生的责任，放弃主导权。例如，一些大学生虽然非常希望加入学生会，但常抱着碰运气的心理，不努力准备参选，而是听从命运安排。

（六）瘫痪型

瘫痪型决策的人由于害怕面对痛苦与承担责任，始终无法集中注意力思考衡量问题并做出决策。该类型与拖延型有本质区别。拖延型的人不是害怕面对痛苦，只是懒于思考；而瘫痪型决策的人是害怕承受痛苦、责任，情绪易受到影响。例如，有的大学生会纠结是按自己的想法找工作，还是顺从父母的意愿去考研。明知道须早做决定，但一思考此事就很心烦。既想坚持自己的想法又担心失败，所以会感到无助。

（七）计划型

不难发现，人们使用何种决策模式，通常与自身对"自我"和"环境"的认知程度有关。当对"自我"了解越多，对"环境"认识越深的时候，就越容易做出决定，同时会更加坚决地去执行这个决定。这种在对"自我"和"环境"有足够认知的基础上作出的决策就是"计划型决策"。

这种决策方式的人非常稳妥。一般喜欢在搜集足够信息的基础上，综合考虑做出最终选择。这种方式相对可靠，大大减少了风险。它能帮助大学生确立符合自身实际情况、合理的目标。

第二节　生涯决策的模式和方法

一、生涯决策的模式

生涯决策是一个过程，而且是一个复杂的过程。不同的专家从不同的方面提出了各自的看法。

（一）克朗伯兹的职业决策模式

美国心理学家克朗伯兹（John D. Krumboltz）提出了进行职业决策的模式，认为在进行个人职业决策时应采取八个步骤。1977年，他又对此模式进行了修正，修正后的职业决策模式主要分为七个步骤。

1.界定问题

厘清自己的需求和个人限制，明确自己想要什么，自己对此存在哪些优势与不足，描述必须完成的决策。

2.拟订行动计划

在明确自己的需求目标的基础上，描述决策所需采取的行动，思考可能达到目标的各种行动方案，并规划达成目标的过程，制定出明确的目标和实现目标的时间表。

3.澄清价值

界定个人的选择标准，即明确自己最想要的是什么，并将此作为评估各项方案的依据。

4.找到可能的选择

搜集资料，描述可能做出的选择，确认选择方案。

5.评价各种可能的选择

依据所确定的选择标准、评分标准，逐一评价各种可能选择，找出可能的结果。

6.系统地删除

比较各种可能选择方案，选择符合价值标准的情况，系统地删除不合适的方案，挑选最合适的选择。

7.开始行动

采取行动，达成选定的目标。

（二）泰德曼的生涯决策模式

泰德曼（David Tiedeman）结合萨柏与金斯伯格（Eli Ginzberg）的生涯发展观点，提出整个决策过程是由确定目标、实施与调整两个阶段和七个步骤不断组合形成的。

按照这个模式，个人在进行职业决策时，首先要确定职业目标，将选择的方案付诸行动，落实于现实生活，然后评估其结果，并根据个人对结果的满意程度，对方案作出调整或改变。

（三）奇兰特的决策模式

奇兰特（James P. Gelatt）认为决策是一连串的决定，任何一个决定都将影响后来的决定，亦受先前决定的影响，因此决策是一个发展的历程而非单一的事件。这也说明生涯决策不是一次选择，或一个结果，而是持续不断地做决定及修正的终生历程。奇兰特认为做决策在于选择有利因素最多、不利因素最少的方案，具体步骤包括：①根据自己的需求制定决策目标；②搜集与目标有关的信息资料，了解可能的行动方向；③根据所得的资料，预测各个可能行动的成功概率及其结果；④根据价值系统，估算个人对每个行动方案的喜好程度；⑤评估各种可能方案，选择其中的一个方案执行；⑥若达成目标则终止决定，然后再等待下一个决定的出现；⑦若没有成功，则继续调查其他可行的办法。

此外，奇兰特特别强调决策过程中资料的重要性，将个人处理资料的策略分成三个系统，对三个系统进行综合权衡，然后选择一个行动方案。

一是预测系统。预测不同的选择可能产生的结果，估算出每个行动可能产生该结果的概率，作为选择行动方案的参考。

二是价值系统。价值是指个人对于各种可能行动的喜好程度。

三是决策系统。决策系统包括评判各种行动方案的标准，其选择取向分为：①期望取向，就是选择可能达成自己最想要的结果的方案，就是与自己的职业观相一致，与自己的兴趣、特长最相符的方案。但该方案也许是成功概率很小的方案，所以存在着较大的风险。②安全取向，选择最安全、最保险的方案。这种方案适合追求稳定的人，但该方案也许与你的职业兴趣是不一致的。③逃避取向，避免选择可能造成最不好结果的方案。这也适合追求稳妥、不爱挑战的人，选择的结果也许与你的期望有一定差距。④综合取向，就是考虑自己对于行动结果的需求程度、成功概率，以避免不良结果的发生。

（四）盖蒂的 PIC 模型

PIC 是排除阶段（prescreening）、深度探索阶段（in-depth exploration）和选择阶段（choice）的缩写。该模型是由以色列职业心理学家盖蒂（Gati）提出的一种系统的职业决策方法，其构建兼顾理论验证与实践运用。

PIC 模型的理论基础是排除理论，决策方案的选择通常都是多属性的，在选择过程的每一阶段，要挑选出某一属性或某一方面，根据其重要性对其做出评价，对不符合决策要求的属性予以排除，即不在以后的比较选择中继续加以考虑，直到剩下某种未排除的方面或属性时，再做出最后的选择。

1.排除阶段

在许多职业决策的情境中，潜在职业方案的数目是相当大的。排除阶段的目的就是将这些潜在方案的数目尽可能减少，达到可操作的水平。这样可以使

"有可能方案"的数目有限，从而使决策者能够为每个方案收集广泛的信息，并且有效地加工这些信息。

2.深度探索阶段

这个阶段的目的是找到一些不仅是有可能的，而且是合适的方案，得到合适方案清单。如果满足以下两个条件，则认为该方案是合适的。首先，每个合适的方案与个人的偏好相符。就是在个人认为最重要的方面上检查每一个可能方案与个人偏好的符合程度。其次，个人符合该方案的要求。就是在其他重要的方面上检查该方案与个人偏好的符合程度。"有可能方案"都是在排除阶段的筛选后留下的，它们在重要的方面与个人偏好相符。

在深度探索阶段，随着更多的、更具体的信息被得到，个人的偏好有所调整。另外，个人满足特定方案要求的程度，也包含两个适合的条件。一是考查个人是否能真正达到方案核心方面规定的要求，二是考查实现每个方案的可能性。

3.选择阶段

选择阶段的目的是考虑个人的偏好与能力，挑选对于个人来说最合适的方案。

（1）挑选最合适的方案

许多人会在第二阶段结束时得到一个合适的方案，并据此收集相应的信息。在这种情况下，没有必要再比较方案了。但是深度探索阶段结束时也会得到两个或更多的合适方案，为了挑选最合适的一个，不得不比较这些方案，这时就要关注它们的特点，将方案的优缺点进行比较，综合考虑方案之间的平衡，做出相应的选择。

（2）挑选其他合适的方案

职业决策通常是在不确定的状态下做出的，职业方案实现的可能性也经常是不确定的。比如，得到一份工作的可能性不仅取决于它所满足的最低要求，还有赖于其他应聘者的数量和品质。所以，在挑选了偏爱的"最合适的"方案之后，个体必须使用收集到的信息评估实现该方案的可能性，如果肯定能够实现，就没有必要再挑选次等的方案，但如果存在不确定性，则建议回到前面的步骤，搜寻更多的、可能被认为是"次等的"但仍然适合的方案，如果第一和第二方案实现的可能性都相当低，则建议考虑第三、第四个方案等。

二、生涯决策的方法

（一）CASVE 循环法

CASVE 循环法是一种职业生涯规划决策技术，包括沟通（communication）、分析（analysis）、综合（synthesis）、评估（valuation）和执行（execution）五个阶段，CASVE 就是这五个英文单词的首字母缩写。CASVE 循环法可以在整个职业生涯问题解决和决策制订过程中为决策者提供指导。

1.沟通

在这个阶段，要通过内部或外部交流途径，收集信息，通过各种感官充分接触问题，查找职业理想与现实之间的差距，意识到问题的存在。内部沟通包括情绪信号，如不满、厌烦、焦虑和失望，以及身体信号，如昏昏欲睡、头痛、胃部疾病等。外部沟通包括父母对你的职业规划的询问，同事、朋友对你的职业评价。这一步是意识到自己需要做出选择的阶段，是决策的开始，个人如果没有意识到自己的需要，后面的步骤就无从谈起。

2.分析

在这一阶段，决策者需要花时间去思考、观察、研究，并对现状进行评估，从而更充分地了解差距，了解自己和自己可能的选择，了解自己有效地做出反应的能力。好的生涯决策者不会用冲动行事来减小在沟通阶段所体验的压力或痛苦，因为他们知道，这是无效的，甚至可能令问题恶化。

这一阶段是了解自己和面临各种选择的阶段。在这一阶段，决策者需要把各种因素和相关知识联系起来，如把自我认知和职业选择联系起来，把家庭和个人生活的需要融入职业选择中。因此，生涯决策者通常会优化自我认知，不断了解职业世界和家庭需要。简单来说，在分析阶段，生涯决策者应尽可能了解在第一阶段产生差距的原因。

3.综合

这一阶段是在分析的基础上，综合和加工上一阶段提供的信息，从而制订消除差距的行动方案，确认自己的选择。其核心任务是，确定行动方案，解决问题。

这是一个扩大并缩小选择清单的过程。首先，尽可能多地找到消除差距的方法，并对每一种办法进行思考。然后，缩小有效方法的数量，通常缩减到3～5个。这里需要注意的是，不要在没做探索之前就匆忙决定，这样会限制自己的选择面。在职业生涯规划中，应先扩展自己的职业前景清单（通常要列出至少 10 个可从事的职业），对自己未来可能从事的职业有清晰的认识，再在收集信息的基础上适当压缩（以 3～5 个为宜）。

4.评估

这一阶段首先从可行性和满意度两方面评估信息，评估每一种选择对生涯决策者和他人的影响。每一种选择都要从对自己和对他人两方面进行评价，并综合物质上和精神上的因素。评估信息之后，按评估结果对所有选择进行排列，并得出最终的选择。

5.执行

这是实施选择的阶段，根据自己最终的选择制订计划，把思考转换为行动。很多人都觉得在执行阶段制订行动计划是非常有价值的，因为他们终于可以开始采取积极行动去解决问题了。

CASVE 是一个不断重复的循环过程。在执行阶段之后，生涯决策者又回到沟通阶段，对自己的决定及其结果进行评估，以确定已经作出的选择是不是最好的，能否有效地消除理想与现实间的差距。因此，CASVE 决策技术，无论是对解决个人职业规划问题，还是团体问题，都非常有用。

（二）决策平衡单

决策平衡单（decision-making balance sheet）经常被用于问题解决和职业咨询中，用以协助咨询者系统地分析每一个可能的选项，判断分别执行各选项的利弊得失，然后依据其在利弊得失上的加权计分排定各个选项的优先顺序，以执行最优先或偏好的选项。

1.决策平衡单的结构

设计决策平衡单，是为了协助决策者做出好的决定。决策平衡单可以帮助决策者具体地分析每一个可能的选择方案，考虑各种方案实施后的利弊得失，最后排定优先顺序，择一而行。

决策平衡单将重大决策的思考方向集中到四个主题上：①自我物质方面的得失；②他人物质方面的得失；③自我赞许与否；④社会赞许与否。

实际应用时，由于"自我赞许与否"和"社会赞许与否"较为笼统，所以生涯辅导专家金树人将最后两项改为"自我精神方面的得失"与"他人精神方面的得失"。

2.决策平衡单决策的步骤

决策平衡单在使用时，可以按上述四个类别列出个人所有的价值观并按其重要程度赋予权重，并将它们作为评判的标准，逐项对所有的选择进行加权计分，最后按总分排序。

（1）列出可能的职业选项。咨询者需在平衡单中列出 3～5 个有待深入评量的潜在职业选项。

（2）判断各个职业选项的利弊得失。平衡单中提供咨询者思考的重要得失，主要集中于四个方面：自我物质方面的得失、他人物质方面的得失、自我赞许（精神方面）的得失、他人赞许（精神方面）的得失。

（3）对各项因素进行加权计分。咨询者在各个方面的利弊得失，会因身处不同情境而有不同的考量。因此，在详细列出各项考虑层面之后，需再进行加权计分。

（4）计算出各个职业选项的得分。咨询者应逐一计算各个职业选项在"得"（正分）与"失"（负分）的加权分与累加结果，并计算各个生涯选项的总分。

（5）排定各个职业选项的优先顺序。职业选项的优先次序可作为咨询者职业生涯决策的依据。

（三）SWOT 分析法

SWOT 分析法又称为态势分析法，是由美国旧金山大学的管理学教授于 20 世纪 80 年代初提出来的，是一种能够客观、准确地分析和研究计划任务的构成因素和实施步骤的分析工具，被广泛应用于企业战略决策中。

1.SWOT 分析的内容

SWOT 四个英文字母分别代表优势（strength）、劣势（weakness）、机会（opportunity）和威胁（threat）。一般来说，优势和劣势从属于个人本身，机会和威胁则来自外部环境。

从整体上看，SWOT 可以分成两大部分：第一部分为 SW，主要用来分析内部因素；第二部分为 OT，主要用来分析外部条件。同时，SWOT 又可以分为两种性质：一是作为优势和有利条件的肯定方面，即 SO；二是作为劣势和不利条件的否定方面，即 WT。基于这样四个方面的分析，可以得出初步的行动方案，简单地说，就是构筑自身的优势（S），克服自身的劣势（W），探索外部的机会（O），消除外部可能的威胁（T），去取得行动的成功。

利用这种方法可以从中找出对自己有利的、值得发扬的因素以及对自己不利的要避开的东西，发现存在的问题，找出解决的办法，并明确以后的发展方向。根据这个分析，可以将问题按轻重缓急分类，明确哪些是目前急需解决的问题，哪些是可以稍微拖后一点儿的事情，哪些属于总体战略目标上的障碍，哪些属于局部战术手段上的问题，并将这些分别列举出来，然后依照矩阵形式排列，用系统分析的思想，把各种因素相互匹配、加以分析，从中得出一系列相应的结论，而结论通常带有一定的决策性，有利于使用者做出较为正确的决策和规划。

进行 SWOT 分析时，个人的优势主要有：①个人的兴趣、爱好和特长；②在某方面的专业知识和工作技能、经验；③自己强烈的进取心、独立的思想和长远的眼光；④某一科研领域的著述或研究成果；⑤获得的技能证书，如某种职业资格证书；⑥家庭强大的经济支持；⑦自己或父母亲友的社会关系。总之，自己可以利用的一切资源都可以是个人职业发展的优势。

个人的劣势主要有：①缺乏某方面的专业知识和工作技能、经验；②不自信或太自负，心态未摆正；③与人交谈时沟通不顺畅，表达不清楚，解释问题抓不住重点，条理不清，声音太小等。

外部环境的机会主要有：①自己所学专业的社会发展前景；②自己与同学、同专业的人或已经从事本专业工作的人相比的技能水平；③具备相关的见习或实习经验，在见习或实习中对某方面的工作或业务有较深入的了解；④学校或老师提供的课题研究项目；⑤社会对本专业人才的需求量大等。

外部环境的威胁主要有：①职业目标岗位缺乏，行业发展不景气；②自己已选专业在未来发展前途不明朗或此行业竞争激烈；③自己所就读的学校不是国内知名大学，科研水平不高、条件不好；④国家近期或未来的政策导向不利；⑤学校提供的发展机会不多，学生间竞争激烈。

通过这种对自身和外部的全面分析，我们就可以扬长避短，发挥个人优势，弥补个人劣势，抓住外部机遇，回避外部威胁，迎接挑战，完善自我，发展自我。

2.SWOT 分析法决策的步骤

第一步：调查分析内外部环境。

外部环境因素包括机会因素和威胁因素，它们是外部环境对个人发展直接有影响的有利和不利因素，属于客观因素；内部环境因素包括优势因素和弱势因素，它们是个人在发展中自身存在的积极和消极因素，属于主观因素。调查分析这些因素时，不仅要考虑历史与现状，还要考虑未来发展。

第二步：对以上因素进行排序。

根据轻重缓急或影响程度，将上述各种因素排列于 SWOT 矩阵中。在此过程中，要把那些对自己发展有直接、重要、大量、迫切、久远影响的因素优先排列出来，把那些间接、次要、少量、减缓、短暂的影响因素排在后面或省略。

第三步：确定对策，制订计划。

SWOT 内外部环境因素具有 4 种不同的组合，也对应不同的对策。应发挥优势因素，克服劣势，化解威胁因素，立足当前，放眼未来。

三、生涯决策应注意的问题

（一）生涯决策时要正确面对各种困难

克朗伯兹从 1983 年就开始注意到决策的个人规则及相应的困难，他认为在进行职业决策时会遇到以下五种困难：人们可能不会辨认已有的可解决的问题；人们可能不努力做决策或解决问题；由于错误决定，人们可能会消除一个潜在的满意的选择对象；由于错误决定，人们可能会选择较差的选择对象；没有能力达到目标时，人们可能会感到痛苦和焦虑。

对于大学生来说，生涯决策的困阻因素也是多方面的。生涯决策的困阻因素是指不利于生涯发展的个人因素。这些因素使人们职业选择不利，或导致生涯发展困境长久无法突破。职业定位的困阻包括下列 8 个因素：

（1）意志薄弱。个人的职业选择容易受到外在因素的影响，如父母、朋友的影响，一旦受到反向影响，就会减少投入的时间和精力，甚至放弃自己真正想要实现的目标。

（2）行动犹豫。对自己缺乏信心，充满担心，迟迟未采取与职业发展有关的活动。

（3）资讯探索受困。不能积极去搜集相关产业、行业、职业的信息，或不清楚获得这些信息的渠道，不知道如何利用这些信息。

（4）特质表现。个性方面的障碍，如没有主见、被动，习惯由他人为自己做决定，不愿意自己做规划，积极性、主动性不高等。

（5）方向选择。对自己曾做过的职业抉择感到怀疑，或有多种选择，不知如何着手。

（6）科系选择。自己所读的科系并非自己的期待，或认为是不适合自己的。

（7）学习状况。因对自己的学习成果不满意而产生负向效应，或知识储备不够、能力不足。

（8）思想意识。不愿意从事具有挑战性的工作，不愿意干脏、苦、累的工作，不愿意到基层就业等。

因此，大学生在进行职业决策时，要重视种种困阻，正确面对问题，不要逃避问题，特别是要克服不努力的态度，积极面对可能出现的问题，通过自身的努力寻求最优的选择。同时，也可以向信任的人求助，向朋友、学长、家长、职业顾问求助。

（二）要结合自己的性格、特长和兴趣

职业生涯能够成功发展的核心，就在于所从事的工作正是自己所擅长的。如果一个人性格内向、不善于与人沟通，没有很好的交际意识，那么这个人很难成为一名成功的管理人员。制订职业规划一定要认真分析自己的优缺点。从事一项自己擅长并喜欢的工作，会很愉快，也容易脱颖而出。因此，生涯决策需要结合自己的性格、特长和兴趣。

（三）要考虑到实际情况，并具有可执行性

很多人刚工作时信心满满，一心想出人头地。实际工作中，有时确实会存在一定偏差，但是更多时候却是一种积累的过程，包括资历的积累、经验的积累、知识的积累等，所以职业规划不能好高骛远，要根据自己的实际情况和社会情况，一步一个脚印，层层晋升，最终方能成就梦想。

（四）生涯决策必须有可持续发展性

生涯决策不能只制定一个阶段性的目标，要有明确的长期的目标，而且目标应该是一连串的、可以贯穿整个职业发展生涯的远景展望。今天的生活状态不由今天决定，它是我们过去生活目标的结果；明天的生活状态不由未来决定，它将是我们今天生活目标的结果。如果生涯决策定得过于短浅，后面又没有后续决策点作为支撑，就会使人丧失奋斗的热情，且不利于长远发展。

第十章 就业形式与政策

第一节 就业形式

目前，我国大学生的就业形式主要有签约就业、灵活就业、继续深造、参军入伍、出国留学、考取公务员等。多样化的选择，对于大学生既是机遇也是挑战。有人说，人生的区别就在于关键的几个选择，而大学生毕业后的第一步至关重要。大学生应该结合自身实际情况，慎重选择一条适合自己的发展道路，努力迈好第一步。

一、签约就业

签约就业是较为传统的就业模式，一般指与用人单位建立稳定的劳动法律关系、获得工资福利和社会保障的就业。签约就业是大学毕业生就业最普遍的一种方式。它包括协议就业、合同就业、项目就业三种形式。

（一）协议就业

毕业生通过学校与用人单位签订就业协议书，在毕业前由就业主管部门发放普通高等学校毕业生就业报到证（2023年起不再发放就业报到证，取消就业报到证补办、改派手续，不再将就业报到证作为办理高校毕业生招聘录用、落户、档案接收转递等手续的必需材料），毕业生毕业后持就业报到证到用人单位报到。毕业生档案、户口关系发往用人单位或用人单位上级主管部门。

（二）合同就业

毕业生与用人单位不签订毕业生就业协议书，而是直接签订劳动合同，或用人单位出具接收函，不需要就业报到证，到用人单位工作。

（三）项目就业

项目就业主要指毕业生参加国家项目、地方项目而就业。目前，主要有大学生志愿服务西部计划、"三支一扶"计划、组织部门的选调生工程、单位或地区实施的定向和委培等。这部分毕业生户口、档案等人事关系依本人意愿或留存毕业学校或迁往服务地或迁回原籍。定向、委培学生就业时要根据招生协议回定向、委培单位就业，其户口、档案关系毕业时转入定向、委培单位。按规定该类毕业生不能再自主择业，但若经原定向、委培单位和有关主管部门同意，解除原协议后，可以自主择业。

二、灵活就业

灵活就业是指在劳动时间、收入报酬、工作场地、保险福利、劳动关系等方面不同于传统的主流就业方式的各种就业形式的总称。其主要形式有以下几种：非全日制就业、临时就业、兼职就业、远程就业、独立就业、承包就业、自营就业和家庭就业。与传统就业模式相比，灵活就业具有灵活性强、自由度高、适应范围广、劳动关系比较松散的特点，大致可分为三类。

第一类：劳动标准（包括劳动条件、工时、工资保险以及福利待遇等）、生产的组织和管理以及劳动关系协调运作等方面达不到一般企业标准的用工和就业形式。主要是指小型企业、微型企业和家庭作坊式的就业者，以及虽为大、中型企业雇用，但在劳动条件、工资和保险福利待遇以及就业稳定性方面有别于正式职工的各类灵活多样的就业形式，如临时工、季节工、承包工、小时工、派遣工等。

第二类：由科技和新兴产业的发展以及现代企业组织管理和经营方式的实施而产生的灵活多样的就业形式，如非全日制就业、阶段性就业、远程就业、兼职就业等。

第三类：独立于单位就业之外的就业形式，包括自主就业和临时就业。自主就业分为个体经营和合伙经营两种类型，常见的自主就业有自由职业者，如律师、作家、翻译工作者、中介服务工作者等。临时就业，如家庭小时工和其他类型的打零工者。

三、继续深造

近些年，国家出台了研究生扩招政策，大学生可通过考研的方式继续深造，以获得更高的发展平台。学习深造可以沿着一个方向一直努力，在学术上有所创见，毕业后争取到一份较为适合自己的工作。但如果考研只是为了逃避就业压力，推迟就业期的到来，建议不要考研，考研毕业后就业压力只增不减，而且也会失去年龄上的优势，丧失积累经验的机会。因此，在选择考研前，要先明确自己考研的目的。

全国硕士研究生统一招生考试是指教育主管部门和招生机构为选拔研究生而组织的相关考试的总称，由国家考试主管部门和招生单位组织的初试和复试组成。它是一项选拔性考试，所录取学历类型为普通高等教育。

普通高等教育统招硕士研究生按学位类型分为学术型硕士研究生和专业型硕士研究生两种；按学习形式分为全日制研究生、非全日制研究生两种，均采用相同考试科目和同等分数线选拔录取。

思想政治理论、外语、大学数学等公共科目由全国统一命题，专业课主要由各招生单位自行命题（加入全国统考的学校全国统一命题）。选拔要求因层次、地域、学科、专业的不同而有所区别。考研国家线划定为 A、B 类，其中一区实行 A 类线，二区实行 B 类线；一区包括北京、天津、河北、山西、辽宁、吉林、黑龙江、上海、江苏、浙江、安徽、福建、江西、山东、河南、湖北、湖南、广东、重庆、四川、陕西，二区包括内蒙古、广西、海南、贵州、云南、西藏、甘肃、青海、宁夏、新疆。

四、参军入伍

为了提高部队官兵素质，每年都要从应届大学毕业生中招收一定数量的士官，到部队从事技术工作，这是广大青年特别是大学生报效祖国的一个重要途径。

五、出国留学、工作

随着我国经济持续快速增长，人民生活条件不断改善，一些大学生为了开阔视野、增长见识，或为了寻求更好的教育条件、掌握先进的科学技术，在大学毕业后选择到海外求学或工作。出国人员的户籍迁回原籍，档案在原籍的人才交流中心实行人事代理。无论是出国读书还是工作，所面临的困难要比在国内多得多。出国大学生要勇于面对一切挑战，同时始终牢记自己是中国人，注重个人的素质、形象，时时维护祖国的荣誉和尊严。

六、考取公务员

《中华人民共和国公务员法》规定，"录用担任一级主任科员以下及其他相当职级层次的公务员，采取公开考试、严格考察、平等竞争、择优录取的办法。民族自治地方依照前款规定录用公务员时，依照法律和有关规定对少数民族报考者予以适当照顾""中央机关及其直属机构公务员的录用，由中央公务员主管部门负责组织。地方各级机关公务员的录用，由省级公务员主管部门负责组织，必要时省级公务员主管部门可以授权设区的市级公务员主管部门组织"。

（一）公务员考试的形式

公务员考试分为中央和地方两种形式，中央即国家公务员考试，地方即地方公务员考试。

国家公务员考试是指中央、国家机关以及中央国家行政机关派驻机构、垂直管理系统所属机构录用机关工作人员和国家公务员的考试。

地方公务员考试是指地方各级党政机关、社团等为招录机关工作人员和国家公务员而组织进行的各级地方性考试。

中央和地方考试单独进行，不存在从属关系，考生根据自己要报考的机关部门选择要参加的考试，也可同时报考，相互之间不受影响。

中央公务员考试和地方考试性质一样，都属于招录考试，考生填报相应的职位进行考试，一旦被录用便成为该职位的工作人员。具体公务员政策可参看国家公务员局官方网站的相关政策。

地方公务员考试有资格考试和招录考试两种，绝大多数地方公务员考试采用招录考试的方式，考生选择职位报名参加考试，考上后就直接录取为该部门的公务员，和中央公务员考试程序一样。

（二）公务员考试的流程

1.发布招考公告

制定和发布招考公告是报名前的首要工作。用人单位关于考试录用的主要信息，是通过公告告知社会的。

2.报考

2002 年起，中央、国家机关公务员招考工作的时间被固定下来，报名时间在每年 10 月中旬，考试时间在每年 11 月的第四个周末。

省、自治区、直辖市国家公务员考试时间由各地自行决定并组织实施，部分地区每年在上、下半年各组织一次考试，省级以下公务员主管部门不组织开展公务员考试。

当下大多数省市采取网上报名，并在网上直接打印准考证的方式。

3.笔试

公务员考试包括笔试（公共科目、专业科目）和面试，笔试分为两门，即行政职业能力测验和申论。

4.面试

面试比例与计划录用人数比例一般有 3∶1、4∶1、5∶1 三种，只有通过笔试后，按录用人数与面试比例确认笔试成绩排名前几位的才有面试资格，进入面试环节。

5.体检和考察

面试和专业科目考试结束后，将按照综合成绩从高到低的顺序确定进入体检和考察的人选。

6.录用

拟录用人员由招录机关按规定的程序和标准从考试成绩、考察情况和体检结果合格的人员中综合考虑，择优确定。

第二节　就业政策

党和政府十分重视大学生就业工作，21世纪以来出台了一系列促进大学生就业的政策和措施。2003年开始，我国先后出台了《关于实施大学生志愿服务西部计划的通知》（以下简称《通知》）、《关于引导和鼓励高校毕业生面向基层就业的意见》（以下简称《意见》）、《关于组织开展高校毕业生到农村基层从事支教、支农、支医和扶贫工作的通知》以及《中华人民共和国就业促进法》（以下简称《就业促进法》，2008年1月1日起实施）等一系列文件。

一、颁布《就业促进法》促进大学生就业

尽管《就业促进法》中没有出现"促进高校毕业生就业"的字样，但是作为一部普惠性法律，其对大学生就业有重要的促进作用。这部法律在六个方面对高校大学生的就业产生影响。

第一，有利于促进各级政府进一步提高思想认识，更加重视高校毕业生就业，同时有利于引导全社会对大学生就业观念的转变和更新。

第二，有利于保证毕业生就业政策措施的长期化，从依靠政策推进转变为依法推进。

第三，明确强调实行有利于促进就业的财政政策，确定了专项资金支持。长期以来，高校毕业生就业工作缺乏资金支持，开展工作有很多困难。《就业促进法》明确了专项资金支持，使大学生就业工作获得强有力的物质保障。

第四，明确提出培育和完善统一开放、竞争有序的人力资源市场，规范了就业市场行为。目前，为高校毕业生就业服务的市场主要有三个：毕业生就业市场、人才市场和劳动力市场，大学毕业生60%以上通过毕业生就业市场找工

作。就业市场行为的规范化使市场更加开放，有利于信息共享、资源共享，这对大学生就业意义非常重大。

第五，将自主创业和灵活就业列入法律支持和保护，明确提出鼓励劳动者自主创业，自谋职业。

第六，明确提出统筹做好城镇新增劳动力就业工作，强调职业教育和培训，在一定程度上体现了国家对提高劳动力就业能力和综合素质的导向。大学生不是孤立的群体，有的来自农村，有的来自低保家庭、零就业家庭或贫困家庭，因此统筹做好他们的就业援助和扶持工作，不但有利于高校毕业生发挥才干、建功立业，还关系到千万个家庭的幸福和国家的长治久安。

二、鼓励和引导高校毕业生到城乡基层就业

近年来，中央各有关部门主要组织实施了四个引导高校毕业生到基层就业的专门项目，包括从 2003 年起组织实施的"大学生志愿服务西部计划"、从 2006 年开始组织实施的"三支一扶"（支教、支农、支医和扶贫）计划、从 2006 年开始组织实施的"农村义务教育阶段学校教师特设岗位计划"和从 2008 年起组织实施的"选聘高校毕业生到村任职工作计划"。

基层和艰苦边远地区是两个不同的概念，其概念有交叉也有不同。一般来讲，基层既包括广大农村，也包括城市街道、社区；既涵盖县级以下党政机关、企事业单位，也包括社会团体、非公有制组织和中小企业；既包含自主创业、自谋职业，也包括艰苦行业和艰苦岗位。艰苦边远地区是另一个概念，国家有具体规定。

针对到基层就业的大学生，主要有以下优惠政策：

（1）户籍可留在原籍。到西部县以下单位和艰苦边远地方工作的高校毕业生，可以把户口留在原籍，也可以转到工作所在地区。工作满 5 年以后，可以到自己的原籍或者是直辖市以外的其他地区工作，落实接收单位的，接收单

位当地给予落户，人事部门提供免费的代理服务。

（2）对到农村基层和城市社区从事社会管理和公共服务工作的高校毕业生，符合公益性岗位就业条件并在公益性岗位就业的，按照国家现行促进就业政策的规定，给予薪酬或生活补贴，同时按规定参加社会保险。

（3）国家代偿助学贷款。为了引导和鼓励广大毕业生面向基层就业，《意见》特别规定：毕业以后自愿到艰苦地区、艰苦行业工作的，服务达到一定年限，国家代偿学生在校期间的助学贷款。

（4）可提前转正定级。到西部艰苦边远地区和国家级扶贫工作开发县工作的高校毕业生，可以提前转正定级，定级以后可以提高一到两档的工资标准。

（5）考公务员可享优惠。《意见》对公务员的考录政策进行相应调整。规定从 2006 年开始，省级以上党政机关考录公务员，考录具有 2 年以上基层工作经历的高校毕业生（包括报考特种专业岗位）的比例不得低于三分之一，以后逐年提高。对招录到省级以上党政机关、没有基层工作经历的高校毕业生，应有计划地安排到县以下基层单位工作 1～2 年。同时规定，今后在选拔县处级以上党政领导干部时，要注意从有基层工作经历的高校毕业生中选拔。

（6）研究生招录优先政策。对具有基层工作经历的高校毕业生，在研究生招录时实行优先政策。针对一些大学生考上了研究生，但还想去西部工作这种情况，可保留两年学籍，也就是说在这两年之内，国家都承认他是学校的研究生，只是两年在外面服务，回来按照正常的研究生培养计划接受培养和教育。

三、鼓励高校毕业生应征入伍

应征入伍是指从 2010 年开始部队每年从应届高校毕业生中征收义务兵。经国务院、中央军委批准，自 2020 年起，将义务兵征集由一年一次征兵一次退役，调整为一年两次征兵两次退役。我国现行的义务兵役制度服役年限是两年。

高校毕业生应征入伍服义务兵役，除享有优先报名应征、优先体检政审、优先审批定兵、优先安排使用"四个优先"政策，家庭按规定享受军属待遇外，还享受优先选拔使用、学费补偿和国家助学贷款代偿、退役后考学升学优惠、就业服务等政策。

未参加网上报名预征的大学生，在征兵期间需要补办网上预征手续，没有经过网上报名预征的大学生不享受有关优惠政策。

四、积极聘用高校毕业生参与国家和地方重大科研项目

（一）国家和地方重大科研项目范围

根据相关规定，由高校、科研机构和企业所承担的民口科技重大专项、973计划、863计划、科技支撑计划项目以及国家自然科学基金会的重大重点项目等，可以聘用高校毕业生作为研究助理或辅助人员参与研究工作。此外的其他项目，承担研究的单位也可聘用高校毕业生。

应聘参与重大科研项目的毕业生要符合的条件：吸纳对象以优秀的应届毕业生为主，包括高校以及有学位授予权的科研机构培养的博士研究生、硕士研究生和本科生。

（二）签订服务协议

高校毕业生受聘参与国家和地方重大科研项目，并不是项目承担单位的正式在编职工，被吸纳高校毕业生须与项目承担单位签订服务协议，明确双方的权利、责任和义务。

1.服务协议的内容

科研项目承担单位与被聘毕业生签订的服务协议应包含以下内容：①项目

承担单位的名称和地址；②研究助理的姓名、身份证号和住址；③服务协议期限；④工作内容；⑤劳务性费用数额及支付方式；⑥社会保险；⑦双方协商约定的其他内容。

2.其他要求

①服务协议不得约定由毕业生承担违约金。

②服务协议期限最多可签订三年，三年以下的服务协议期限已满而项目执行期未满的，根据工作需要可以协商续签至三年。三年期满后，毕业生有意继续在项目单位工作、项目承担单位同意接收的，须按正式聘用手续办理。

③服务协议履行期间，毕业生可以提出解除服务协议，但应提前 15 天书面通知项目承担单位。项目承担单位提出解除服务协议的，应当提前 30 天书面通知毕业生本人。研究助理被解除服务协议或协议期满终止后，符合条件的毕业生可按规定享受失业保险待遇。

④由项目承担单位向毕业生支付劳务性费用，具体数额由双方协商确定。被聘为研究助理时间计算为工龄。

⑤项目承担单位应当为毕业生办理社会保险，具体包括基本养老保险、基本医疗保险、失业保险、工伤保险、生育保险，并按时足额缴费。参保、缴费、待遇支付等具体办法参照各项社会保险有关规定执行。

（三）服务协议期满后就业问题

协议期满，如果项目承担单位无意续聘，则毕业生到其他岗位就业。同时，国家鼓励项目承担单位正式聘用（招用）人员时，优先聘用担任过研究助理的人员。担任过研究助理的人员被正式聘用（招用）后，按照有关规定，凭用人单位录（聘）用手续、劳动合同和普通高等学校毕业证书办理落户手续；工龄与参与项目研究期间的工作时间合并计算，社会保险缴费年限合并计算。

五、鼓励大学生自主创业

自主创业是指劳动者主要依靠自己的资本、资源、信息、技术、经验以及其他因素自己创办实业，解决就业问题。《就业促进法》第七条规定："国家倡导劳动者树立正确的择业观念，提高就业能力和创业能力；鼓励劳动者自主创业、自谋职业。各级人民政府和有关部门应当简化程序，提高效率，为劳动者自主创业、自谋职业提供便利。"

（一）高校毕业生自主创业享受的优惠政策

高校毕业生自主创业优惠政策主要包括以下几个。

1.税收优惠

持人力资源和社会保障部门核发就业创业证（注明"毕业年度内自主创业税收政策"）的高校毕业生在毕业年度内（指毕业所在自然年，即 1 月 1 日至 12 月 31 日）创办个体工商户、个人独资企业的，3 年内按每户每年 8 000 元为限额依次扣减其当年实际应缴纳的营业税、城市维护建设税、教育费附加和个人所得税。对高校毕业生创办的小型微利企业，按国家规定享受相关税收支持政策。

2.创业担保贷款和贴息支持

对符合条件的高校毕业生自主创业的，可在创业地按规定申请创业担保贷款，贷款额度为 10 万元。鼓励金融机构参照贷款基础利率，结合风险分担情况，合理确定贷款利率水平，对个人发放的创业担保贷款，在贷款基础利率基础上上浮 3 个百分点以内的，由财政给予贴息。

创业担保贷款按照自愿申请、社区推荐、人力资源和社会保障部门审查、贷款担保机构审核并承诺担保、商业银行核贷的程序，办理贷款手续。

各国有商业银行、股份制商业银行、城市商业银行和城乡信用社都可以开办创业担保贷款业务，各地区根据实际情况确定具体经办银行。

3.免收有关行政事业性收费

毕业两年以内的普通高校毕业生从事个体经营（除国家限制的行业外）的，自其在工商部门首次注册登记之日起3年内，免收管理类、登记类和证照类等有关行政事业性收费。

4.享受培训补贴

对高校毕业生在毕业学年（即从毕业前一年7月1日起的12个月）内参加创业培训的，根据其获得创业培训合格证书或就业、创业情况，按规定给予培训补贴。

5.免费创业服务

有创业意愿的高校毕业生，可免费获得公共就业和人才服务机构提供的创业指导服务，包括政策咨询、信息服务、项目开发、风险评估、开业指导、融资服务、跟踪扶持等"一条龙"创业服务。各地在充分发挥各类创业孵化基地作用的基础上，因地制宜建设一批大学生创业孵化基地，并给予相关政策扶持。对基地内大学生创业企业要提供培训和指导服务，落实扶持政策，努力提高创业成功率，延长企业存活期。

6.取消落户限制

取消高校毕业生落户限制，允许高校毕业生在创业地办理落户手续（直辖市按有关规定执行）。

7.优先转让科技成果

国家鼓励利用财政性资金设立的科研机构、普通高校、职业院校，通过合作实施、转让、许可和投资等方式，向高校毕业生创设的小微企业优先转让科技成果。

（二）在校大学生自主创业的有利条件

1.实施弹性学制

对有自主创业意愿的大学生，实施弹性学制，放宽学生修业年限，允许调整学业进程、保留学籍休学创业。

2.创业支持力度不断增大

建设大学生创业示范基地，继续推动大学科技园、创业园、创业孵化基地和实习实践基地建设，开辟专门场地用于学生创新创业实践活动，教育部工程研究中心、各类实验室、教学仪器设备等原则上都要向学生开放。各高校要优化经费支出结构，多渠道统筹安排资金，支持创新创业教育教学，资助学生创新创业项目。

有意愿自主创业的大学生，可以参加创业培训和实践，接受创业教育，系统学习创办企业的知识、完善创业计划、提高企业盈利能力、降低风险、促进创业成功。

3.开设相关课程与培训

目前，许多高校已开设创业培训方面的课程和创业实践活动，如 GYB（产生你的企业想法）、SYB（创办你的企业）、IYB（改善你的企业），在校大学生可以选择参加。另外，各地人力资源和社会保障部门也开办了创业培训班，离校未就业的高校毕业生可向当地人力资源和社会保障部门申请，参加有补贴的培训。

第十一章 求职准备与求职途径

第一节 求职准备

一、就业信息的获取与筛选

（一）就业信息概述

就业信息对于毕业生求职来说十分重要。就业不仅取决于一个人的知识、能力、体力等因素，还取决于就业信息的掌握程度。

1. 就业信息的概念及分类

（1）就业信息的概念

就业信息指在择业的准备阶段，经过加工整理，成为求职者选择所从事的职业或工作岗位的有价值的消息、资料、情报等的总和。

（2）就业信息的分类

就业信息可分为广义信息、狭义信息，外部信息、内部信息，可控信息、不可控信息。

广义的就业信息指大学生在校学习过程中接收的各种有关职业的信息和所学的知识。狭义的就业信息指毕业生在毕业前夕大量获得的对就业、择业有价值的信息。外部就业信息指毕业生通过各种途径获取的关于用人单位的性质、需求等的信息。内部就业信息指大学生对自身情况和各项能力、专业、职业兴趣的了解、分析和评估结果。外部信息在择业期可控，在学习期不可控；

内部信息在学习期可控,在择业期不可控。

从信息包含的内容来分,可分为就业形势信息、社会需求信息、用人单位信息。

从信息语言的角度来分,可分为口头信息、书面信息、媒体信息和行为信息。口头信息指通过与人交谈获取的信息。书面信息指通过书面材料获取的信息。媒体信息指通过各种正式公开发行、发布的媒介载体获取的信息。行为信息指通过信息传递人的面部表情和肢体语言获取的信息。

从信息的真伪来划分,可分为真实信息和虚假信息。求职信息的真实性是求职成功的根本保证,但由于各种原因,经常会出现虚假信息,从而误导求职者。

从信息的作用划分,可分为有效信息、低效信息和无效信息。真实的信息不一定是有效的,信息的有效性因人而异。例如,一条招聘计算机软件工程师的信息对一个有志于外贸工作的人而言,就是低效或无效的。

2.就业信息的特点

就业信息作为信息资源,具有时效性、真实性、相对性、共享性、变动性等特点。

(1)时效性

就业信息有极强的时效性,每条信息都有时间要求,在规定的时期内是有效的,过了一定时期就失去了意义和作用。毕业生在收集就业信息时,要注意有效期限,争取及早对信息做出反应。

(2)真实性

就业信息有真有伪,这就要求毕业生仔细地分析和研究就业信息,避免被不实的信息诱导。在当前市场机制尚不健全的情况下,虚假信息大量存在,且危害极大。

(3)相对性

随着社会分工的细化,用人单位对人才要求的针对性更强。就业信息对一部分毕业生是非常有价值的,对另一部分则没有多大价值。这就要求大学生在得到就业信息时，认真分析和研究，与自身的条件进行对比，看自身的情况是否符合用人单位的要求，这样可以减少求职的盲目性，提高求职的成功率。

因此，毕业生要注意就业信息的相对性，不要盲目追求当前都看好的职业，要重视适合自己的信息，对于不适合的信息则要果断放弃。

（4）共享性

就业信息的共享性是指就业信息可以通过不同的载体进行传播，并为社会各方所共同享用。就业信息的共享性还意味着就业的竞争，不仅限于本班学生、本校学生、本地高校，还有外省市高校毕业生。

（5）变动性

变动性指就业信息不仅受到国际、国内政治和经济形势的影响，也受所在地区、行业形势变化的影响。例如，受美国贸易保护主义的影响，我国对美国出口产品的相关行业会受到较大的影响，进而对相关专业的就业也产生影响。同样地，我国近年大力建设"一带一路"，沿线国家的贸易增多，相关专业的人才更容易就业，由此体现了就业信息的变动性。

3.就业信息的作用

随着毕业生就业工作的进一步市场化，用人单位择人与毕业生择业的自主权已得到进一步的强化，毕业生如果没有掌握准确可靠的需求信息，就无法掌握自主择业的主动权，无法进行理想的职业选择。可以说，求职竞争在一定意义上就是获取就业信息的竞争。谁获得的信息数量多，求职的选择面就宽；谁获得的信息质量高，求职成功的把握性就大；谁获得的信息及时，求职的主动性就强；谁获得的信息内容全，要点明确，求职的盲目性就小，就很容易实现顺利择业，在职场中找到自己的位置，实现自己的职业理想。

对于求职者来说，就业信息的作用有以下几个方面：

（1）有助于毕业生求职择业目标的实现

毕业生在面向社会求职择业时，拥有一定的求职信息，了解所在学校、学校所在地区和国家的就业政策，了解就业管理机构的工作程序，不失时机地利用初次机会进行求职择业，可以在择业过程中不走弯路或少走弯路，顺利实现择业目标；对于许多延迟就业或就业后感到不满意的毕业生来说，拥有一定的求职信息，了解社会、了解自己，还便于其今后发展，有助于毕业生自主创业、自我发展和职业生涯规划的实现。

（2）有助于个人需求和社会需求相一致

毕业生根据自己所掌握的就业信息，针对用人单位对本专业人才的要求，及时补充知识，提高能力，扩大个人的竞争优势，可以使自己在面对众多就业机遇时，不因个人的知识、能力影响择业。同时，还可以根据掌握的求职信息，及时调整择业目标，正确评价自我，避免脱离社会实际。

（3）能够增强学生学习的目的性和自觉性

"有志者事竟成"，大量实践证明，明确的目标，可以激发学生学习的积极性与主动性。考入大学后，一些学生不知道所学专业与未来工作的关系，不懂得各门课程的实践意义与应用价值，目标模糊，缺乏学习动力。通过对职业信息的了解，对人才供求变化情况和社会对从业人员的素质要求的分析与研究，通过对未来可能从事的某些具体职业类型特点、岗位能力标准的思考与预测等，学生可以进一步明确学习的目的，认识到学习的重要性。

（4）是毕业生进行就业、创业决策的依据

毕业之际，有人要考虑毕业后到什么地方去工作，如何找一份比较满意的工作，有人要考虑如何创业，为社会作出贡献。如果仅凭个人主观想象，盲目判断，往往不能做出符合实际的决策。在市场经济体制下，人才市场和劳动力市场竞争日趋激烈，要做到"知己知彼"，取得择业、创业的主动权，就必须有及时、准确、丰富的职业信息做保证。例如，在创业决策前，无论分析创业形势、确定创业方向，还是选择创业地区，都必须掌握创业的各种信息，不仅要有宏观方面的信息，如政策法规信息、社会经济状况信息等，而且要有微观方面的信息，如地方发展前景、创业具体办法及规定等；既要注意收集有利于自己创业的直接信息，又要留意对创业有参考价值的间接信息。在创业决策中，应把自己掌握的职业信息进行整理、筛选、分析，拟定出创业的初步方案，逐一进行可行性分析，判断拟定的方案是否妥当、是否合理、是否必要、是否符合实际，然后选择出最佳方案。在创业过程中，要根据职业信息反馈，来检验、评价各个阶段的结果，以便及时调整创业方向。

（5）有利于毕业生准确地把握住市场机遇

对市场各种需求信息进行有效管理，在众多信息中抓住对自己就业、创业发展有利的信息，可以使自己"知己知彼，百战不殆"，获取最新、最有价值的信息，从而准确地把握住市场机遇。

（6）有利于毕业生不断调整职业目标

职业目标确定后，并不是一成不变的。因为市场信息是流动、变化的。如果原来确定的职业目标的生存与发展条件发生了变化，职业目标就必须随之变化，必须进行相应的调整和修正，不能盲目固守原有的目标和运作形式。对信息进行管理，主要依靠信息反馈，掌握实践过程中的具体情况，即根据客观形势的变化和自身条件，权衡利弊，重新规划职业目标。

4.就业信息的内容

就业信息的内容十分广泛，主要包括两个方面。

（1）就业政策和相关规定

了解国家就业方针、政策及相关的就业法律法规是毕业生就业的前提。在我国，虽然人才已市场化，但从宏观调控的角度来看，就业仍需要政府进行适当调控。改革开放以来，为进一步推动我国大学生就业的市场化，优化人才的配置，国家不断完善高校毕业生就业政策，各省、自治区、直辖市也根据本地区的实际情况及时、有效地调整相关的人才政策。如果大学生及时了解清楚相关政策，并利用政策提供的有利条件，结合自身实际情况，主动出击，就可能在就业市场占据主动位置。因此，大学生系统地收集和认真研习政府就业方面的方针、政策等尤其重要，充分掌握了"行情"，就可以在求职过程中不走弯路或少走弯路。

大学毕业生在面向社会求职择业时，了解所在学校及学校所在地区和国家的就业政策及就业管理部门的工作程序，把握好就业良机，有助于达到就业的预期目标。大学生应该了解掌握的法律法规有《中华人民共和国劳动法》《中华人民共和国就业促进法》《中华人民共和国劳动合同法》等。

（2）供求信息

供求信息包括当年毕业生信息和用人单位信息。高校毕业生只有知己知彼，才能游刃有余。

①毕业生信息。毕业生信息包括当年毕业生总体供求形势，热门专业、过剩专业毕业生数量等。

②用人单位的信息。用人单位需求信息收集得多少直接关系到毕业生能否顺利就业。一些高校就业主管部门想方设法为毕业生提供用人单位需求信息，同一专业有 2～5 个相关用人单位需求信息供毕业生选择，这样大大提高了毕业生就业的信心，但获得就业信息并不意味着就找到了工作岗位，对用人单位需求信息要进一步了解，进行有效的对比，这样可以避免择业时的随意性和盲目性。但有些学生只挑选大城市而不问用人单位的性质、业务范围，有的只图单位名称好听而盲目签约，这样很容易带来隐患。那么如何才能做到客观地对用人单位的需求信息进行评价呢？关键在于系统、全面地了解、分析用人单位的人才需求信息。

掌握好这些信息对应聘者参加面试、进行自我推销及就业攻关都会起到至关重要的作用。以上信息可通过网上查询、学校就业主管部门和用人单位需求信息库查询及用人单位的上级主管部门了解到。当然也可以通过社会关系网，如家长、亲朋好友、校友等一些已在该单位就职的人员，或通过中介了解该单位更多、更有价值的信息。总之，手中有信息，心中不慌张！

（二）就业信息的获取

收集就业信息应力求做到"早""广""实""准"。所谓"早"，就是收集信息要及时，要早做准备，不能事到临头再去抱佛脚。所谓"广"，就是信息面不能太窄，要广泛收集各个方面、不同层次的就业信息。有的同学只注意根据自己预先设定的目标收集有关地区、行业和单位的就业信息，放弃或忽视了"后备"信息，从而在求职遇挫时感到无所适从，这种情况应予以避免。所谓"实"，就是收集的信息要具体，用人单位的地点、环境、人员构成、工资待遇、发展前景、对新进人员的基本要求、联系电话等信息掌握得越具体越好。"准"，就是要做到准确无误。一方面，要搞清楚用人单位需要的是什么层次、什么专业的人才，以及其在生源、性别、相貌、外语水平等方面有什么特殊要求；另一方面，用人信息也和商品信息一样，具有很强的时效性，应确定所了解的信息是否已过期，用人单位是否已经物色到合适人选。这些情况要搞清楚，不能似是而非。

大学毕业生获取就业信息的渠道和方法多种多样，由于个人情况、社会背景、家庭状况的不同，获取就业信息的渠道和方法也有差异。

1.获取渠道

（1）各高校毕业生就业指导中心

学校的就业指导中心（或办公室）是为毕业生服务的常设机构，一般有专门的负责人和工作人员。学校与各类就业指导机构、社会的方方面面有着密切的联系，通过多年来的工作实践，与有关部门长期合作，已形成了人才供需网。各高校毕业生就业指导中心与中央有关部委和各省市的毕业生就业主管部门及有关用人单位保持着经常、密切的联系，国家有关就业政策规定、地方的有关政策、各地举办"双选"活动的信息、有关用人单位简介材料及需求信息等，学校的主管部门一般都能够及时掌握。它们提供的信息无论是数量还是质量，都有明显的优势。另外，用人单位通常也会把各种招聘信息直接传递给学校就业指导中心，要求学校协助推荐所需人才。因此，毕业生同学校就业指导机构建立联系，是获取就业信息的重要渠道。

（2）各级毕业生就业主管部门和就业指导机构

每年教育部都要制定毕业生就业的有关方针、政策，各省、自治区、直辖市主管部门也要制定贯彻执行政策的实施意见；各地的毕业生就业指导机构也要开展信息交流和咨询服务。这些主管部门通常会发布一些指导性文件，或举办大型的就业招聘活动。因此，获取就业信息不可忽视这一重要渠道。既要从国家的有关决议、决定、规划、规定等文件中获得就业信息，也要掌握各地区发布的有关决定和各种人才流动政策，这类信息通常具有较强的宏观指导作用。

（3）亲朋好友及其他社会关系

亲朋好友不但了解毕业生的个性、兴趣、能力，而且很清楚他们对未来单位和岗位的期望。因此，他们帮助推荐的时候，比较能够兼顾求职者与岗位两方面的需求。同时，来自亲朋好友的信息，相对来说其真实性和有效性更好一些。

除了亲朋好友，毕业生还可以通过其他的社会关系获取就业信息。例如本专业的教师，他们对学生比较了解，可以为学生提供就业信息。又如校友，他们有的在对口单位工作，不管是对所在单位的情况，还是对本专业就业行情，一般都很熟悉，通过他们可以获得许多具体、准确的就业信息。

事实上，每个人都有可能给毕业生提供就业信息，毕业生要做的就是通过适当的途径和方式告诉别人你在找工作，你理想的工作是哪一方面的。毕业在即，毕业生可以充分利用亲朋好友及其他社会关系这条就业渠道，但不要过分依赖它。

（4）各地人才市场和人才交流会

各地通常都有固定的人才市场，毕业生可以由此了解到就业形势、薪资行情等。但这类人才市场提供的岗位一般都要求有工作经验，或有一定社会经验，因而它所提供的岗位并不一定适合应届毕业生。

应届毕业生应更多地参加由各地政府和人社部门举办的毕业生双向选择供需见面会。这种专门面向毕业生的供需见面会，有全国性的，也有地方性的，还有由一个或几个学校联合举办的。这种供需见面会的好处显而易见：一是用人单位数量较多，可以提供更多的工作岗位；二是这些单位和岗位都不排斥没有工作经验的应届毕业生；三是这些单位大多具备一定资质，提供的岗位信息比较真实、有效。在参加此类招聘会时，应充分准备好有关推荐材料，这样当与用人单位直接见面时，不仅可以直接获取许多就业信息，有时还可以当场签订协议，简捷有效。

（5）传统媒体

各种传统媒体，如广播、电视、报纸、杂志等，大都会介绍用人单位现状、发展前景和人才需求等，不仅传播速度快，而且涉及面广、信息及时，是大学毕业生获取就业信息的一条有效渠道。

（6）现代媒体——互联网

通过网络，求职者可以在几秒钟内查询到数万条信息，方便、快捷地了解用人单位的背景资料、营运状况等。另外，求职者可以在各种人力资源网站上发布个人求职信息，也可以直接将求职信、履历表等个人资料以电子邮件的方式传给对方，这种方式方便、快捷、高效。订阅电子邮件是获取网上求职信息的另一个重要途径，很多网站都开通了发布求职信息邮件服务，会定期或不定期地向注册用户发布有关就业信息。

当然，互联网中既有着丰富的信息资源，也存在着数不清的垃圾信息甚至有害信息，这些应引起广大毕业生的注意，在利用网络资源的时候，要小心谨慎，不要掉进虚假信息的陷阱。

目前，基于互联网的毕业生就业服务和人才招聘市场逐步走向成熟，包括高校、企业在内的各级各类毕业生就业或人才招聘服务机构大都已经在网上建立了自己的网站，以向毕业生提供就业指导和就业信息服务。

2.获取方法

就业信息传播的渠道多种多样，纷繁复杂，想要科学、有效地获取所需要的信息绝非易事。这就要求毕业生不仅了解获取就业信息的渠道，而且掌握获取就业信息的方法，从各方面获取完备的就业信息，保证信息对毕业生择业发挥最大的效能。

下面介绍几种获取就业信息的方法，以供参考。

（1）"一网打尽"法

"一网打尽"获取信息的方法充分保证了所获信息的全面性。采用这种方法获取信息时，先不考虑行业、地域和个人的志趣，将各种信息尽可能多地收集起来，然后按照一定的标准进行筛选。

（2）"行业优先"法

信息收集以倾向选择的行业为主，围绕选定的行业获取相关的企业信息、行业现状及发展前景等。

（3）"地域优先"法

获取信息的方向注重地域特性，以自己所倾向就业的地域为主进行信息的收集，重点收集某地方的就业信息。

专家指出，大学毕业生以大城市为目标的就业思路有些因循守旧的意味。比较理性的态度是看什么样的企业、什么样的单位适合自己，什么样的企业或单位会给自己发展的机会。有些大企业、效益好的企业不一定在大城市，相当多的成长性良好的企业也不在大城市。到一个有发展潜力的单位去工作、学习，跟它一道成长是很重要的。那种以大城市为目标的就业思路，不如以发展前途为目标的就业思路来得踏实又积极。

（4）"志趣优先"法

毕业生获取信息的侧重点是以自己的特长和爱好等主观意志、自我感受为重点。毕业生在获取就业信息时充分考虑自己的志趣，不以行业或地域为重。例如，有的毕业生希望自己将来能够从事管理工作，有的毕业生希望自己将来能够创业经商，那么他们在获取就业信息时就会更加关注企业管理和市场营销等方面。

（5）"需求优先"法

不管收集什么样的信息，有一点必须把握好，就是收集到的信息必须能够满足毕业生就业、择业的需要。

以上介绍的 5 种获取就业信息的方法各有利弊，采用前 3 种方法获取到的信息，针对性比较强，但是存在着信息面窄的缺点，难免失之偏颇。而采用后两种方法获取到的信息范围广，但由于涉及面太广，分拣和甄别有用信息会浪费时间和精力。若能将这 5 种方法有机地结合起来，互为补充，效果会更好，毕业生可根据自己的实际情况加以选用。在获取信息的过程中，要注意投入和产出的关系，不同类型和不同层次的求职者，应当尽量选择适合自己的渠道和方式，以降低求职成本。

3.获取原则

高校毕业生通过各种渠道和方法收集到的原始就业信息可能比较杂乱，应根据自己的实际情况和需求，对信息进行比较分析，去粗取精，去伪存真，有目的、有针对性地加以筛选处理，使获得的信息更准确、全面、有效，从而更好地为自己的求职服务。信息处理得好，就能起到事半功倍的效果。

处理这些信息时应把握以下原则：

（1）适合自己的原则

毕业生首先要充分认识自己，然后根据自己的专业、特长、能力、性格等收集信息，避免范围过大。每个人的情况不一样，毕业生应选择适合自己的信息，认真考虑自己是否适合和愿意从事这一职业，并作出取舍。一旦确定下来，就要根据信息的要求认真制订自己参与竞聘的具体方案。

（2）有利自身发展原则

判断就业信息是否适合，不应只看表面和眼前，还要放眼未来。或许现在你所求职的单位只是个名不见经传的小单位，但日后可能发展得很成功。如果你现在独具慧眼，那么将来可能无可限量。

（3）掌握重点原则

首先，对收集来的信息进行必要的调查了解，然后逐条分析，选出有使用价值的信息，标明并注意留存，一般信息仅作参考。其次，将自己选出来的重点信息分别进行较为详细的调查分析，包括用人单位环境、条件、发展前景及对人员需求的情况、录用条件等的分析。最后，要善于开拓信息，许多信息的价值往往不是直观的，要善于通过有限的招聘文字，了解其背后深层次的背景、文化和精神。

（4）注意信息的时效一致原则

人才市场瞬息万变，用人单位发布需求信息后，随时都会收到毕业生的求职申请，及时与用人单位联系能体现出求职者的积极态度，能为求职成功增加砝码。因此，收集到就业信息后，应适时使用，以免过期。否则，不光浪费时间、精力和金钱，还可能错过好的就业机会。

毕业生在求职时，也可以采用逆向思维，不盲目从众。很多学生认为几个月以前的招聘信息是过时的，往往不去关注，可是实际上，关注"过时"信息有时也会取得好的效果。一般单位在一次招聘会上可能同时招聘几十人，一次招聘会后，这些职位不一定都招满，可能剩余一两个空缺，而单位不会为这少数的空缺再发布一次招聘信息。这种"剩余职位"对正在找工作的学生来说是个"富矿"。如果你有足够的耐心，能够从"过时"的招聘信息中找到这样的空缺，那么你几乎没有竞争对手，很可能是企业的唯一人选，就业概率会大大提高。

4.信息获取过程中需注意的问题

（1）开始收集信息时，不要希望有"完美品"出现

信息整理力求简化，这是最好的方法。刚开始，应先考虑"什么样的信息比较适合自己"，然后定出收集的标准，再腾出宝贵的时间去整理信息。

（2）信息收集以"完成目的"为出发点

在收集各类信息时，要有严谨认真的态度。信息收集也要讲求"轻重缓急"，如果没有目的性，收集的信息就不具有任何意义。

（3）信息收集的标准要合理

"宁多毋缺"的收集方法，能使信息收集者获得一大堆就业资料。但是，这是很不明智的做法。因为这样没有目标地收集信息，以后仅整理就得花费很长时间，更别提使用了。收集信息时，确定取舍标准是一件十分困难的事。因此，信息收集者最好不要实行"去舍标准"，而要实行"采用标准"。一般人都有"获得容易丢弃难"的心理，实行"采用标准"，就更符合一般人的心理状态。不过，"采用标准"的重点，不是一开始就使用，而是信息收集到某一程度后，再根据"为何这样做"而实行"采用标准"，这时，信息收集就具有实用性了。

信息收集和整理，都以"自我服务"为前提。每过一段时间，就要做基于

这种目的的分类，然后再以"采用标准"整理所需的就业资料。如果求职者这样做了，就不会产生资料取舍的困扰。

（三）就业信息的筛选与运用

求职者在广泛收集求职信息的基础上，要结合自己的实际情况，依据国家、地区的政策和法规，对获取的原始信息进行有目的、有针对性的归纳，再进行整理、分析和选择。在全面、客观、公正地了解自己、了解用人单位的前提下，筛选出适合自己需求的有用信息，作为求职的重要依据和基本前提，更好地为自己求职择业服务。

1.就业信息的筛选

在信息处理过程中，要特别注重对信息真实性、可信性的辨别和判断，要当心招聘单位发布的虚假信息，警惕花样翻新的就业骗局。在就业实践中，经常碰到一些大学生兴高采烈地去面试，过后却大呼上当的情况，轻者求职未成，重者人财两空，错过就业黄金时段，造成难以弥补的损失。

在筛选就业信息时，应坚持以下原则：

（1）善于对比，发挥优势

通过多种途径获取的就业信息可能杂乱无序，这时就需要对其进行科学的排序。首先，需要核实信息的可靠性和实效性。剔除那些内容相同、重复的信息，剔除过时、虚假的信息。一般情况下，从学校、主管部门和亲友处获取的信息较为准确可靠，应多加重视。对收集到的信息，可进一步通过电话、电子邮件向信息发布者直接咨询，或向其主管部门、协作单位查询，以将不真实或严重夸大其词的招聘信息剔除。其次，将与自己的专业、兴趣相关的信息提取出来，将与专业、兴趣无关或关系不大的排到一边。选出有用的招聘信息，减少其他环节的无效劳动。

（2）分清主次，重点了解

把与自己相关的信息按重要程度排序，标明并注意留存，一般的信息则仅供参考。优先考虑发展空间大、知名度高、培训机会多的企业，对刚注册的小公司、管理运作一般的企业、产品市场份额不足的企业慎重考虑。对重要的信息要顺藤摸瓜、寻根究底，务求了解透彻，全面掌握情况，以便决策。

（3）对照衡量，人职匹配

避免盲目从众，不是所有信息都适合自己。在信息选择时，要坚持"适合自己的就是最好的"原则，结合自己的兴趣和能力等条件，决定自己能够适应和胜任的职业，不要好高骛远，挑选一些不适合自己的工作。不切实际地对号入座，与自己的职业目标相差太远，会误导自己、迷失自我。不顾自己的专长，将待遇、地点作为首选原则的毕业生，即使侥幸求职成功，也会在未来的发展中逐渐暴露自己的弱势，导致发展后劲不足。也要注意大批招聘同一专业人员的企业是否存在发展后劲欠缺或恶性竞争、压榨劳动力等问题。

（4）早做抉择，及时输出

信息有很强的时效性，过期不用等于零。因为较好的职业总会吸引许多求职者，而岗位的录用指标是有限的。如果延迟抉择，不及时反馈信息，就会错失良机。谁赢得时间，谁就可能占据主动位置。

在筛选时，有些信息不一定对自己有用，可是对他人十分有用，此时主动输出对他人有用的信息，不仅是对他人的帮助，也充分利用了那些可靠的信息，达到了收集和筛选信息的目的，而且说不定也会从别人手中获得对自己十分有益的信息。

2.就业信息的运用

信息的特点在于它的流动性、堆积性。往往旧的信息没处理完，新的信息又收集了许多。为了更好地使用就业信息，在分类处理、筛选就业信息以后，还要做一件事，就是对有用信息进行登记、归类。这样既方便查找，又有利于及时更新信息。

在运用求职信息时，无论个人的愿望如何，在实际操作时都要面对现实。不能图虚荣、爱面子、好高骛远，要量力而行，量"能"择业，即对照衡量所有的求职信息，看是否适合自己，尤其要选择适合自己性格、气质和有利于发挥特长的单位和工作岗位。及时运用有价值的信息去选择适合自己的工作，这才是收集和筛选就业信息的最终目的。

运用就业信息时应注意以下问题：

（1）在政策范围内择业

使用就业信息时，要把个人意愿和国家需要结合起来，并根据社会需要与自己的能力、愿望做出职业选择。每一个就业信息的运用都是求职者理解并加工就业信息的转换过程，即依据信息进行择业的过程。毕业生要学会合理、充分地利用这些有效信息。

（2）发现不足，加强能力培养

根据筛选出来的就业信息，对照个人的情况，发现自身存在的不足，并据此及时调整个人的知识结构，加强个人能力的培养。如果发现自己某方面的知识比较欠缺，基础不牢，就应主动加强学习，尽量较早、较快地弥补不足。

（3）及时准备

就业信息有很强的时效性，又为众多求职者所共有。因此，需求信息一旦选定，就要及时、主动与用人单位联系，不要犹豫不决，更不能守株待兔，切记"机不可失，时不再来"。应主动询问相关考试的方式、时间、地点和要求，并准备好一套完整的求职材料，使需求信息尽早变成供需双方深度沟通的重要桥梁。根据筛选出的需求信息的要求对照检查自己，及时调整自己的就业期望值。即使时间仓促，也应尽量做好各项工作。

（4）其他应注意的问题

运用就业信息时应尽量避免出现从众行为、轻信行为，不模棱两可、举棋不定，急于求成。

①从众行为，即缺乏主见，人云亦云。别人说哪里好，就往哪里跑；别人往哪里走，就往哪里凑热闹。

②轻信行为，即一味盲从，认为亲友提供的信息就一定可靠，报纸上的信息就是百分之百的准确，因而不做筛选就做选择。

③模棱两可、举棋不定，即陷入大量信息的旋涡中不能自拔，在眼花缭

乱的信息面前，左思右想，犹犹豫豫，拿不定主意，最后落得个"竹篮打水一场空"。

④急于求成。有的毕业生缺乏社会经验，真正到了人才市场就心慌意乱；有的自感择业条件不如人，怕找不到单位，因而一旦抓住信息，不经深思熟虑就匆忙做决定；有的不够慎重，没有广泛收集信息就做决定，而当获取新的信息后，又推翻已做的决定。

二、自荐材料的准备

（一）准备个人简历

简历是求职过程中的重要工具，需要每位求职者精心准备。个人简历是求职者生活、工作、成绩的概括，它的作用在于使陌生人在很短的时间内了解求职者的基本情况，并对求职者产生兴趣。

1.个人简历的分类与内容

简历以"简"为首要原则，因此在制作过程中应尽量删除与应聘职位不相关的内容。同时，为了避免简历空洞无物，尤其对无工作经验的求职者来说，要从各个方面挖掘与工作相关的信息，使简历内容尽量丰富。

（1）个人简历的分类

①简历从形式上可分为完全表格式简历、应用文式简历、资料式简历。

第一，完全表格式简历综述了多种资料，易于阅读。这一格式通常适用于年轻、缺乏长期工作经历却又不得不罗列诸如所学课程、课外活动、业余爱好和临时工作经历等资料的求职者。对于刚从大学毕业的求职者来说，采用这种格式更好。

第二，应用文式简历与专业报告相似，按资料表格、项目分类列表的形式分门别类地展示应聘者的条件，版式美观，更加简洁且清晰，便于招聘人审阅，这是专业的简历写作方法。

第三，资料式简历可以有 4 页以上，它可以表述更多的资料，且设计制作也比较精致。资料式简历是对个人工作、技能、成绩、作品的描述更为详细的简历，它是在面试时应聘者给有初步意向的用人单位的一份个人资料，它可以较全面地展示应聘者的资历，有利于加深用人单位对应聘者的印象，以在决定最后入选者时起到提醒作用。建议此种简历不要作为投寄使用，因为它成本太高，过于冗长，在资料筛选时招聘人很可能不会留心去看。

②简历从结构上可分为时间顺序式简历、职能式简历、创造式简历。

第一，时间顺序式简历按时间倒序排列资料并突出日期，叙述直截了当，书写简洁明了，显得有力可信且富有说服力。这种简历有一个很大的优点，就是能反映应聘者职业发展的过程，体现应聘者良好的职业记录，未来的用人单位会比较喜欢。同时，应聘者在简历中应强调自己的工作成绩与责任，所掌握的技能与经验。时间顺序式简历对于那些想找一份与自己以前从事职业相同种类工作的人是最合适的。如果求职者的工作经历中有连续的、范围明确的职业，如教师、会计等，则时间顺序式简历是展示技能的最佳方式。

第二，职能式简历分为职务式和功能式两种。职务式强调实力和成就、过去与目前应聘岗位相近的工作经历，而不是仅仅按时间顺序罗列工作经历，简历中的时间顺序可能会被打乱。功能式简历通过突出技能和资信情况来强调应聘者的某种专业技能，而非曾经担任过的职务和任职的公司，特别适用于演员、医生、翻译这类专业技术人员。职务式简历对那些频繁更换工作，综合以往几种工作的技能用于新工作或是新近经过再培训教育而获得新技能的人来说是最合适不过的。职务式简历的缺点是未来的用人单位不得不排出单位自己推算的时间顺序，有时会让人有不当的联想，如工作经历间断。如果应聘者在某一行业工作多年后，应聘某一新行业的职业就可使用职务式简历；如果应聘者有段时间没有工作，严密的工作时间顺序对他不利，便可使用功能式简历。功能式简历的主要优点是突出应聘者实际的成就，因为招聘人最初的资料审核只是考查应聘者是否具有招聘岗位所需要的资历，往往会忽略时间断层这类关系工作动机和工作态度的问题。这将避免招聘人在阅读简历的时候，立即对应聘者的简历提出疑问，如为什么要更换行业工作，为什么有段时间没有工作记录等，而是注意到应聘者的技能和特长。功能式简历也可以按照时间顺序式简历的写法，只是将时间放在工作经历的右边，这样面试官不一定能注意到，应聘者也没有欺骗招聘人。

但要注意，并不是说只要有时间断层问题就一定要死板地用这种方法。因为这种写法只适合技能性比较强的情况。如果断层时间长达两三年，则一定要解释清楚，说明确切的原因，实事求是，越诚实坦荡，越能给人留下好印象。

对于工作更换频繁的求职者，可以创造性地组织自己的履历表，强调技能和成就，而不是叙述工作经历。但应聘者在改变履历表时不能改变频繁更换工作的事实，而是需要真实地、有技巧地回答自己的工作经历。

第三，创造式简历。艺术界、广告界、新闻界和其他创造性领域里的求职者在准备简历时往往会打破标准的简历格式，制作创造式简历。当这种创造式简历寄给其他拥有创造才能的人时是有利的，它证明了求职者富有创造性。创造式简历必须运用想象力，但也必须向阅读者提供其需要的内容。创造式简历只能用于创造性行业岗位的应聘中，一般要避免在交通运输业和制造业中运用这种简历。

（2）个人简历的主要内容

一份完整规范的简历包括个人基本信息、求职目标、工作经历、教育经历、荣誉及奖励、技能及证书6大内容。

①个人基本信息方面，一般包含应聘者的姓名、住址、电话、电子邮箱4项内容。简历中如果写出过多的个人信息，则一方面会透露自己的隐私，造成安全隐患，另一方面，太多的个人信息并不会引起招聘人员更多的关注，有时反而会使其反感。

②求职目标方面，主要说明求职者想要从事什么样的工作。虽然对于简历中要不要明确求职目标说法不一，但从招聘人员的角度考虑，没有人会愿意仔细阅读一份未明确应聘职位的简历。求职者在制作简历时，最好明确要应聘的

职位。

③工作经历是简历的重头戏。随着社会的发展，用人单位对毕业生的综合素质要求不断提高，非常重视毕业生的实践经历，因此一定要认真对待。大部分在校学生都没有社会工作经历，广义上讲，不管求职者从事的是全职工作还是兼职工作，是带薪工作还是义务工作，是校园实习还是社会实践，是课题经验还是项目经历，都可以算作工作经历。在学校期间所承担的社会工作、组织（参加）活动的情况、假期社会实践活动或短期打工的工作经历足以让用人单位从中发现求职者的爱好、组织能力、领导能力及团队协作精神等。求职者需要做的是从众多的工作经历中选择与所应聘职位的能力要求密切相关的经历，使简历既能突出自己的亮点，又能保证内容的充实。

④教育经历是应届毕业生或无任何工作经历的求职者需要用心准备的内容。教育经历主要指大学期间的教育经历，包括在大学期间各种层次的学习。求职者要依次写清楚所就读的学校、院（系）、专业、学习年限等，一般是倒序，由高到低，即高学位、高学历先写，目的在于突出最高学历。学校正规教育、自我提升和学习、参加专业机构或公司的培训，都可以在教育经历中说明，但前提是培训经历要与应聘职位相关。

⑤荣誉及奖励是应届毕业生应着重列出的内容。这方面内容可以显示专业优势或其他优势，如在学校获得的荣誉、奖学金，参加的各项校园活动和比赛等，这些都有可能成为简历的亮点。

⑥技能及证书。在一个持续变革的商业环境中，用人单位正在寻找那些具有独特技能的人，尤其是那些能够不断学习、适应和掌握新技术的人。因此，毕业生除了要达到学校的正常教学要求，还应取得一些资质或等级证书，只要与应聘职位密切相关，都可以在简历中着重提出。

2.撰写个人简历的注意事项

（1）个人信息的撰写

个人基本信息中包含很多内容，如姓名、毕业院校、专业、性别、现居住地、通信地址及邮编、联系电话、电子邮箱、籍贯、户口所在地、年龄、身高、体重、民族、政治面貌、婚姻状况、健康状况、身份证号码等。

简历的个人基本信息应该简单明了，只要让用人单位容易识别并能联系上就足够了，填写所有的个人信息既没有必要也不符合实际。一般来说，个人信息注明姓名、住址、电话和电子邮箱即可。

（2）求职目标

求职目标，即求职意向，包含求职者的职业规划信息。对于那些定位明确的求职者来说，明确的求职目标展示了一种清晰的方向感，便于招聘人员简单、迅速地进行识别。

招聘人员不会浪费时间根据求职者的简历为其选择合适的岗位，因此无法给自己明确定位或没有清晰求职目标的求职者，应尽量将求职目标细化到某些具体的职位或职位范围，运用求职目标告诉招聘人员自己要应聘的职位。

撰写求职目标应注意的细节：

①求职目标越清晰具体，越能给招聘人员传递清晰的信息，尤其是在应聘特定的职位时，应尽量保证求职目标与招聘信息提供的目标职位名称一致。

②当锁定多个求职目标时，应将每个目标锁定在相同或相似领域的同一职级水平上。

③简历内容应随着求职目标的改变而作出相应调整，并突出自身具有的目标职位所要求的资格和能力。

④在求职目标中应着重突出对求职者最有利的、与工作相关的技能或经历，如应聘英语翻译时写明英语专业八级，应聘企划主管时写明已有多次项目策划成功的经历等。

⑤求职目标简短明了，最好控制在一行之内，最多不宜超过两行。

（3）工作经历

广义上的工作经历不仅包括求职者所从事过的有偿的、无偿的、全职的、兼职的工作经历和项目经历，也包括求职者求学期间的实习经历、校园活动、社会实践等经历。

工作经历是简历中最重要的部分，是招聘人员审核简历时较为看重的一栏，同时也是简历最容易出彩的地方，因此应集中全力将真实的工作经历进行完美设计。

这部分要重点突出在过去的工作经历中承担了哪些职责，做了哪些项目，结果又是怎样，因为这些是求职者的经验和能力的证明。

一个完整的工作经历包含以下内容：

①开始时间至结束时间、公司名称、部门及岗位名称。

②主要工作和职责、工作的结果和成就。

③从中学到的技能。

撰写工作经历需注意的细节：

①工作经历采用倒叙方法，从最近的工作开始写。

②对于较早时期的工作，若时间过渡较长，则可只写年份，同时也可以适当拉长工作期间，如写成"2013～2015年"比写成"2013.9～2015.3"效果更好。

③要写公司名字的全称，明确公司的名称及地址，不要以"某公司""某企业"代替。

④工作或实习的企业部门及职务名称应尽量注明。

⑤工作职责及成果描述应措辞简练、具体，避免词汇模糊，用数字表达更能让人信服。

（4）教育背景

教育背景一般包括接受教育时间、毕业学校、所学专业、所获学位、主修课程等内容，一般是应届毕业生要着重突出的内容。但对于无工作、无实习经历，毕业学校一般，专业又很普通的应届毕业生来说，就要通过丰富教育背景来完善简历。

撰写教育背景需注意的细节：

①教育经历采用倒叙方法，从最近获得的学位开始写，高中以前的教育经历不必提及。

②主修课程应与所学专业紧密联系，写3～5门主修课程较为合适。

③取得双学位的，可适当强调第二学位背景，这对跨专业求职很有利。

④平均成绩和班级排名可只写一项。

（5）奖励及荣誉

这部分要注意强调奖励的级别。每个优秀的学生在大学都或多或少得到过奖励，而且奖项名目繁多，标准不一。仅仅说出奖励的名称是没有意义的，必须写出这个奖励的详情，最好用相应的数字来说明获得该奖励的难度，让用人单位明白多么优秀的人才能得到这样的荣誉。

（6）技能及证书

技能通常用标准考试的成绩和排名或资格证书来表现、证明。如果你的技能多而杂，就一定要注重"相关性"原则——将对未来工作最有用和最直接相关的能力写进简历中，至于无关的能力，则应该毫不犹豫地删除。

3.简历的检查与投递

（1）简历的检查

简历的质量在一定程度上能反映求职者的水平。陈述工作经历应简练明确，使用职业化的语言，避免出现细节错误，这些都能给招聘人员留下良好印象。

①重点内容核查。简历初稿起草完毕后，仔细审阅所有内容，尤其是资历总结陈述、职位说明和成就列表。这些是简历中最详细、最有深度的，也是最容易出错的地方。

②请他人复查。专家建议，简历初稿完成后，应放置至少 24 小时，这样会产生某种程度的陌生感和客观性，而后再继续检查、修改，直到自己查不出任何错误或瑕疵。最后，将自己的简历传给同学、学长或专业人士看看，听取他人的意见。旁观者清，他人经常能提出一些特别好的建议。听取他人意见时要留心这些信息：他们看不明白、需要进一步解释的信息；你刻意突出而他们没有注意到的信息；他们一眼就注意到的地方；关于语法、习语、拼写的不同看法；关于排版的意见。

（2）简历的投递

在招聘会、宣讲会现场递交简历是一种最为直接的简历投递方式。

①参加招聘会投递简历。

a.参加招聘会前，建议先了解参加招聘会的公司名单及相应的招聘岗位，选择适合自己的毕业生专场或与专业相关的专场招聘会。

b.针对不同行业、不同公司准备不同版本的简历，并且要数量充足。

c.准备一个记事本和笔，便于记录简历投递情况。

d.不要一到招聘会现场就开始奔波于各个招聘展台前，留下一堆求职材料，然后转身就走。最好先到招聘单位的展台前看看招聘介绍材料，与招聘人员诚恳地交谈，问一些得体的问题，简单地介绍一下自己。当招聘人员表露出一定的兴趣时，可以适时地留下自己的简历。有时口头的交流比简历上的文字更有效、更有说服力。

e.由于招聘会上与每位招聘人员的谈话都相当于面试，因此无论从态度、着装还是言谈举止上，都要以面试的标准来要求自己。有经验的招聘官在招聘会现场交谈之后，会目送那些他感兴趣的人，以进一步观察这些应聘者的真实面貌。

②参加宣讲会投递简历。

多数企业在校园招聘宣讲会现场并不接收简历，而有些企业在宣讲会现场不仅接收简历，还可能在宣讲结束之后举行笔试、简短的面试。

参加宣讲会投递简历时应注意以下事项：

a.在宣讲会上，公司招聘人员一般会进行公司的介绍、招聘要求及招聘流程的说明，现场回答应聘者提出的问题。对于参加宣讲会的求职者来说，应认真听并主动提问，这个过程是一个知彼的过程。如果能够在现场提出一些质量较高的问题，就能给招聘人员留下深刻印象，从而提高应聘成功的概率。

b.对于现场接收简历的公司宣讲会（一般在宣讲会宣传广告上会注明，如果未注明，则多数情况为现场不接收简历），应在参加之前准备好针对该公司及特定职位的简历。

c.有的公司会在宣讲会之后进行笔试，应在此之前准备好相应的文具、计算器等，并做好相关的复习准备。

d.如果宣讲会后公司接收简历并进行面试的话，建议以参加面试的心态来参加宣讲会，并提前做好相关的面试准备。

③网络投递简历。

随着互联网的普及，使用电子邮箱投递简历越来越普遍。

（二）准备求职信

求职信是求职者向用人单位介绍自己、推销自己，申请谋求某具体职业岗位（或职业范围）的具有祈使性的专用书信。求职者应利用信函，尽可能扼要且重点地介绍自己的水平、才能及希望供职的心情，为供职单位决定取舍提供依据。

1.求职信的特点

（1）针对性

求职信要针对用人单位对岗位的要求、读信人的心理和本人的特点、求职目标等来写。

（2）自荐性

自荐性是指要恰当地推销自己。求职信是沟通求职者与用人单位的一种媒介，在相互不了解的情况下，求职者要恰如其分地展现自己，用自己的"闪光点"来吸引对方，以期引起用人单位的兴趣。

（3）独特性

求职信的内容和形式不同于一般书信，具有独特性。求职者要想在竞争中取胜，就要出奇制胜。

（4）求实性

求职信要实事求是，不能夸大其词，言过其实。

2.求职信的写作

（1）写作之前需要考虑两个问题

①对方需要什么样的人才？不同职业、不同岗位对人才的需求是不同的。

例如地铁站务员和火车站的信号工，他们的工作性质和内容不同，因此对求职者的要求也不同。只有弄清楚对方的要求，才能有针对性地进行写作，从而提高求职成功的概率。

②"我"应该写什么？一般情况下，应聘不同的企业、不同的岗位，求职信的写作重点也不一样。求职者应根据对方对人才的要求，把自身相关的知识和技能优势展示出来。

当考虑清楚以上两个问题之后，就可以写求职信了。

（2）求职信的写作格式

求职信的书写，一般包括标题、称呼、正文、敬语、落款及附件六部分。

①标题。标题可直接标明文种，以"求职信""求职书""自荐信""应聘信"等为题，居中。

②称呼。单位名称、联系人或负责人姓名在第一行顶格单独写，称呼后要用冒号，表示下面有话要说。

③正文。正文是求职信的主体，也是求职信的重点，它一般包括以下几个部分：

a.问候语。问候语是对收信人的礼貌表示。写在称呼下一行，一定要空两格，用感叹号。一般写上"您好！""近好！"即可。如果收信方是某单位的话，可省略问候语。

b.写明求职信息的由来与要申请的职位。开头通常要说清写信的由来，因为求职者一般是看到了登的招聘广告或听到别人介绍后前来应聘。

c.简单介绍本人基本情况。这部分主要介绍自己的姓名、年龄、就读的学校、所学专业及专业课成绩，尤其是与招聘单位对口或接近的专业课成绩。介绍自己学习的深度及广度，包括与求职岗位相关的社会实践和成绩。还可简要介绍自己在校期间担任的职务、个人爱好、特长等。对于兴趣爱好的介绍只需局限在那些与目标职位有关的范围内。

d.说明自己能胜任本岗位工作的各种知识和技能。说明能胜任申请职位的各种能力，是求职信的核心部分。目的是要明确表明自己具有的专业知识和社会实践经验，以及与工作要求相关的特长、兴趣、性格和能力。

e.表达希望被录用的愿望。先说明自己对本工作的喜爱和迫切心情，再谈谈入选后的想法、打算或计划，使用人单位仿佛看到新鲜血液在汩汩流淌，增强用人单位的录用决心。

f.提出希望和要求。感谢对方阅读并希望用人单位予以接纳，恳请对方给予回复等。在正文即将结束时，简单概括一下全文的内容，加深收信人的印象。

④敬语。出于礼节，信的最后往往写上简短的表示敬意、祝愿之类的祝词。

⑤落款。在结尾语右下方写上求职人姓名，姓名下面写日期，成文日期要年、月、日俱全。如用打印机打出，则最好在求职人姓名处手动签名。

⑥附件。附件指对求职人有用的材料，如简历、学历证、学位证、职称证、身份证、获奖证书、外语等级证书、计算机等级证书及获奖证书的复印件等。

此外，还要注明求职者的通信地址、邮编和电话号码等信息，以便于联系（在简历里已注明的，在这里可以省略不写）。

在落款下一行空两格的位置，写上"附件"或"附"后加冒号，列出附件目录。

（三）准备其他自荐材料

1.毕业生就业推荐表

部分单位十分重视由学校统一制作的推荐表，因为加盖了学校公章的推荐表更可信。再者，由于是统一制作，格式相同，在挑选同一所高校的毕业生时易于比较，因此毕业生应重视推荐表的填写。

（1）毕业生就业推荐表的构成

毕业生就业推荐表是学校为毕业生印制的求职材料，它一般由三部分组成：一是毕业生本人的情况介绍，包括学习成绩、社会工作、特长、获奖及就业意向；二是毕业生所在院系的推荐意见；三是学校就业主管部门的推荐意见，并且还附有由学校教务部门提供的毕业生的学习成绩。用人单位往往对该表比较重视，在发给学生录用通知以前一般要先见到该表的原件。

（2）填写推荐表的具体要求

该表一般要手写。毕业生在填写该表时要认真仔细，字迹端正，内容翔实。切不可马虎潦草，更不能弄虚作假。

①内容要真实。每项内容都要实实在在地写，符合填写人的实际情况，文字表述不宜过分夸张。

②版面工整。书写要工整，手写要注重字迹清楚，格式符合要求。有的可按格式打印，显得工整、庄重。

③封面"包装"不要华而不实。有的毕业生把精力花在"封面包装"上，显然没有必要，着重和着力之处应是实际内容。轻重倒置只会引起招聘者的反感，以致失去成功求职的机会。

④审核要严格。填表人要认真填写，填完再复查一遍，防止丢掉关键内容；院系主管和经办人要认真审查，盖章的人审核无误后才能签章。

⑤院系意见要精确。院系在"意见"栏签注的意见要简要反映该毕业生的德智体等情况，又要突出该生的主要成绩、特点，点明不足之处，还可签注该生适应工作的范围。

2.求职申请表

面试程序包括面试通知、面试准备、面试接待、求职者填写"求职申请表"等内容。显而易见，求职者填写相关表格是面试程序中的一环。完整的面试程序可以确保面试结果的准确性，提高招聘工作的效率。

（1）求职申请表的作用

求职申请表究竟在招聘过程中起到什么作用呢？美国人力资源专家德斯勒（Gary Dessler）在其著作《人力资源管理》中甚至把它列为仅次于面谈的重要选拔方式。

①可以较好地展现招聘单位想要了解的重要信息。求职者为了简历好看，往往会按照自己的需要，把优秀的东西在简历上体现出来，招聘单位需要了解的内容会被省略或避重就轻。通过阅读求职者填写的求职申请表，招聘单位可

以很容易地了解到需要了解的信息，从而节省面试所需要的时间，把精力投入到重点问题上去。

②可以进一步验证简历的真伪。如果求职者的简历被注水，其现场填写求职申请表难免会露出马脚，造假的经历不像真实的经历那么好记。通过已经投递的简历和现场填写的求职申请表的对比，招聘单位可以发现有矛盾或不一致的地方，在面试的时候重点发问，最终招聘到有真才实学的求职者。

③可以减少招聘风险，获得背景调查许可。求职申请表上应该设置如下求职者声明："本人同意公司就以上工作情况进行背景调查，并保证以上内容的真实性，被公司录用后如发现以上信息虚假，本人愿意接受无条件辞退处分。"此举规避了不合适录用的法律风险，降低了人员辞退成本。喜欢简历注水的求职者，会掂量声明的分量，从而作出正确的选择。

（2）求职申请表填写注意事项

①填写前应仔细阅读申请表的填写说明部分。

②以黑色或深蓝色签字笔填写。

③以正楷填写，注意字体端正。

④在被许可的情况下，可打印数据。

⑤在填写表格前，应仔细阅读表格及有关填写表格的指示。求职者可以参照自己的履历表，审慎拟定需要填上的数据，避免正式填写时删改太多。

⑥填写表格时应简单扼要，只需将必需的资料填上，其他的资料可以从简或略去。

⑦如表格内有不适用的栏项，应写上"不适用"3个字，以表示并非忘记填写。

⑧小心核对所有填报的数据，以免出现错漏。

⑨亲笔签署表格。

⑩如有可能，保留职位申请表格副本，以便面试前参考。

第二节　求职途径

英国哲学家罗素（Bertrand Arthur William Russell）说过："选择职业，就是选择将来的你自己。"从学校毕业走向社会，是人生一大转折，可是有的大学生就业越来越难。有的学生找不到好工作，有的却能驰骋职场，要知道，并不是所有的企业都不要应届毕业生，许多大公司都是以招聘应届生为补充人力资源的主要途径的。因此，了解常见的求职途径，对即将走上社会的大学生来讲是非常必要的。

一、学校推荐就业

学校推荐是毕业生就业的主要途径，教育部规定，每年 11 月 20 号以后用人单位可以到高校招聘应届毕业生，学校推荐一般包括学校举办企业专场招聘会和校园大型招聘会等形式。学校推荐的用人单位一般来讲是可靠的，在企业来学校招聘前，学校会通过各种途径对用人单位进行查证，有时学校还会派人到用人单位进行实地考察和洽谈，以确保学校推荐给大学生的用人单位是真实可靠的。

（一）企业专场招聘会

企业专场招聘会是一个企业面向某一高校毕业学生在该学校单独举行的专场招聘活动。一般企业会提前一个星期左右与学校的就业指导部门或相关部门联系，双方商定准确的来学校招聘的时间、专业、数量、男女生比例，学生到企业实习期间及签约后的具体待遇，企业是否提供食宿条件等。如果是熟悉的企业，学校对企业的情况已经了解，就不用过多考察；如果是新企业，学校

279

将通过实地考察、上网查询等手段对企业进行考察。

招聘程序一般如下：

（1）学校就业指导部门或系向学生发布企业招聘公告（一般通过广播、橱窗、学校就业指导网或者短信群呼等手段），将企业的基本情况、招聘时间、专业、人数、待遇等告知应届毕业生；同时，公布企业专场招聘会具体时间、地点。

（2）企业依照约定的时间到学校，学校将有意向的毕业生集中到指定场所，由企业招聘人员向学生进行宣讲，介绍企业的基本情况、企业文化、本次面向学校招聘人数、专业、具体要求等，宣讲结束后学生有问题可以当场向企业招聘人员提出，企业招聘人员现场给予解答。然后有意向到企业的同学留下，其余同学可以离去，企业对留下的同学进行笔试，有的企业还会进行心理测试，对笔试通过的同学企业将进行面试，接收学生的求职简历。

（3）有的企业在离开学校前会决定录用学生的名单，有的企业会将结果带回公司向相关领导汇报后再通知学校录用学生名单。学校接到企业通知后会立即在就业指导网上公布录用学生名单。未被录用学生可参加其他单位的招聘，已录用学生没有特殊原因原则上不得再参加其他单位的招聘活动。

（二）校园大型招聘会

校园大型招聘会是学校同时邀请许多企业在校园举行的大型集中招聘活动。大型招聘会一般参加的企业多，毕业生可选择的余地大，但是也正因为企业多，有的毕业生举棋不定、优柔寡断，难以取舍，有时还会出现一个学生被几个用人单位同时录用的情况。大型招聘会由于参加的企业和学生较多，所以企业与毕业生之间的双向交流往往不够充分，组织难度相对大一些。招聘程序与专场招聘基本相同。具体来说，主要程序如下：

（1）学校联系参加招聘会的企业，确定时间，向全校学生公布参加企业的基本情况，每个企业拟录用人员的数量、专业，每个企业参加招聘会的展位号，招聘会召开时间、地点。企业会提前到学校指定的展位布展。

（2）招聘会开始一般有一个简短的仪式，有的学校还会进行校企合作签约仪式，仪式结束后，企业招聘人员就到指定展位接收学生提交的求职简历并与学生进行一些互动交流，双向选择。大型招聘会由于受时间和场地的限制，一般不进行笔试和心理测试。

（3）有的企业会当场决定录用学生的名单，这时企业和学生双方就到学校就业指导中心或学工处办理备案手续（有的直接签订就业协议书），已办好录用手续的学生就不能再与其他企业签约（每个毕业生的就业协议书只有一份）；有的企业会将结果带回公司向相关领导汇报后再通知学校录用学生名单，学校接到企业通知后会立即在就业指导网上公布录用学生名单，未被录用学生可参加其他单位的招聘。

二、参加社会招聘会

社会招聘会是一种政府或人才市场组织的用人单位和求职者双方在同一时空直接进行交流洽谈的集市式招聘形式。招聘会上供需双方直接见面洽谈，双向交流，及时反馈，省去了许多不必要的环节，提高了洽谈的成功率，节省了时间。另外，招聘会上就业信息集中、便于收集，应聘者在招聘会上可以同时和多家招聘单位见面洽谈，选择余地较大。社会招聘会与学校推荐的过程差不多，只是用人单位的组织方式不同。

参加社会招聘会应注意以下事项：

（1）保持良好的精神面貌。大学生应该朝气蓬勃、充满自信，要相信自己所掌握的知识和技能，相信自己一定能胜任将要从事的工作。

（2）进入就业市场宜早不宜迟。毕业生就业市场的时间安排一般非常紧凑，及早进入，可以有充足的时间收集信息、了解行情，掌握到会单位的情况。

（3）交谈不必太早。进入就业市场后，先尽快浏览一遍，对到场单位情况有个初步了解，然后根据自己的求职意向，确定重点，安排主次，再去交谈。

（4）重视举止形象。求职要掌握必要的礼仪和谈话技巧，适当地"包装自己"。面谈时，避免先谈待遇，如果能就单位的情况谈些有深度的看法或建议，是最好不过的了。

（5）留下必需的资料。如果单位不能当场签约，还要继续面试或考核，就要留下自荐书、简历等材料。留下资料后，应积极地与单位联系，注意千万不要把原件留给用人单位。

（6）不要让亲友陪同。参加招聘会时，不要让家长或朋友在身边出谋划策，否则会给用人单位留下缺乏独立性、不自信等印象。

（7）签约要慎重。毕业生就业协议书是一种就业合同，每个毕业生只有一份，且具有法律效力，毕业生在详细了解单位的情况做出决定后方可签约，过程一定要慎重。

三、网上求职

网上求职方便、快捷，不用看报纸，不用去招聘会，不用找职业介绍所，不用求亲告友，无论是技术工人还是办公室文员，只需轻轻点一下鼠标，合适的工作就会"找上门"来，而且避免了人群的大范围集中，给用人单位提供了更广阔的选择空间，也使天南地北的求职者有了平等表现的机会。因此，这种网上求职的方式，受到了越来越多求职者和用人单位的青睐。那么，毕业生应如何通过互联网来有效地推销自己？如何提高网上求职的成功率呢？

（一）树立网络应聘的意识

近几年来，由于高校扩招，各类毕业生如潮水般涌入就业市场，求职成为毕业生离校前最重要的工作。毕业生要尽早上网浏览招聘信息，及早了解就业市场，及早调整学习计划。比如，想毕业后到某企业工作，就要经常看这家企业的招聘广告，了解这家企业的具体招聘要求，这样，毕业前个人努力的方向就比较明确了。

（二）利用招聘网站搜集网络招聘信息

在网络求职的过程中，要学习一些网络求职技巧，随时关注自己"瞄准"的企业的招聘信息，以提高求职的成功率。

（1）浏览专业招聘网站

目前许多企业，包括一些知名企业的招聘，主要都是通过专业的招聘网站发布信息，偶尔还会根据情况举办不同类型的网上招聘会。在招聘网站上发布招聘广告既方便他们搜集和筛选简历，又有利于他们丰富自己的人才库。

（2）经常查看学校就业指导网站

对于即将毕业的学生来说，除了招聘网站，校园的就业指导网站也可以成为搜集就业信息的一个重要途径。目前，大部分学校就业指导部门的网站均发布最新就业信息。相对于其他网站的信息而言，学校发出的招聘信息真实得多，可信度较高，而且更新更快。

（3）浏览企业网站

一般来说，知名企业的网站都建设得比较好，栏目丰富，而且具有独立的招聘专区。在招聘专区中，会公布一些岗位需求信息，对岗位职责、求职者的要求描述得比较详尽。如果毕业生对知名企业感兴趣，可以进入目标企业的网站进行查询。目前在网上招聘的知名企业很多，涉及的行业也比较广。

求职者对专业招聘网站的网址一般都比较熟悉，但对于企业网站就不一定了解了。最简单的方式就是利用搜索引擎，用目标企业的名称作为搜索关键词即可查到该企业的网址。

（三）网络求职的几种方法

搜集到有效信息后，就要采取适当的网上求职方法，以便从浩如烟海的网上信息中找到自己需要的信息，避免浪费时间和精力，提高求职成功率。下面介绍几种方法，以供参考。

（1）选择适合自己的网上招聘会

有的网上招聘会针对的是有工作经验的社会求职人员，应届毕业生即使投了简历，也会因为条件不符而被用人单位拒之门外。因此，应届生在求职的时候要注意选择适合自己的网上招聘会。

（2）主动出击发布个人信息

毕业生网上求职时，还可以化被动为主动，利用自己的技术优势，在互联网上建立自己的个人主页，充分展示自己的特色，吸引用人单位的眼光。个人主页应该图文并茂，内容应包括自己的求职信、简历、论文、实习报告、日记、个人论坛和发表的文章等。

（3）利用招聘软件在线应聘

多了解最新的招聘软件，随时关注招聘软件如智联招聘、BOSS 直聘的推送信息，从而从中发现对自己有用的信息。受网络时间、视频空间的限制，网上应聘给每个求职者的时间是有限的，应聘毕业生要问最想知道的内容和最关键的问题。获得用人单位的首肯后，一定要留下明确的联系方式，为下一步的面试做好准备。

四、利用社会关系

有些企业会通过熟人推荐的方式招聘员工，因此在求职择业时不要忘记老师、父母、亲戚、同学、朋友等的作用，应充分利用这些资源获取就业信息。这种方式虽然是最传统的就业途径，但非常可靠，成功率高。一般情况下，为毕业生就业提供帮助的有以下几类人。

（一）家长和亲友

家长和亲友在多年的工作与社会交往中，与社会其他方面有所联系，可以从不同渠道获取用人信息。他们获取的信息主要来自个人的社会关系，相对固定、可靠，利用这种信息成功就业的可能性较大。到生源地就业的毕业生要特别重视这一渠道。

（二）教过自己的老师

本专业的教师，更了解本专业毕业生适合就业的方向和范围，在与外面的研究所、企业合作开发科研项目和开展实践教学的活动中，对一些对口单位的人才需求信息有所了解。通过专业教师获取有关单位的用人信息很重要，因为用人单位一般很重视专业教师的推荐意见。毕业生如果能获得专业教师的直接推荐，成功就业的概率就会大大提高。

（三）校友

已毕业的校友对相关专业的对口单位比较熟悉或本身就在这些单位工作，对就业信息的获取、比较、选择等有更丰富的经验和亲身体会。他们提供的信息往往更准确，更有参考价值，借鉴他们的经验会少走许多弯路。特别是校友中的成功人士，毕业生通过他们的推荐往往求职成功率较高。但要注意，不能完全依赖他们而失去自我。

利用自己的亲友、同学、同乡等社会关系搜集就业信息和进行求职也是大学生就业的一个重要途径。一些用人单位愿意录用经熟人介绍或者推荐引进的求职者。大学毕业生在求职的过程中，如果关键时刻有关键人物引荐，无疑效果会更好。

五、"自荐"求职

毕业生可以在国家就业方针和政策的指导下，在学校允许择业的范围内，通过信函、电话、登门拜访等"自荐"的方式与用人单位联系，有目的、有计划地获取自己想要的就业信息。但此种方法具有很大的盲目性和投机性，需要花费的时间、精力较多，经济成本较高。

六、社会实践和就业实习

学校为学生提供了许多社会实践的机会，在社会实践的过程中，通过自己的努力赢得用人单位的信任，获得就业信息甚至直接谋得职业的大学生不在少数。因此，学生在参加各种社会实践活动的过程中，要做一个善于收集就业信息的人。

另外，毕业生实习单位一般比较对口，在实习过程中，毕业生不仅能把自己所学的知识直接应用于生产，为社会服务，开阔视野；而且，通过这种社会实践活动，毕业生了解了用人单位，用人单位也了解了毕业生。因此，毕业生在参加此类社会实践活动时要兢兢业业，最大限度地发挥自己的才能。同时，如果毕业生的毕业设计为用人单位解决了技术难题，那么其在择业中将占据主动地位。这种获取就业信息的方法，对毕业生来说专业对口，和用人单位相互了解较深，是一个不错的选择。

毕业生在求职过程中可以将上述六种途径相互结合、互为补充。毕业生具体使用哪种求职途径来达到就业的目的，可根据自己获取的就业信息种类以及个人具体条件而定，不可一概而论。

第十二章　就业权益与法律保障

第一节　就业权益

一、权益和就业权益

关于"权益"一词的具体解释有两个，一是在会计学上指资产，属于所有人的权益的叫作所有者权益，属于债权人的权益的叫作债权人权益，两者总称为权益；另一个则是在法律方面，指公民受法律保护的权利和利益。本书中所涉及的权益均指其第二个含义，即法律上的定义。

所谓就业权益，是指根据国家法律和法规规定的劳动者在求职过程中应该享受的不容侵犯的权利。就业权益依其本质特性，应被界定为劳动者向国家和雇主主张的、以获得和保持职业工作机会为核心利益，从而实现其生存与发展目的的劳动权利。所以，就业权益是法律所规定的公民应享有的与就业有关的所有权益之和，它以劳动权为基础，同时涵盖经济权利、政治权利和社会权利等。

一个良好的就业权益保障体系有着不可估量的积极作用，能调和就业市场的矛盾、保护求职者的基本权益、规范就业市场的管理、明确相关职能部门的权责等。可以将就业权益保障体系的建设情况作为衡量就业大环境的参考，通过就业权益保障体系的综合管理与建设，来检验就业环境的发展状态。

二、大学毕业生的就业权益与义务

大学生在就业市场中属于弱势群体，在求职的过程中，求职者应提高警惕，加强自我保护的意识；熟知就业的相关政策法规，熟悉毕业后的就业流程，从而在就业时学会用政策法规保护自己，少走弯路，成功就业。大学毕业生要实现顺利就业，就要在择业中明确自己所享有的权利。只有明确了这些权利，才能更好地维护自己的权益。

（一）大学毕业生的就业权益

根据目前大学生就业政策和有关法律、法规的规定，大学生在求职就业过程中主要享有以下几方面的权益。

1.知情权

就业信息是毕业生成功就业的前提和必要条件，只有掌握充分的招聘信息，才能结合自身情况选择适合自身发展的职业和用人单位。毕业生有知悉用人单位信息，了解用人单位的工作环境、福利待遇、工资水平、发展前景等情况的权利。学校的有关就业指导部门应该如实地、毫无保留地向毕业生及时提供就业信息。用人单位有义务向毕业生和学校如实介绍本单位的真实情况。任何发布虚假招聘信息、对毕业生隐瞒本单位实际情况的做法，都是对毕业生就业权益的侵犯。

要想使毕业生享有知情权，就要保证就业信息的公开、及时、全面。第一，信息公开。所有用人信息向全体毕业生公开，任何单位和个人不得隐瞒和截留。第二，信息及时。毕业生获取的信息必须及时有效，学校、用人单位不能将过时无利用价值的信息传递给学生。第三，信息全面。毕业生有权获得准确、全面的就业信息，以便对用人单位有全面的了解，从而做出符合自身要求的选择。

2.接受就业指导权

大学生有权从学校接受就业指导。《中华人民共和国高等教育法》第五十九条规定："高等学校应当为毕业生、结业生提供就业指导和服务。"由此可以看出，接受就业指导和服务是大学生的一项重要权益。各高校应成立专门的大学生就业指导服务机构，配备专门人员对大学生进行就业指导与服务。此外，随着大学生就业的完全市场化，就业市场也会提供一些合法的就业指导。就业指导主要包括向毕业生宣传国家关于毕业生就业的有关方针、政策，宣传就业的有关原则、规定、程序及相关内容等；对毕业生进行求职技巧的指导；引导毕业生根据国家、社会需要，结合个人实际情况择业，使毕业生通过接受就业指导，准确定位，合理择业。

3.被推荐权

大学生享有被学校推荐的权利，在就业中有权得到学校按真实情况进行的推荐。学校的推荐往往在较大程度上影响到用人单位对毕业生的取舍，高等学校在就业工作中的一个重要职责就是向用人单位推荐毕业生。

被推荐权包括以下三个方面的内容：

第一，如实推荐。高校在对毕业生进行推荐时，应实事求是，根据毕业生本人的实际情况向用人单位进行介绍、推荐，不能故意贬低或随意抬高毕业生。

第二，公正推荐。学校在推荐毕业生时应做到公平、公正，应给每一位毕业生以就业推荐的机会，不能厚此薄彼。公正推荐是学校的基本责任，也是毕业生享有的最基本权益。

第三，择优推荐。学校根据毕业生的在校表现，在公正、公开的基础上，还应择优推荐，用人单位录用毕业生也应坚持择优标准。真正体现优生优分，学以致用，人尽其才。

4.自主选择职业权

《中华人民共和国劳动法》（以下简称《劳动法》）第三条规定，劳动者享有平等就业和选择职业的权利。同时，根据国家有关规定，实行招生并轨改革后的高校毕业生，可以在国家就业方针、政策指导下自主择业，即只要符合国家的就业方针、政策，毕业生就可以结合自身情况自主与用人单位协商，要求学校予以推荐，直至签订就业协议，学校、其他单位和个人均不得干涉。

因此，毕业生在就业市场上享有自主选择职业的权利，可以按照自己的兴趣、爱好和能力去选择自己喜欢和擅长的职业。家长、学校和用人单位可以为初出校门、缺乏工作经验的毕业生，提供择业意向方面的建议、参考、推荐和引导，但不能强迫或限制他们选择职业。任何将个人意志强加给毕业生，强令毕业生到某单位工作的行为，都是侵犯毕业生选择权的行为。

5.平等、公平就业权

毕业生享有平等就业的权利。《劳动法》规定，"劳动者享有平等就业和选择职业的权利""劳动者就业，不因民族、种族、性别、宗教信仰不同而受歧视""妇女享有与男子平等的就业权利。在录用职工时，除国家规定的不适合妇女的工种或者岗位外，不得以性别为由拒绝录用妇女或者提高对妇女的录用标准"。

6.违约求偿权

毕业生的就业协议一经签订，毕业生、用人单位、学校三方都应严格履行，任何一方不得擅自毁约。任何一方提出变更或者解除协议，均须得到另外两方的同意，并应承担违约责任。用人单位无故要求解除就业协议的，毕业生有权要求对方履约，如不能执行协议，毕业生有权要求用人单位支付违约金，进行补偿。

（二）大学毕业生的就业义务

毕业生在享有国家就业政策、法律、法规所规定的权利的同时，也应当履行自己应尽的义务，这些义务主要包括以下几项。

1.回报国家、社会的义务

我国宪法规定，中华人民共和国公民有劳动的权利和义务。因此，劳动对于公民来说，既是权利也是义务，是权利和义务的统一。对于毕业生而言，不仅要履行作为公民来说必须要履行的劳动义务，而且要按照"得之于社会、还之于社会、报之于社会"的原则，积极地回报国家、社会和家庭。

2.服从国家需要的义务

虽然毕业生在择业过程中有相当大的自主权，可以根据个人意愿选择用人单位，但作为当代大学生，上大学所要缴纳的学费只是培养费的一小部分，国家和社会为大学生的成才付出了很大的代价。因此，大学生就业不仅仅是个人行为，还应服从国家和社会的需要。

3.如实介绍自己情况的义务

大学毕业生在求职择业过程中应如实地向用人单位介绍自己的情况，这是基本的择业道德要求，也是自己应尽的义务。毕业生在填写推荐表、撰写自荐信、与用人单位介绍自己时，必须实事求是，不得弄虚作假。

4.遵守和履行就业协议的义务

毕业生与用人单位通过双向选择签订就业协议，以约束双方的行为。遵守协议是就业工作顺利进行的保证。协议一经签订，就不能随便违约，一旦违约，不仅影响正常的就业秩序，而且会损害用人单位、学校和其他同学的利益。

5.按时到工作单位报到的义务

毕业生办理完离校手续后，应按时到用人单位报到；如果自离校之日起，无正当理由超过 3 个月不去就业单位报到，或报到后拒不服从安排和提出无理要求被用人单位退回的，由学校主管毕业生就业部门批准，不再负责其就业。

三、大学毕业生求职过程中常见的侵权行为

由于缺乏社会经验，大学生求职中难免会遇到侵害自己权益的行为。

（一）招聘信息虚假

有些用人单位在招聘会上为了招聘优秀人才，会夸大或隐瞒自己的某些情况，或者虚假承诺薪酬、职位、工作地点等。主要表现为：在发布招聘信息时，故意扩大用人单位规模和岗位数量，进行虚假宣传；用人单位在招聘时以优厚的待遇吸引前来求职的毕业生，等到其正式上班时，招聘时的承诺则以种种理由不予兑现，或是针对薪酬中的一些不确定收入，进行虚假或模糊的承诺，最终不能兑现，或者"缩水兑现"；在招聘时按照职位招聘，但毕业生报到后却安排到其他岗位；许诺在大城市工作，上岗后被分到其他地区等。

（二）陷入电信诈骗陷阱

随着互联网、电信业的不断发展，以网络、通信介质为媒介的电信诈骗犯罪呈现了普遍蔓延的趋势，并且随着时间的推移，作案手段不断翻新，大学生作为主要受害群体之一应提高警惕，发现被骗应迅速报案。目前，各地陆续成立公安、通信、银监、银行等单位组成的"反欺诈中心"，若遭遇电信诈骗，或向嫌疑人账户转账，应第一时间拨打110或者到派出所报案，110指挥中心或者派出所会将警情转到"反欺诈中心"。"反欺诈中心"经过核实，会启动"紧急止付"程序，将涉案账户快速冻结，最大程度挽回受害者的损失。

（三）非法传销

传销机构假借一些知名企业的名义发布虚假招聘信息，高薪诱骗毕业生进入非法传销队伍。它们的首选对象是急于挣钱的打工者，特别是刚刚毕业的学生，通过各种渠道得到欲骗对象的电话，打着同乡、同学、亲戚等幌子，以帮

忙找工作为由，以高薪为诱饵，因人而异，投其所好，骗取求职者的信任。求职者一旦进入陷阱，便被限制人身自由，被迫从事传销，要么交入门费，要么花钱购买传销产品。传销组织者还采取扣留身份证、控制通信工具、监视等手段不让受骗者离开，强迫他们联系亲友前来，或者寄钱寄物从中牟利。

（四）不按规定签订就业协议和劳动合同

就业协议是明确毕业生、用人单位在毕业生就业择业过程中权利和义务的书面协议。就业协议一经签订，对双方都具有约束力。常见的毕业生签订就业协议过程中遇到的陷阱又分为以下几种：①不与毕业生签订就业协议书；②不与应聘者签订劳动合同；③不将承诺写入合同；④签订"霸王合同"；⑤设置一些模棱两可或带诱惑性的条件；⑥签订就业协议时，对毕业生档案接收单位、户口迁移地址不明确，对工作内容、合同期限、工资福利等协商条款不明确注明。

毕业生在签订合同时一定要仔细阅读各项条款，慎重签约，注意保护自己的合法权益，必要时咨询老师或法律专家。

（五）不履行或部分履行就业协议和劳动合同的条款

就业协议签订后，违约或不按时接收毕业生；不按就业协议安排相应的工作岗位、不能履行协商好的工资福利等；以试用期不合格为由，解除劳动合同；不按劳动合同条款履行合同等行为。

（六）滥用试用期的权限

试用期是指用人单位和劳动者为了相互了解而选择、约定的考察期，是劳动关系的试验阶段，但绝不是用人单位对劳动者的单方"试用"。毕业生上岗后一般都会有一到六个月的试用期。

一般来说，试用期的工资一般都不高。一些用人单位为了使用廉价劳动力，抓住毕业生急于找工作的心理，或者延长试用期，或者试用期满后蓄意辞退，从而侵犯大学生的就业权益。

（七）收取求职者的财物或扣压证件

当前，在就业市场中，一些用人单位利用毕业生求职心切的心理，巧设各种名目向毕业生收取不合理费用，如风险抵押金、违约金、培训费、服装费，或者扣押求职者的居民身份证、毕业证、学位证、档案等。

（八）招聘中有歧视条款

招聘中的歧视条款涉及性别、身高、相貌、学历、专业、血型、地域等。工作经验歧视比较多，有的用人单位在招聘中需要大学生有实际工作经验，但刚刚毕业的学生何来实际工作经验，经验是慢慢积累的，这样的要求分明就是不合理的。

（九）侵犯应聘者隐私

将求职者的姓名、住址、电话号码、身份证号码转让给他人或中介机构，侵犯了求职者的隐私，有的会给求职者的生活带来困扰。

四、大学生就业权益的保护

毕业生在就业过程中，如果个人权益受到侵犯，可以通过以下途径对自身权益实施保护。

（一）签订就业协议是维护自身权益的最基本形式

就业协议是明确毕业生、用人单位、学校在毕业生就业工作权利义务方面的书面文本，一般由教育部制定统一格式。毕业生应该认真签订就业协议。我国毕业生就业工作法律法规体系的健全和完善是一个渐进的过程，尽管少数省（区、市）做出了一定的尝试，但从全国范围来看，还没有足够的法律依据和形式替代现行的就业协议书。因此，要认真签订就业协议，充分发挥就业协议的作用。

签订就业协议的注意事项：①查明用人单位主体资格是否合格；②有关协议条款明确合法；③签订就业协议要合乎程序；④写明违约责任；⑤了解就业协议的法律责任。

（二）善于用法律手段维护自身合法权益

由于就业市场还不够成熟和完善，法律、法规和制度尚不健全，加之社会风气、旧观念、旧思想的影响，毕业生在就业过程中的权益难免受到侵害。针对侵犯就业权益的行为，毕业生应向用人单位上级主管部门、学校进行申诉，并听取它们的处理意见，同时也可向当地的劳动争议仲裁机构进行调解和仲裁，或直接向人民法院提起诉讼。

1.寻求毕业生就业主管部门的保护

毕业生就业主管部门可依据国家的法律政策规定来制定规范性文件，对侵犯毕业生权益的行为进行抵制或处理。例如，对不履行就业信息公开登记手续、侵犯毕业生获取就业信息权的用人单位，各省（区、市）毕业生就业主管部门可以不审批其上报的协议书，不予审批其就业计划，同时对这种情况给予通报批评，严重者将取消其录用毕业生的资格。另外，为保护毕业生的合法权益不受侵犯，还可以对就业主体双方存在的争议和违约等问题进行协调处理，直至仲裁。

2.寻求高校的保护

学校对毕业生就业权益的保护最为直接。学校可通过制定各项措施来规范毕业生就业指导和就业推荐，对于用人单位在录用毕业生过程中的不公平、不公正行为，学校有权予以抵制，以维护毕业生公平受录用权。高校在毕业生签订就业协议过程中应进行监督和指导。对于用人单位与毕业生签订不符合国家有关政策或显失公平的就业协议，学校有权拒签，未经学校审核同意的就业协议不能作为编制就业方案的依据。

（三）遵循市场规则，防止侵害自身合法权益的行为出现

毕业生在就业求职过程中，无论是自荐，应聘，还是接受面试、笔试，都应该遵循真实、诚信、平等的原则，以自身实力参与竞争。同时要有风险意识，对于有些用人单位招聘人员，明显夸大优厚条件，以高薪和高福利水平吸引人才的做法有警戒心，预防侵害自身合法权益的行为出现。

（四）防范就业陷阱

首先要了解目前国家和省（区、市）关于毕业生就业的有关方针、政策，熟悉毕业生就业过程中的权利和义务，提高自身法律意识。在此基础上，仔细鉴别各类就业信息，有效识别就业陷阱；慎重签订就业协议书，注意约定条款的合理性。

第二节　就业协议与劳动合同

一、就业协议与劳动合同概述

（一）就业协议

全国普通高等学校毕业生就业协议书（以下简称就业协议），由教育部高校学生司统一制定，地方毕业生就业主管部门或高校负责印制，是明确学校、

用人单位与毕业生三方在毕业生就业工作中权利和义务的书面表现形式。

就业协议经学校、毕业生和用人单位三方共同签署后，就具有了法律效力，对签约三方都有约束力。多年来，它一直是毕业生在向用人单位正式报到前保障毕业生合法权益的重要凭证，在高校的监督参与下协调用人单位与毕业生间的关系，规范三者间的权利义务。就业协议在毕业生到用人单位报到、用人单位正式接收毕业生后自行终止，是高校制定就业方案派遣毕业生、用人单位申请用人指标的主要依据。

毕业生所签订的就业协议书的主体是平等的，是在双方意思表示一致后确定的，并且协议书所涉及的权利义务均属于我国民事法律调整的范围，所以毕业生就业协议书具有合同的属性。就业协议起到保护毕业生、用人单位权益的作用，是学校确定、国家审批毕业生就业计划的依据。

（二）劳动合同

劳动合同又称劳动契约和劳动协议，是劳动者与用人单位确立劳动关系、明确双方权利和义务的协议，是劳动者与用人单位依据《劳动法》建立劳动关系的书面法律凭证，是保障彼此权益并接受法律保护的书面文件，是劳动关系建立、变更、终止的一种法律形式，也是稳定劳动关系、强化用人单位劳动管理、保障劳动者自身权益、处理双方争议的重要依据。

毕业生落实就业岗位后，为保护自身利益，均应与用人单位签订劳动合同。在签订劳动合同时，应尽可能采用当地人力资源和社会保障部门印制的规范的合同文本，在具体合同条款上，毕业生应对有关工作岗位、劳动时间、工资待遇、劳动保护、违约责任及试用期、实习期等的规定特别关注。签订后的劳动合同须由用人单位所在地人力资源和社会保障部门加盖公章。同时，毕业生自己也要保留一份，当遇到劳动纠纷时，可凭合同提请劳动仲裁或者向法院提起诉讼。

根据《劳动法》的规定，劳动合同有必备条款和补充条款，下面就劳动合同的必备条款加以阐述。

1.劳动合同的期限

劳动合同按期限分有固定期限、无固定期限和以完成一定工作为期限的劳动合同。如果是有固定期限的劳动合同，则应约定期限是一年或几年。应届毕业生所签订的绝大多数是有固定期限的劳动合同。所以，大家一定要注意劳动合同中对期限的约定，以及关于期限的违约责任的约定。

2.工作内容

工作内容是指用人单位安排劳动者从事什么工作，是劳动合同中确定的应当履行的劳动义务的主要内容，包括劳动者从事劳动的岗位、工作性质、工作范围以及劳动生产任务所要达到的效果、质量指标等。

3.劳动保护和劳动条件

劳动保护和劳动条件是指在劳动合同中约定的用人单位对劳动者所从事的劳动必须提供的生产、工作和劳动安全卫生保护措施，即用人单位保证劳动者完成劳动任务和劳动过程中安全健康保护的基本要求，包括劳动场所和设备、劳动安全卫生设施、劳动防护用品等。用人单位不仅必须为劳动者提供必需的劳动条件，而且必须提供符合国家规定的劳动安全卫生条件和劳动保护条件。

4.劳动报酬

劳动报酬是指用人单位根据劳动者的劳动岗位、技能及工作数量、质量，以货币形式支付给劳动者的工资，包括工资的数额、支付日期、支付地点以及其他社会保险（养老、失业、医疗、工伤、生育）待遇。劳动报酬的内容和标准不得低于国家法律、行政法规的规定，也不得低于集体合同的规定。

5.劳动纪律

劳动纪律是指劳动者在劳动过程中必须遵守的劳动规则，它是劳动者的行为规范。劳动合同的劳动纪律包括国家法律、行政法规、用人单位内部制定的对劳动者的个人纪律要求，如上下班制度、工作制度、岗位纪律奖惩的条件等。

6.劳动合同的终止条件

劳动合同的终止条件是指劳动关系终止的客观要求，即劳动合同终止的事实理由，一般是指劳动者和用人单位在国家法律、行政法规规定的劳动合同终止条件以及协商确定的劳动合同终止的条件。特别是在签订无固定期限劳动合同时，双方应约定劳动合同终止的条件。

7.违反劳动合同的责任

违反劳动合同的责任是指在劳动合同履行过程中，当事人一方故意或过失违反劳动合同，致使劳动合同不能正常履行，给对方造成经济损失时应承担的法律后果。在劳动合同中约定违反劳动合同的责任，一般是指国家法律、行政法规对违约没有明确规定的内容；若法律、行政法规已有明确规定，一方当事人违反劳动合同，应依照法律、行政法规的规定承担违约责任。当事人在劳动合同中约定违反劳动合同的责任，应当符合法律、行政法规的基本精神和原则，公平合理。

（三）就业协议与劳动合同的不同

关于就业协议的性质，目前有一般合同说、预约说、管理说、先合同义务说、行政合同说、劳动合同说等观点，理论界与法律工作实务界对其界定尚未统一，很多学生也恰是因为对就业协议性质的不确定而遭受了侵权伤害。就业过程中，部分学生错误地将就业协议与劳动合同画了等号，没有准确把握二者的性质、功能及特点。而一些无良的用人单位正是利用就业协议与劳动合同效力的时间差，在就业协议已经失效的情况下迟迟不与学生签订劳动合同，以就业协议相搪塞进而蒙蔽学生，使得就业初期权益受损的大学毕业生无法找寻保护依据。

就业协议是大学毕业生、用人单位在学校鉴证下双方就就业过程中的权利义务进行约定的书面表现形式。劳动合同是劳动者与用人单位就劳动关系中的权利义务进行约定的书面协议。就业协议与劳动合同是有本质区别的。

1.签订的主体不同

主体方面，就业协议的参与主体是学生、用人单位与高校，就业协议是毕业生在校时，由学校参与鉴证，与用人单位协商签订的，是编制毕业生就业计划方案和毕业生派遣的依据。而劳动合同的参与主体只是学生与用人单位，是劳动者与用人单位之间为确立劳动关系，明确双方权利和义务的书面协议。学校不是劳动合同的主体，也不是劳动合同的鉴证方，劳动合同是劳动者从事何种岗位、享受何种待遇等权利和义务的依据。

2.时间效力不同

就业协议是毕业生和用人单位关于将来就业意向的初步约定，对于双方的基本条件以及即将签订劳动合同的部分基本内容大体认可，并经用人单位的上级主管部门和高校就业部门同意和鉴证，一经毕业生、用人单位、高校、用人单位主管部门签字盖章，就具有一定的法律效力。就业协议在学生与用人单位签约后至到用人单位正式报到前有效，当完成报到手续后，就业协议自动失效。

劳动合同的有效期自劳动合同关系建立时起至劳动者与用人单位解除劳动关系的整个区间持续有效。一份有效的劳动合同除由双方签署意见外，还必须由用人单位所在地的人力资源和社会保障部门鉴证、盖章，随后才具有法律效力。

3.主要内容不同

就业协议的内容主要是毕业生如实介绍自身情况，并表示愿意到用人单位就业，用人单位表示愿意接收毕业生，学校同意推荐毕业生并列入就业计划进行派遣。劳动合同当事人的一方是劳动者，另一方是用人单位；劳动合同的内容是明确双方当事人在实现劳动过程中的权利与义务以及违反合同的责任；劳动合同的标的是劳动行为；劳动合同是承诺性的、有偿的双务合同；劳动合同是应聘人与用人单位双方达成的书面协议；劳动合同的内容包括劳动合同期限、工作内容、劳动保护和劳动条件、劳动报酬、劳动纪律、劳动合同终止的条件、违反劳动合同的责任等。

4.签订的时间不同

一般来说，就业协议签订在前，劳动合同订立在后，如果毕业生与用人单位就工资待遇、住房等有事先约定，亦可在就业协议备注条款中注明，日后订立劳动合同对此内容应予以认可。

二、就业协议的签订与解除

（一）就业协议的签订

签署就业协议是指毕业生填写应聘意见，表明毕业生愿意到用人单位就业，用人单位和用人单位上级主管部门同意后，表明愿意接收毕业生到用人单位就业，最后学校对其进行审核、鉴证。

1.毕业生的情况及意见

毕业生在领到就业协议后，要仔细阅读就业协议的全部内容。同时，注意保管好就业协议，并在择业成功时，采取认真负责的态度签订就业协议。

毕业生的情况及意见由毕业生本人填写。毕业生的情况包括姓名、性别、年龄、民族、政治面貌、培养方式、健康状况、专业、学制、学历和家庭地址。在毕业生的意见一栏中，由毕业生填写自己的应聘意见，要求毕业生对是否愿意到用人单位就业表明自己的意见，同时也应将与用人单位在洽谈中达成的有关约定写明，以免日后发生争议。

在签订表格合同时，有关毕业生与用人单位双方商定填写的空白部分，应明确填写商定的内容文字，如有未填写的空白，必须用"/"（斜杠）划除，或填写上"无"字，避免产生争议。

2.用人单位的情况及意见

用人单位的情况及意见由用人单位填写。用人单位的情况包括单位名称、单位隶属、联系人、联系电话、所有制性质、单位性质和毕业生档案转寄详细地址。在用人单位意见一栏中包括两方面的内容：用人单位的意见和用人单位上级主管部门的意见。这就是说，用人单位同意录用毕业生以后，还必须有用人单位的上级主管部门同意录用的意见。根据我国现行的人事制度，有的用人单位虽然可以自主录用毕业生，但是毕业生的户口、非本地生源毕业生的聘用由用人单位的上级主管部门或省、市级人事部门审批，只有经过主管部门的审批后才能办理毕业生的接收手续。

3.学校意见

学校在其意见中对学生的基本情况和用人单位的情况及协议内容进行初步审核，同时对毕业生具体的就业去向登记备案。学校意见是学校的毕业生就业主管部门对就业协议进行审查，符合就业方针政策和学校就业规定的，就在就业协议上签字盖章，表示学校对毕业生与用人单位双方所签的就业协议认可。

4.备注

备注栏是为毕业生、用人单位、学校三方共同约定其他条款所设计的，一般为签约时用人单位的补充条款或协议。如果已与用人单位就见习期时间、工资福利待遇、违约责任等达成共识，也可在此栏注明。备注栏中毕业生与用人单位约定的条款只要不违背国家的就业政策和法律、法规，以及学校的有关规定，学校一般不予干涉和否定。

补充条款或协议中的有些内容，是毕业生进入单位后需要签订的劳动合同的内容，因而毕业生原则上应该接受并按单位的要求执行。补充协议和主协议具有同等法律效力，因此毕业生在签署这些补充条款或协议时，一定要对其进行仔细研究，慎重对待，必要时可以向有关部门或老师咨询。如无其他条款，应当将协议书中的备注栏空白部分划去，注明"以下空白"。

（二）就业协议的解除

就业协议签订后，若情况有变，不能履行协议，则经双方当事人协商，可以解除。当一方不严格履行协议内容，擅自违约，造成另一方或各方利益损失时，应当依法承担弥补利益损失的责任。

1.就业协议的解除形式

（1）单方解除。单方解除包括单方擅自解除和单方依法或协议解除。单方擅自解除协议属违法行为，解约方应对另一方承担违约责任。单方依法或协议解除，指解除就业协议有法律或政策上的依据，如学生未取得毕业资格，用人单位有权单方解除就业协议；或协议规定，毕业生考取研究生或升入高一级学校，可解除就业协议。

（2）双方解除。双方解除指毕业生、用人单位经协商，同意取消原订立的协议，使协议不发生法律效力。此类解除因为是双方当事人真实意思的表示，所以双方均不承担法律责任，但需要征求学校同意。

（3）三方解除。三方解除是指毕业生、用人单位、学校三方经协商一致，取消原签订的协议，使协议不发生法律效力。此类解除是三方当事人真实意思表示一致的体现，三方均不承担法律责任。三方解除应在就业计划上报主管部门之前进行，若就业派遣计划下达后三方解除，则还须经主管部门批准办理改派。

2.违约责任

国家为了维护广大毕业生的利益，要求用人单位维护就业计划的严肃性，就业协议一经签署，用人单位不得拒收毕业生，否则按违约处理，并给毕业生一定的经济补偿。毕业生也应严格履行协议内容，不得擅自违约，否则应向学校和用人单位交纳一定数额的违约金。从实际情况来看，就业违约其实多为毕业生违约。毕业生违约，会造成其他不良后果，主要表现在以下几个方面。

（1）损害签约单位的利益。用人单位往往为录用一名毕业生做了大量的工作，有时甚至对毕业生将要从事的具体工作有所安排。同时，毕业生就业工作时间相对比较集中，一旦毕业生违约，势必使用人单位的录用工作付诸东流，选择其他毕业生在时间上又不允许，从而影响用人单位的正常工作。

（2）影响学校的声誉和信誉。用人单位往往把毕业生的违约行为视为学校管理不严造成的，从而影响学校和用人单位的长期合作关系。一些用人单位由于毕业生违约现象的存在，而对学校的推荐工作表示怀疑。从历年情况来看，一旦毕业生违约，用人单位在几年内不愿到这所学校挑选毕业生。面对激烈的就业竞争，用人单位的需求是毕业生选择成功的前提，如此下去，必定影响到今后学校毕业生的就业工作。

（3）影响其他毕业生的顺利就业。用人单位到校挑选毕业生，一旦与某毕业生签订就业协议，就不可能再录用其他毕业生。若日后该毕业生违约，有些当初希望到用人单位工作的其他毕业生由于其他原因无法补缺，造成就业资源的浪费。因此，毕业生在就业过程中一定要慎重选择，认真履约。

3.就业协议争议解决办法

目前，关于大学毕业生就业协议争议问题时有发生，国家和各省（区、市）还没有明确的就业法律规定，在实践中通常引起就业协议争议的主体是毕业生和用人单位。解决就业协议争议的主要办法有以下几种。

（1）毕业生与用人单位协商解决。这种办法适用于因毕业生的原因引起的就业协议争议，毕业生应向用人单位说明情况，赢得用人单位的理解和谅解，经双方协商达成新的意向。

（2）由学校出面或由当地省级毕业生就业主管部门与用人单位进行调解。这种办法大多适用于因用人单位引起的就业协议争议，由学校或行政部门介入，针对纠纷予以调解，取得双方的基本满意。

（3）对协商调解不成的，毕业生可直接向人民法院起诉，由人民法院依法裁决。

三、劳动合同的签订与解除

劳动合同是劳动者与用人单位确立劳动关系，明确双方权利和义务的协议。一般合同包含两个方面的内容：一是劳动合同的法定条款，二是双方协商的内容。常见的协商条款有试用期条款、培训条款、保密条款等。为了更好地保障自身的权益，毕业生应及时和用人单位签订劳动合同，此时劳动者与用人单位之间依据劳动合同形成法律上的权利义务关系，即劳动关系。

（一）劳动合同的签订

劳动合同的签订是劳动者与用人单位就劳动合同的条款达成协议，并以书面形式明确规定双方的权利、义务和责任的法律行为。劳动合同的签订是劳动法律关系发生的根据，并由此产生一定的法律后果，因此当事人在签订劳动合同时一定要严肃认真。

劳动合同的当事人是用人单位和劳动者，但并不是所有的用人单位和劳动者都具有劳动合同当事人的资格，只有具有相应行为能力的当事人才能成为劳动合同的当事人。故用人单位和劳动者在签订劳动合同时要审查对方的资格，这是保证劳动合同合法有效的首要前提。

1.签订劳动合同的基本原则

《劳动法》第十七条规定："订立和变更劳动合同，应当遵循平等自愿、协商一致的原则，不得违反法律、行政法规的规定。"劳动合同依法签订后就产生了法律效力，当事人必须履行劳动合同规定的义务。

（1）平等原则。平等原则指签订劳动合同的双方当事人的法律地位平等。因此，毕业生应该依据《劳动法》的规定，要求用人单位签订劳动合同。在合同上签字前要仔细阅读合同条款，对内容含混的条款要坚持改写清楚，对不合法的内容要据理力争，以维护自己的合法权益。

（2）自愿原则。自愿原则指劳动者要完全出于自己的意愿签订劳动合同，用人单位不能强迫或欺骗劳动者签订劳动合同。

（3）协商一致原则。协商一致原则指劳动合同的各项条款是经过平等协商取得一致意见而签订的。

（4）合法原则。合法原则指签订劳动合同的双方不得违反法律和行政法规的规定，签订合同的主体和内容必须合法。

2.签订劳动合同的注意事项

大学生与用人单位在经验积累和专业知识掌握程度等方面的不对称性，使大学生处于明显劣势，因此签订劳动合同时一定要慎之又慎，不可大意。通常签订合同时应注意以下几点。

（1）签订劳动合同前应熟悉相关法律。劳动合同是约束劳动者和用人单位以及处理纠纷的重要法律依据。毕业生在签订劳动合同之前最好先了解可以保护自身的合法权益的法律、法规。

（2）签订劳动合同的形式、内容要合法。毕业生落实就业岗位后，为保护本人的利益，应与用人单位签订劳动合同。一份具有法律效力的劳动合同，首先签订合同的程序应符合法律规定，应尽可能采用当地人力资源和社会保障部门印制的规范的合同文本，并且以书面的形式予以确认。在具体合同条款上，毕业生应对有关工作岗位、劳动时间、工资待遇、劳动保护、违约责任及试用期、见习期等的规定特别关注。合同至少一式两份，双方各执一份，毕业生应妥善保管自己的劳动合同，当遇到劳动纠纷时，可凭劳动合同提请劳动仲裁或者向法院提起诉讼。

（3）警惕合同陷阱。部分用人单位为了实现自身利益的最大化，千方百计在劳动合同中设立种种陷阱，侵害劳动者的合法权益。主要包括：在合同中设立押金条款；采用格式合同，不与劳动者协商；在合同中规定逃避责任的条款，对于劳动者工作中的伤亡不负责任；准备两份合同，一份是假合同，内容按照有关部门的要求签订，但真正执行的是另一份合同等。

（二）劳动合同的解除

劳动合同的解除，指当事双方提前终止劳动合同的法律效力，解除双方的权利义务关系。这在法律上称为解除权，用人单位和劳动者都享有该权利。

1.用人单位的解除权

用人单位的解除权分为即时解除和先行通知解除。

（1）即时解除。即时解除是不需要事先通知的，随时都可以解除，因为这对劳动者的影响特别大，所以法律规定了严格的适用条件。劳动者有下列情形之一的，用人单位可以即时解除劳动合同。

①在试用期间被证明不符合录用条件的。

②严重违反用人单位的规章制度的。

③严重失职，营私舞弊，给用人单位造成重大损害的。

④劳动者同时与其他用人单位建立劳动关系，对完成本单位的工作任务造成严重影响，或者经用人单位提出，拒不改正的。

⑤因劳动者过错致使劳动合同无效的。

⑥被依法追究刑事责任的。

（2）先行通知解除。先行通知解除指解除之前，用人单位先告知劳动者，让其有所准备。有下列情形之一的，用人单位提前 30 日以书面形式通知劳动者本人或者额外支付劳动者一个月工资后，可以解除劳动合同。

①劳动者患病或者非因工负伤，在规定的医疗期满后不能从事原工作，也不能从事由用人单位另行安排的工作的。

②劳动者不能胜任工作，经过培训或者调整工作岗位，仍不能胜任工作的。

③劳动合同签订时所依据的客观情况发生重大变化，致使劳动合同无法履行，经用人单位与劳动者协商，未能就变更劳动合同内容达成协议的。

2.劳动者的合同解除权

用人单位与劳动者协商一致，可以解除劳动合同。劳动者提前 30 日以书面形式通知用人单位，可以解除劳动合同。劳动者在试用期内提前 3 日通知用人单位，可以解除劳动合同。用人单位有下列情形之一的，劳动者可以解除劳动合同。

（1）未按照劳动合同约定提供劳动保护或者劳动条件的。

（2）未及时足额支付劳动报酬的。

（3）未依法为劳动者缴纳社会保险费的。

（4）用人单位的规章制度违反法律、法规的规定，损害劳动者合法权益的。

（5）因用人单位过错致使劳动合同无效的。

（6）法律、行政法规规定劳动者可以解除劳动合同的其他情形。

（7）用人单位以暴力、威胁或者非法限制人身自由的手段强迫劳动者劳动的，或者用人单位违章指挥、强令冒险作业危及劳动者人身安全的，劳动者可以立即解除劳动合同，不需事先告知用人单位。

（三）违约所承担的责任

劳动合同签订后要履行，否则会构成违反合同行为。合同签订后，当事人因自己的过错造成合同没有履行或没有适当履行，由此所产生的责任是一种违约责任，它是按照法律规定或当事人约定所应承担的法律责任。

1.用人单位的责任

用人单位违反劳动合同承担的责任不仅有一般民事赔偿责任，还有行政责任。

（1）民事责任。民事责任是合同当事人所承担的给予受损人赔偿的责任。用人单位有下列情形之一，对劳动者造成损害的，应赔偿劳动者损失。

①用人单位故意拖延不签订劳动合同，即招用后故意不按规定签订劳动合同，以及劳动合同到期后故意不及时续签劳动合同的。

②由于用人单位的原因签订无效劳动合同，或签订部分无效劳动合同的。

③用人单位违反规定或劳动合同的约定侵害女职工或未成年工合法权益的。

④用人单位违反规定或劳动合同的约定解除劳动合同的。

用人单位对劳动者造成损害后，应当给予相对损失赔偿，其赔偿的标准如下。

①造成劳动者工资损失的，按劳动者本人应得工资收入支付给劳动者，并应加付应得工资收入的 25% 作为赔偿费用。

②造成劳动者劳动保护待遇损失的，应按国家规定补足劳动者的劳动保护津贴和用品。

③造成劳动者工伤待遇损失的，除按国家规定为劳动者提供工伤、医疗待遇外，还应支付劳动者相当于医疗费用 25%的补偿费用。

④造成女职工和未成年工身体健康损害的，除按国家规定提供治疗期间的医疗待遇外，还应支付相当于其医疗费用 25%的赔偿费用。

⑤劳动合同约定的其他赔偿费用。

（2）行政责任。行政责任就是在行政上有管理关系的当事人之间，被管理者有违法行为而向管理者承担的责任，如劳动行政部门就是用人单位的管理者，它有权责令有违法行为的用人单位承担行政责任。用人单位未按《劳动法》规定的条件解除劳动合同或者故意拖延不签订劳动合同的，除依法承担赔偿责任外，还会被劳动行政部门责令改正，逾期不改的会被通报批评。

用人单位解除劳动合同后，未依照法律、法规规定给予劳动者经济补偿的，劳动行政部门依照经济补偿的有关规定，应责令支付劳动者的经济补偿。

2.劳动者的责任

劳动者违反规定或劳动合同的约定解除劳动合同，对用人单位造成经济损失的，劳动者应赔偿用人单位的损失。主要包括以下几项。

（1）用人单位招收录用期间为其所支付的费用。

（2）用人单位为其支付的培训费用，双方另有约定的按约定办理。

（3）对生产、经营和工作造成的直接经济损失。

（4）劳动者违反劳动合同中约定的保密事项，对用人单位造成经济损失的，也可按《中华人民共和国反不正当竞争法》第二十一条规定支付用人单位赔偿费用。

（5）劳动合同约定的其他赔偿费用。

四、劳动争议的解决

工作过程中可能出现由双方对劳动权利义务存在不同认识而产生的劳动纠纷。随着劳动合同自治原则的不断深入，劳动合同当事人对合同内容的约定更趋宽泛，因此纠纷的范围、处理程序也表现得更加复杂。大学毕业生由于参与劳动时间的特殊性，可能涉及的劳动争议关系更为复杂。

（一）劳动争议概述

1.劳动争议的概念及分类

劳动争议，又称劳动纠纷，是指劳动关系双方当事人因执行劳动法律、法规或者履行劳动合同、集体合同而发生的纠纷。劳动争议双方当事人是建立起劳动关系的用人单位与劳动者；劳动争议以劳动权利、义务的纠纷为内容；劳动争议可以表现为对抗性矛盾，也可能表现为非对抗性矛盾。

劳动争议按照不同的标准，可以分为以下几种类型：

（1）按照当事人的国籍不同，可以分为国内劳动争议与涉外劳动争议。国内劳动争议，是指中国的用人单位与具有中国国籍的劳动者之间发生的劳动争议；涉外劳动争议，是指具有涉外因素的劳动争议，包括中国在国（境）外设立的机构与中国派往该机构工作的人员之间发生的劳动争议、外商投资企业的用人单位与劳动者之间发生的劳动争议。

（2）按照劳动争议的内容可分为因确认劳动关系发生的争议，因订立、变更、解除和终止劳动合同发生的争议，因除名、辞退和辞职、离职发生的争议，因工作时间、休息休假、社会保险、福利、培训以及劳动保护发生的争议，因劳动报酬、工伤医疗费、经济补偿或者赔偿金等发生的争议，法律法规规定的其他劳动争议。上述劳动争议属于《中华人民共和国劳动争议调解仲裁法》（以下简称《劳动争议调解仲裁法》）的调节范围。

（3）按照劳动争议当事人人数的不同，可分为个人劳动争议和集体劳动争议。个人劳动争议是指劳动者个人与用人单位发生的劳动争议。集体劳动争议是指劳动者一方当事人在三人以上，有共同理由的劳动争议。发生劳动争议的劳动者一方在十人以上，并有共同请求的，可以推举代表参加调解、仲裁或者诉讼活动。

2.劳动争议的处理机构

（1）劳动争议调解机构

劳动争议调解委员会是依法成立的调解本单位发生的劳动争议的群众性组织。我国的劳动争议调解委员会主要有企业劳动争议调解委员会，依法设立的基层人民调解组织，在乡镇、街道设立的具有劳动争议调解职能的组织。企业劳动争议调解委员会由职工代表和企业代表组成。职工代表由工会成员担任或者由全体职工推举产生，企业代表由企业负责人指定。企业劳动争议调解委员会主任由工会成员或者双方推举的人员担任。

（2）劳动争议仲裁机构

劳动争议仲裁委员会是国家授权、依法独立地对劳动争议案件进行仲裁的专门机构，不按行政区划层层设立。劳动争议仲裁委员会由劳动行政部门代表、工会代表和企业方面代表组成，人员应当是单数。

劳动争议由劳动合同履行地或者用人单位所在地的劳动争议仲裁委员会管辖，劳动合同履行地的劳动争议仲裁委员会具有优先管辖权。

劳动争议仲裁委员会仲裁劳动争议，实行仲裁庭仲裁制度。仲裁庭仲裁实行少数服从多数的原则。劳动争议仲裁不收费，劳动争议仲裁委员会的经费由财政予以保障。

（3）人民法院

人民法院是审理劳动争议案件的司法机构，由各级人民法院的民事审判庭审理劳动争议案件。人民法院受案范围是我国《劳动法》规定的劳动争议，当事人不服劳动争议仲裁委员会裁决，依法向人民法院起诉的，人民法院应当受理。

（二）劳动争议处理的基本原则

劳动争议处理的基本原则是指劳动争议调解、仲裁、司法机构在处理劳动争议时应当遵守的处理准则。我国处理劳动争议的基本原则包括依法处理原则，着重调解、及时处理原则，法律适用平等原则。

1.依法处理原则

依法处理是指劳动争议处理机构和劳动争议当事人，必须在查明事实的基础上依法协商，依法解决劳动争议。处理劳动争议，要依据法律规定的程序要求和权利、义务要求去解决，同时遵循法律的效力层级，依法处理。

2.着重调解、及时处理原则

着重调解是指在处理劳动争议时，要重视运用调解的方式，它是处理劳动争议的必经程序。着重调解，要在当事人自愿调解的基础上，依法、及时地进行。当遇到当事人不愿调解或者调解不成的情况时，要及时进行裁决，以保障当事人的利益。

及时处理是指劳动争议的处理应当遵循调解、仲裁、诉讼的程序要求，尽快进行相应程序的处理，保障劳动争议当事人的切身利益。

3.法律适用平等原则

劳动争议当事人在其劳动关系中存在着隶属关系，但是双方的法律地位是平等的。在适用法律处理劳动争议的时候，不能因人而异，要严格遵循法律面前人人平等的原则，处理争议的权利义务关系。

（三）劳动争议处理的基本程序

根据《劳动争议调解仲裁法》第四条、第五条的规定，发生劳动争议，劳动者可以与用人单位协商，也可以请工会或者第三方共同与用人单位协商，达成和解协议。发生劳动争议，当事人不愿意协商、协商不成或者达成和解协议后不履行的，可以向调解组织申请调解；不愿调解、调解不成或者达成调解协议后不履行的，可以向劳动争议仲裁委员会申请仲裁；对仲裁裁决不服的，除

《劳动争议调解仲裁法》另有规定的外，可以向人民法院提起诉讼。

1.协商

发生劳动争议后，当事人应当协商解决，协商一致后，双方可以达成和解协议，当事人可以自觉履行和解协议，但和解协议没有必须履行的法律效力。协商不是处理劳动争议的必经程序。

2.调解

发生劳动争议，当事人不愿协商、协商不成或者达成和解协议后不履行的，可以向调解组织申请调解。调解委员会调解劳动争议，应当自当事人申请调解之日起 15 日内结束，到期不能结束的，视为调解不成，当事人可以向当地劳动争议仲裁委员会申请仲裁。

调解达成协议的，制作调解协议书，调解协议书一经生效即具有法律效力。当事人在协议约定期限内不履行调解协议的，另一方当事人可以依法申请仲裁。

调解不是劳动争议解决的必经程序，当事人可以不经调解直接向劳动争议仲裁委员会申请仲裁。

3.仲裁

仲裁是处理劳动争议的必经程序，只要有一方当事人申请仲裁，且争议属于仲裁案件受理范围的，仲裁委员会就应受理。发生法律效力的仲裁裁决书，一方当事人逾期不履行的，另一方当事人可以向人民法院申请强制执行。我国法律规定，劳动争议案件中当事人如果想要起诉至人民法院，就必须先经过仲裁程序，未经仲裁的劳动争议案件，人民法院不予受理。

4.诉讼

当事人对仲裁裁决不服的，可自收到仲裁裁决书之日起 15 日内向人民法院提起诉讼。对经过仲裁裁决，当事人起诉至人民法院的劳动争议案件，人民法院应当受理。人民法院审理劳动争议案件实行两审终审制。人民法院一审审结后，对一审判决不服的，当事人可以在 15 日内向上一级人民法院提起上诉。经过二审审理做出的裁决是终审裁决，自送达之日起发生法律效力，当事人必须履行。

（四）处理劳动争议的注意事项

社会生活中，参与社会关系各方当事人的利益诉求千差万别，各方由于利益不同而发生争执是在所难免的。各方当事人为了更好地维护自己的合法权益，往往求助国家机关。实际生活中，可能发生权益主张得不到支持，或者虽然得到支持却没有实现自身权益最大化的情况。在劳动争议的处理过程中，也同样存在着以上问题。为了更好地维护自身权益，大学毕业生在面对劳动争议时应该冷静分析，并关注以下几方面的问题。

1.选择最优争议解决方式

在竭力追求和谐、稳定劳动关系的过程中，发生劳动争议虽不为人所愿，却也是常有之事。一旦发生劳动争议，作为当事人的大学毕业生应该冷静分析，选择最优的解决方式。在分析过程中，应当重点比较解决问题前后的劳动关系变化，个人权益得失，各种解决方式的经济成本、时间成本、人际关系成本以及自身实际需求等实际损益。在充分考虑以上情况的基础上选择协商、调解、仲裁和诉讼等方式。

2.穷尽其他手段再启动诉讼程序

司法救济具有最后保障手段的性质，它是在当事人穷尽了其他非司法救济手段而无法维护自身合法权益的情况下才向相关国家机关请求保护其权益的一种方式。司法救济的最后保障手段性质体现在：首先，司法救济在解决各类社会矛盾的方法中处于最高权威，其解决方案具有终局性；其次，司法资源具有稀缺性的特征，它无法完全满足社会纠纷解决的需要。因此，大学毕业生在遇到劳动争议需要解决的时候，切勿不顾一切地提起诉讼请求，造成司法资源浪费，并激化劳资矛盾。在我国劳动争议处理程序中，法律规定劳动争议仲裁作为劳动争议诉讼的前置程序的立法目的也正在于此。同时，诉讼程序中，当事人所耗费的时间、精力和金钱因案件的实际情况不同而不同。当事人很可能因诉讼请求不当或者得不到法律支持而产生巨大损失。

3.细心留存"劳动痕迹"

在我国劳动争议仲裁和诉讼程序中，劳动者作为一方当事人承担着相当程度的举证责任。如果当事人提起工伤保险赔偿的仲裁或者诉讼，就必须提供相应的证据证明其与用人单位存在劳动合同关系、发生工伤损害的事实、因工伤损害造成的医疗费用损失等。如果劳动者无法提供相应的证据证明这些事实，则很有可能承担举证不能的法律责任。因此，大学毕业生在就业和工作中，要做一个有心人，将可能证明劳动关系、侵害事故等证据逐一存留，以更好地维护自身权益。

参 考 文 献

[1] 程恩思. 创业教育视阈下大学生就业指导课程改革与实践研究[J]. 教育现代化，2018，5（30）：54-56.

[2] 邓高燕，娄燕伟. 农林类高校大学生理想信念教育实践研究：以职业发展与就业指导课程为例[J]. 科教导刊（上旬刊），2020（31）：92-93.

[3] 邓文丽. 项目合作在大学生就业指导与创业教育课中的应用研究[J]. 产业与科技论坛，2020，19（14）：137-138.

[4] 高桂娟. 从就业指导向职业生涯教育转变：对大学生职业生涯规划的分析与思考[J]. 教育探索，2008（1）：134-135.

[5] 郭秋生. 高职院校就业创业教育管理模式的分析与探究：以家庭经济困难大学生就业创业管理为例[J]. 北京工业职业技术学院学报，2023，22（2）：68-71.

[6] 韩治平. 习近平教育思想视野下的高校教学改革研究：以《大学生职业规划与就业创业指导》课程为例[J]. 呼伦贝尔学院学报，2020，28（6）：138-141.

[7] 郝志群，于连坤. 加强大学生社会实践与就业指导中的心理健康教育[J]. 承德石油高等专科学校学报，2002（1）：50-53.

[8] 黎军华，郑纲，罗文君. 思政教育融入《大学生职业发展与就业指导》课程体系改革的应用研究[J]. 人文之友，2021（13）：96-97.

[9] 李沛炫. 高校劳动教育与职业生涯教育融合探索与实践：评《化工类专业大学生职业发展与就业指导》[J]. 塑料工业，2022，50（6）：205.

[10] 李祺. 基于"五育"融合教育理念的《大学生职业生涯规划与就业指导》课程教育教学改革研究[J]. 创新创业理论研究与实践，2021，4（3）：

33-34＋37.

[11] 李文婷. 论思政教育在大学生职业生涯规划与就业指导中的融入[J]. 产业与科技论坛, 2022, 21 (21): 115-116.

[12] 廖素梅. 浅谈高职院校大学生就业与创业指导教育[J]. 企业科技与发展, 2015 (13): 111-112.

[13] 林小明, 谢进伟. "抗疫精神" 融入新时代大学生生涯与就业指导教育的价值与路径研究[J]. 教师教育论坛, 2021, 34 (5): 93-97.

[14] 刘佳, 赵文熙, 傅学强, 等. 大学生就业指导教育与服务体系建设的路径研究[J]. 技术与市场, 2015, 22 (11): 240-241.

[15] 刘术刚. 应用型本科教育中《大学生就业与创业指导》课程教学改革探讨[J]. 山西青年, 2016 (10): 128-129.

[16] 刘伟. 极简教育技术视角下的微课设计与开发: 以《大学生职业发展与就业指导》为例[J]. 铜陵学院学报, 2021, 20 (4): 124-126.

[17] 刘鑫, 史琳. 外语专业大学生就业指导过程中的思想政治教育: 方法与对策[J]. 中国大学生就业, 2015 (23): 42-48.

[18] 刘英. 新形势下大学生就业指导与思想政治教育相融合的具体途径[J]. 辽宁行政学院学报, 2008 (4): 206＋208.

[19] 罗占军, 夏向阳. 大学生就业指导中思想政治教育理念与方法的创新[J]. 改革与开放, 2012 (4): 164.

[20] 马菲. 大学生就业创业的理论与实践: 评《大学生就业指导与创业教育的理论与实践》[J]. 当代教育科学, 2015 (11): 65.

[21] 马小英. 新时期背景下高校思政教育与大学生就业指导融合的对策分析[J]. 长江丛刊, 2023 (4): 166-168.

[22] 倪大钊. 当前高校大学生就业指导教育的变革与创新[J]. 科教导刊 (上旬刊), 2014 (21): 217-218.

[23] 倪志华. 创业教育视阈下大学生就业指导课程改革与实践研究[J]. 文渊

（小学版），2019（1）：693.

[24] 齐敏.高校学前教育专业大学生就业心理分析与指导[J].产业与科技论坛，2019，18（7）：239-240.

[25] 秦月.推动劳动教育融入大学生职业规划与就业指导[J].当代贵州，2022（25）：52-53.

[26] 任楠.新时期背景下高校思政教育与大学生就业指导融合的对策分析[J].现代职业教育，2020（27）：136-137.

[27] 任晓光.协同育人视角下的大学生创新创业教育与就业指导[J].食品研究与开发，2020，41（22）：245.

[28] 施昌海，王艳艳，郭二军.民办高校大学生就业指导课程中认知教育的改革与实践[J].创新创业理论研究与实践，2021，4（16）：35-37.

[29] 孙阳.现阶段大学生创业所面临的问题及对策研究：评《大学生创新创业教育与就业指导》[J].林产工业，2019，46（2）：81.

[30] 涂德祥.试论大学生就业指导中思想政治教育理念与方法的创新[J].学校党建与思想教育，2011（19）：85-86.

[31] 王春艳，齐海群，张建交，等.高校大学生心理健康教育、职业规划与就业指导的实践与成效[J].黑龙江工程学院学报，2019，33（3）：70-72＋76.

[32] 王涵映.人工智能背景下大学生就业指导中思政教育的实现与对策[J].佳木斯职业学院学报，2022，38（3）：143-145.

[33] 王金华.强化思想教育与引导 积极促进大学生就业：《大学生就业与创业指导》教学应强化思想教育与引导[J].河北广播电视大学学报，2010，15（3）：98-100.

[34] 王松涛.实现大学生思想政治教育与就业指导工作的有效结合[J].现代经济信息，2019（5）：441.

[35] 王峥，李建.大学生思想政治教育与就业指导融合问题分析[J].文教资

料，2020（14）：145-146.

[36] 夏金元，陈露，杨帆.新形势下大学生就业指导中思政教育的弱化与对策研究[J].当代教育论坛（综合研究），2011（7）：55-57.

[37] 夏青.高校思政教育引领下大学生创新创业教育研究：评《大学生就业指导与创新创业教育》[J].科技管理研究，2022，42（20）：244-245.

[38] 肖瑜.浅析大学生就业指导中的思想政治教育[J].办公室业务，2016（22）：48.

[39] 谢启禧.基于大学生职业发展的就业安全教育机制构建：评《大学生职业发展与就业指导》[J].热带作物学报，2021，42（7）：2149.

[40] 杨月莹.基于"对分课堂"的高职教育改革与探索：以《大学生职业发展与就业指导》课程为例[J].科教导刊（电子版），2018（11）：121.

[41] 岳春，陈钧.思想政治教育视野下高校大学生职业发展与就业指导研究[J].成都大学学报（社会科学版），2020（3）：116-121.

[42] 曾楠.素质教育视角下高校大学生就业指导课程体系优化与创新研究[J].现代职业教育，2022（6）：130-132.

[43] 张冬冬，蒋汝根.廉洁教育和大学生职业发展与就业指导教育协同研究[J].创新与创业教育，2016，7（2）：57-59.

[44] 张慧勤，刘小飞.课程思政理念下大学生职业生涯规划与就业指导教育探析[J].科技资讯，2020，18（30）：110-111＋114.

[45] 张晓媛，刘晓杰.全员协作视域下大学生就业指导与职业教育的实践经验[J].创新创业理论研究与实践，2022，5（23）：86-88＋113.

[46] 张卓林，王正，智慧，等.体育院校大学生职业发展与就业指导课程和思政教育的有效融合[J].青少年体育，2022（4）：31-33.

[47] 张玲.基于新媒体背景下大学生心理健康教育研究[J].山西青年，2023（9）：193-195.

[48] 赵天闻.协同育人视角下的大学生创新创业教育与就业指导路径研究

[J].海峡科技与产业，2022，35（11）：92-94＋98.

[49] 郑薇薇.浅析大学生思想政治教育与就业指导工作相融合[J].文教资料，2023（1）：116-119.

[50] 朱金锋."课程思政"理念融入听障大学生职业生涯规划与就业指导教育的价值分析[J].现代职业教育，2019（9）：216-217.